인생의 짧음에 대하여

루키우스 안나이우스 세네카(Lucius Annaeus Seneca, BC 4-AD 65)

현대지성 클래식 68

인생의 짧음에 대하여

LUCIUS ANNAEI SENECAE OPERA

루키우스 안나이우스 세네카 | 박문재 옮김

현대
지성

일러두기

1. 번역 대본으로는 다음 원서에 수록된 라틴어 원문을 사용했으며, 정확한 본문 이해를 위해 여러 영역본을 참고했다.
   John W. Basore, *Seneca: Moral Essays*, 2 Volumes(London and New York: Heinemann, 1928, 1932)
2. 본문 난외주의 숫자는 토이프너(Teubner) 판본(1852-1853)의 절 표시를 따랐다.
3. 라틴어 고유명사는 외래어 표기법을 따랐으나, 그리스어에서 음역된 경우에는 그리스어 본래의 발음을 따라 표기했다.
4. 본문의 각주는 모두 옮긴이가 붙인 것이다.
5. 각 권의 한글판 제목은 해당 권에서 가장 대표적이면서도 현대 독자에게 깊은 울림을 주는 글의 제목을 따왔으나, 전체 구성은 에세이 전체를 주제별로 새롭게 분류한 것이므로, 원서명은 1권과 2권 동일하게 Lucius Annaei Senecae Opera("루키우스 안나이우스 세네카 전집")로 유지한다.

차례

제1편 | 인생의 짧음에 대하여 **11**

제2편 | 행복한 삶에 대하여 **55**

제3편 | 은둔에 대하여 **107**

제4편 | 섭리에 대하여 **125**

제5편 | 마르키아에게 보내는 위로 **155**

제6편 | 어머니 헬비아에게 보내는 위로 **221**

제7편 | 폴리비우스에게 보내는 위로 **267**

해설 | 박문재 **305**

세네카 연보 **330**

제1편
인생의 짧음에 대하여

제1장

 파울리누스여,[1] 필멸의 인간들은 대부분 자연의 야속함을 한탄합니다. 우리의 생애는 짧고, 주어진 시간마저도 너무 빠르게 흘러가기에, 극소수를 제외한 대부분의 삶은 준비만 하다 끝나버린다는 것입니다. 그런데 모든 이에게 평등하게 주어진 이 삶을 두고 불평하는 것은 무지한 대중뿐만이 아닙니다. 인생이 짧다는 이 느낌은 위대한 이들조차 탄식하게 했습니다. 1

 그래서 저 위대한 의사[2]도 "인생은 짧고, 기술과 학문은 길다"[3]라고 한탄했습니다. 또한 아리스토텔레스는 사물의 본성을 깊이 생각하면서도, 현자답지 않게 이렇게 불평했습니다. "자연은 동물들에게는 너그러워서 다섯 세대나 열 세대를 기르고 가르칠 만큼의 수명을 주었으면서도, 태어나서 위대한 일들을 이루어내는 인간의 수명은 너무나 짧게 정해놓았다." 2

---

1 파울리누스는 클라우디우스 황제(재위 41-54)와 네로 황제(재위 54-68) 시대의 원로원 의원이다. 48년부터 55년까지 로마의 곡물 분배를 담당했으며, 세네카의 처남이었던 것으로 보인다.

2 히포크라테스(BC 460-377)는 고대 의학을 체계화한 인물이다. 인체 생리와 체액론을 바탕으로 "병을 치료하는 것은 자연이다"라는 원칙을 세웠다.

3 "vitam brevem esse, longam artem"(비탐 브레벰 에세, 롱감 아르템). '기술과 학문'으로 번역한 것은 라틴어 원문에는 '아르트'(art) 한 단어로 되어 있다. '아르트'는 "기술, 기예, 학문, 지식" 등을 의미한다. 인간이 배워야 할 기술과 학문은 끝이 없으나 인생은 너무 짧다는 한탄을 담고 있다.

3   하지만 사실 시간이 부족한 것이 아니라, 우리가 그 시간을 허비하고 있는 것입니다. 인생은 충분히 길고, 시간을 잘 활용한다면 가장 훌륭한 것을 이루어낼 만큼의 여유가 있습니다. 그러나 유익한 일에는 시간을 쓰지 않고 사치와 방탕 속에 무심히 시간을 흘려보내다 보면, 결국 우리도 모르는 사이에 인생이 다 지나가버렸음을 깨닫게 됩니다.

4   그렇습니다. 우리가 짧은 인생을 받은 것이 아니라 우리 스스로가 그것을 짧게 만든 것이며, 시간이 부족한 것이 아니라 우리가 그것을 낭비한 것입니다. 왕의 막대한 재산도 나쁜 주인을 만나면 순식간에 사라지고, 아무리 작은 재산도 현명한 관리인을 만나면 잘 불어나듯이, 우리의 인생도 잘 배치하여 사용한다면 더 큰 가능성을 향해 열려 있습니다.

제2장

1   왜 우리는 사물의 본성을 탓하는 것입니까? 자연은 우리에게 충분한 호의와 너그러움을 보여주었습니다. 우리가 잘 활용하는 방법만 안다면, 인생은 충분히 깁니다. 하지만 어떤 이는 끝없는 욕심에 사로잡혀 있고, 어떤 이는 무익한 일들에 매달려 고군분투합니다. 어떤 이는 술에 빠져 살아가고, 어떤 이는 무기력하게 시간을 낭비합니다. 어떤 이는 야망을 이루려 남들의 평가에 매달려 지쳐 있고, 어떤 이는 오직 이윤을 좇아 땅과 바다를 헤맵니다. 어떤 이들은 전쟁의 욕망에 사로잡혀 남의 목숨을 빼앗으려다 자신의 목숨까지 위태롭게

하고, 어떤 이들은 은혜도 모르는 윗사람을 섬기며 스스로 노예가 되어 인생을 낭비합니다.

　남의 삶을 부러워하거나 자신의 처지를 한탄하느라 한 걸음도 앞으로 나아가지 못하는 이들도 많고, 변덕스러워서 무엇을 해도 만족하지 못하고 확실한 목표도 없이 새로운 계획만 쫓아다니는 이들도 셀 수 없습니다. 어떤 이들은 삶의 방향을 잡아줄 그 무엇도 없이 나태하게 살다가 갑자기 죽음을 맞습니다. 그래서 나는 어떤 위대한 시인[4]이 신탁처럼 말한 것이 진실이라 믿습니다. "우리는 주어진 인생의 극히 일부만을 살아갈 뿐이다." 그 나머지는 진정한 삶이 아니라, 그저 흘러가는 시간일 뿐입니다. 2

　악덕들은 사방에서 우리를 에워싸고 짓눌러서, 우리가 일어나 진실을 똑바로 볼 수 없게 합니다. 악덕들은 우리를 욕망에 침잠시켜 꼼짝할 수 없게 만들기에, 우리는 결코 자신에게로 돌아올 수 없습니다. 때로 우연히 평온을 얻더라도, 마치 폭풍 후의 깊은 바다처럼 마음은 여전히 출렁이기에, 욕망에서 벗어나 평온을 유지하지는 못합니다. 3

　당신은 내가 누가 봐도 악덕에 빠진 이들을 대상으로 말한다고 생각합니까? 사람들이 부러워하는 행운아들, 과한 행복에 질식할 것 같은 이들을 보십시오. 많은 이에게 부와 재물은 그저 짓누르는 짐일 뿐입니다. 자신의 재능을 과시하려 노심초사하며 날마다 피를 말리는 이들이 얼마나 많습니까! 끊임없는 쾌락 추구에 창백해진 이들이, 수많은 사람에게 둘러싸여 한순간도 자유롭지 못한 이들이 얼마나 4

4　이 시인이 누구인지는 확실하지 않다.

많습니까! 이제 비천한 이들부터 가장 높은 이들까지 한번 살펴보십시오. 이이는 도움을 청하고, 저이는 그를 돕고자 법정에 섭니다. 이이는 고발하고, 저이는 변호하며, 또 다른 이는 판결합니다. 그들 모두가 남을 위해 바쁘게 움직이지만, 정작 자신을 돌아보고 판단하는 이는 아무도 없습니다. 모두가 스스로를 소진하며 타인의 일에만 매달릴 뿐입니다. 우리가 아는 이들을 보십시오. 그들을 알아보는 방법이란 누가 누구의 후견인이었느냐일 뿐, 스스로를 일으켜 세운 이는 아무도 없습니다.

5 찾아뵙고자 해도 시간을 내주지 않는 높은 이들을 오만하다 분노하는 자들이야말로 가장 어리석습니다. 자신을 위한 시간조차 내지 않으면서, 남이 시간을 내주지 않는다고 불평하는 것이 과연 옳은 일입니까? 당신이 누구든, 높은 이는 비록 오만한 표정이었을지언정 당신을 보았고, 당신의 말에 귀 기울였으며, 당신을 곁으로 불렀습니다. 하지만 당신은 자신을 들여다보고 자신의 목소리에 귀 기울일 가치조차 두지 않았습니다. 그러니 남에게 당신을 만나고 들어줄 의무가 있다 여기지 마십시오. 설령 당신이 남을 만나고 그의 말을 들었다 해도, 그것은 그와 함께하고 싶어서가 아니라, 당신이 스스로와 함께할 수 없었기 때문입니다.

제3장

1 모든 시대의 천재들이 한결같이 공감했던 점이 있습니다. 그것은 인간 정신의 무지몽매함에 대한 놀라움을 결코 충분히 표현할 수 없

었다는 것입니다. 사람들은 남이 자신의 땅을 침범하는 것을 용납하지 않고, 경계를 두고 작은 다툼이라도 생기면 돌과 무기를 들고 달려갑니다. 하지만 다른 이가 자신의 삶 속으로 들어오는 것은 허락하고, 심지어 장차 자신의 삶을 빼앗을 자들을 스스로 불러들이기까지 합니다. 자신의 재산을 나누려 하지 않으면서도, 자신의 삶은 수많은 이에게 나누어 줍니다. 상속받은 재산을 지키는 데는 집착하면서도, 시간은 아낌없이 허비합니다. 시간을 아끼는 것만이 도덕적으로 정당한 유일한 욕심인데도 말입니다.

그래서 나는 노인들 중 아무나 붙잡고 이렇게 말하고 싶습니다. 2 "당신은 백 세에 가깝거나 그 이상을 살아 인간의 수명 끝자락에 다다른 것 같습니다. 자, 당신의 인생을 돌아보고 정산해보십시오. 당신에게 주어진 시간 중 채권자에게 빼앗긴 시간, 애인에게 빼앗긴 시간, 왕에게 빼앗긴 시간, 고객에게 빼앗긴 시간, 부부 싸움에 빼앗긴 시간, 노예를 다스리는 데 빼앗긴 시간, 시민의 의무를 다하려 분주히 보낸 시간은 얼마인지 헤아려보십시오. 여기에 당신이 자초한 병으로 잃은 시간, 무익하게 허비한 시간을 더하십시오. 당신은 자신이 살았다고 생각한 것보다 훨씬 적게 살았음을 깨닫게 될 것입니다.

기억을 더듬어보십시오. 당신은 확고한 삶의 계획을 가지고 산 적 3 이 있습니까? 계획대로 살 수 있었던 날이 얼마나 됩니까? 당신의 뜻대로, 본연의 모습으로 살아본 적이 있습니까? 두려움 없이 살아본 적이 있습니까? 그토록 긴 인생에서 당신이 이룬 것이 무엇입니까? 수많은 이가 당신의 삶을 약탈해 갔지만, 당신은 무엇을 잃었는지조차 모르지 않습니까? 헛된 슬픔과 어리석은 즐거움, 끝없는 욕망, 아첨하는 데 얼마나 많은 시간을 빼앗겼습니까? 당신에게 남은 시간이 얼마나 적은지, 당신은 수명을 다 채우지도 못하고 요절하고 있음을 알게 될 것입니다."

4 그렇다면 왜 이렇게 된 것입니까? 당신들은 영원히 살 것처럼 살면서도, 자신의 나약함은 전혀 헤아리지 않고, 흘러간 시간도 신경 쓰지 않습니다. 누군가에게 바친 하루가 마지막 날일 수 있는데도, 시간이 무한한 듯 허비합니다. 당신들은 필멸자로서 모든 것을 두려워하면서도, 불멸자처럼 모든 것을 소유하고 이루려 합니다.

5 많은 이가 이렇게 말합니다. "나는 쉰 살이 되면 은퇴하고, 예순 살이 되면 모든 의무에서 벗어날 것이다." 그때까지 산다는 보장이 있습니까? 누가 당신의 계획대로 되게 해줍니까? 남은 인생만을 자신에게 할애하고, 쓸모없어진 시간만을 영혼을 위해 남겨두는 것이 부끄럽지 않습니까? 삶을 마무리할 때가 되어서야 삶을 시작하는 것은 너무 늦지 않습니까? 바른 삶을 시작하는 것을 쉰 살이나 예순 살까지 미루고, 그나마도 몇 사람이나 살아남을지 모르는 그 나이에 가서야 진정한 삶을 시작하겠다는 것은, 죽음을 피할 수 없는 인간이 빠지기 쉬운 가장 어리석은 착각이 아닙니까?

제4장

1 최고의 권력자들조차 무심결에 은둔의 삶을 그리워하며 칭송하는 말을 내뱉는 것을 당신은 보게 될 것입니다. 모든 일이 순조롭기만 하다면, 지금의 높은 자리에서 스스로 내려오고 싶어 할 정도입니다. 비록 외부의 어떤 것도 그들을 흔들지 않는다 해도, 결국 운명이 그

들을 무너뜨릴 것을 알기 때문입니다.

신황 아우구스투스는 신들로부터 누구보다 많은 것을 받은 분이 2
었지만, 국사에서 벗어나 쉬게 해달라고 간청하기를 멈추지 않았습니다. 그의 연설은 늘 은퇴에 대한 희망으로 되돌아갔습니다. 언젠가는 자신만을 위해 살겠다는 이 말은, 비록 이루어질 수 없는 것이었지만, 국사의 무게에 지친 그에게 달콤한 위안이 되었습니다.

그는 원로원에 보낸 서신에서 은퇴해도 위엄을 잃지 않고 명성을 3
훼손하지 않을 것이라 약속했는데, 나는 그 서신에서 이런 말을 발견했습니다. "이런 말들이 실현된다면 얼마나 좋겠습니까. 하지만 내가 가장 바라는 그 시간을 누릴 날이 아직 오지 않았기에, 나는 그저 이런 달콤한 말로 그날의 즐거움을 조금이나마 미리 맛보고 있습니다."

그에게 은둔은 실현 불가능한 일이었기에, 그는 단지 상상 속에서 4
만 그것을 맛볼 수 있었습니다. 그는 모든 것이 자신의 어깨에 달려 있음을 알고 있었고, 수많은 민족의 운명을 손에 쥔 분이기도 했습니다. 그런데 그런 그가 자신의 높은 지위와 권력을 모두 내려놓을 수 있는 날을 가장 기쁜 날로 여겼습니다.

그는 세상을 비추는 저 영광들이 얼마나 많은 땀과 수고를 요구하 5
는지, 그 속에 얼마나 많은 숨겨진 걱정이 도사리고 있는지를 직접 겪어 알고 있었습니다. 시민, 동료 그리고 마지막으로는 친족들과도 피할 수 없는 싸움을 벌여야 했고, 땅과 바다 위에 피를 뿌려야 했습니다. 로마인을 죽이는 데 지친 군대를 이번에는 외부로 돌려, 마케도니아, 시칠리아, 아이깁토스, 시리아, 아시아를 비롯한 거의 모든 변방을 돌며 전쟁을 치렀습니다. 그는 알프스 지역을 평정하며 제국 내부의 숨은 적들을 완전히 제압했고, 제국의 경계를 레누스강, 에우프라테스강, 다누비우스강 너머까지 확장시켰습니다.[5] 하지만 바로 그 시기, 로마 안에서는 무레나, 카이피오, 레피두스, 에그나티우스[6]를 비롯한 여러 인물이 그를 제거하려는 음모를 꾸미고 있었습니다.

6   하지만 그는 그들의 음모 앞에서도 도망치지 않았습니다. 이미 늙어가던 그를 더욱 괴롭힌 것은, 오히려 자신의 딸과 딸과 얽힌 간통 사건[7]에 연루된 귀족 자제들이었고, 율루스와 이어 안토니우스와 연결된 여인이 그를 위협했습니다.[8] 그가 그들의 사지를 잘라내 이 종기들을 도려내도 또 다른 종기들이 그 밑에서 자라났습니다. 이는 마

---

5   레누스강(라인강)은 갈리아와 게르마니아의 경계를 이루었다. 에우프라테스강(유프라테스 강)은 시리아의 대표적인 강이며, 다누비우스강(다뉴브 강)은 독일 남부에서 발원해 흑해로 흐른다.

6   무레나(기원전 22년 사망)는 아우구스투스의 측근이었던 아울루스 테렌티우스 무레나의 입양 동생으로, 기원전 24-23년에 시리아 속주에서 군단장을 역임했다. 그는 기원전 22년에 열린 법정에서 아우구스투스에게 불리한 증언을 하여 그를 곤경에 빠뜨린 후, 카이피오가 주도한 아우구스투스 암살 음모에 가담했다. 이로 인해 무레나와 카이피오는 모두 처형되었다. 레피두스(기원전 13년 사망)는 공화정 말기의 정치가이자 장군으로, 옥타비아누스와 마르쿠스 안토니우스와 함께 제2차 삼두정치에 참여한 인물이다. 여기서 언급된 레피두스는 그의 아들 레피두스 2세를 가리킨다. 레피두스 2세는 기원전 31년에 안토니우스가 옥타비아누스에게 패배한 후, 옥타비아누스를 암살하려는 음모에 가담했다가 처형되었다. 에그나티우스(기원전 19년 사망)는 로마 원로원 의원이자 정치가로, 기원전 19년에 집정관에 입후보했으나 아우구스투스의 지원을 받은 사투르니누스에 의해 방해를 받아 출마에 실패했다. 이후 그는 아우구스투스를 암살하려는 음모를 꾸몄다가, 통상적인 재판 절차 없이 처형되었다. 기원전 29-22년 사이에 아우구스투스를 암살하려 했던 인물들에 대한 내용은 『관용에 대하여』 9권 6장에서도 언급되고 있다.

7   율리아(기원전 39-기원후 14)는 아우구스투스의 유일한 자녀이다. 율리아와 귀족 자제들 간의 간통 사건이 터지자, 기원전 2년에 아우구스투스는 귀족 자제들을 처형하고, 율리아를 무인도로 유배보냈다.

8   율루스(기원전 43-2년)는 안토니우스(기원전 83-30)의 아들이다. 내전 후 아우구스투스의 사면을 받고 그의 조카와 혼인했으나, 후에 율리아와의 간통 사건에 연루되어 자결했다. "안토니우스와 연결된 여인"의 정체는 확실하지 않다.

치 피가 넘치는 몸에서 어느 한 부분이 계속 터져 나오는 것과 같았습니다. 그래서 그는 은둔을 갈망했고, 그런 삶을 꿈꾸며 자신의 수고를 달랬습니다. 누구의 소원이든 이루어줄 수 있었던 그가 바란 단 하나의 소원은 은둔의 삶이었습니다.

제5장

마르쿠스 키케로는 카틸리나와 클로디우스 같은 공공연한 적들과 폼페이우스, 크라수스처럼 서로를 의심하는 동맹자들 사이에서 흔들리며, 무너져가는 공화정을 지키려다 결국 휩쓸려갔습니다.[9] 그는 공화국이 순조로울 때는 쉬지 않았고, 위기에 처했을 때는 방관하지 않았습니다. 그는 나름의 이유로 집정관직을 끊임없이 찬양했지만, 자신의 집정관 시절은 수없이 저주했습니다.

---

[9] 카틸리나(기원전 약 108-62)는 가이우스 마리우스와 루키우스 술라 간의 내전(기원전 83-81)에서 술라 편에 가담해, 살생부에 오른 술라의 정적들을 제거하는 임무를 맡으며 막대한 부를 축적했다. 이후 두 차례 집정관 선거에 출마했으나 연이어 낙선하자, 기원전 63년 무장 봉기를 일으켜 집정관 자리를 강제로 차지하려 했다. 그러나 이 계획은 사전에 발각되어 실패로 끝났고, 그는 훗날 '카틸리나 음모 사건'으로 알려진 정치적 반란의 주모자로 기억되었다. 푸블리우스 클로디우스(기원전 93-52년)는 제1차 삼두정치 시기에 평민파 정치가이자 거리 선동가로 활동했다. 그는 로마에서 가장 오래되고 고귀한 귀족 가문 중 하나인 클라우디아 씨족에 속했으나, 귀족 신분을 포기하고 보잘것없는 평민 가정의 양자가 되어 호민관으로 선출되었다. 특히 정적들에 대한 집요한 괴롭힘과 박해로 악명이 높았으며, 이로 인해 키케로는 일시적으로 추방당하기도 했다. 폼페이우스와 크라수스는 가이우스 율리우스 카이사르와 함께 제1차 삼두정치를 결성한 인물들로, 로마 정치사에서 중요한 역할을 담당했다.

2   그는 이미 아버지 폼페이우스가 패배하고 아들 폼페이우스가 히스파니아에서 패잔병을 모으고 있을 때, 아티쿠스[10]에게 보낸 편지에서 한탄하며 이렇게 썼습니다. "자네는 내가 어떻게 지내는지 묻고 있는가? 나는 투스쿨룸의 내 집에서 반쪽짜리 자유인으로 머물고 있네." 그러고는 과거를 한탄하고, 현재를 불평하며, 미래를 절망하는 말들을 이어갔습니다.

3   키케로는 자신을 '반쪽짜리 자유인'이라 불렀습니다. 하지만 맹세컨대 현자는 결코 그런 비천한 말을 입에 담지 않으며, '반쪽의 자유'란 있을 수 없습니다. 현자는 완전하고 흔들림 없이 자유로워서, 그 무엇에도 얽매이지 않고, 모든 것을 스스로 결정하며, 자신 외의 그 무엇에도 휘둘리지 않고 초월한 삶을 살아갑니다. 운명마저 초월한 현자 위에 누가 있을 수 있겠습니까?

제6장

1   과격하고 거친 성격의 리비우스 드루수스[11]는 이탈리아 전역에서 몰려든 큰 무리의 지지 아래, 그라쿠스 형제의 나쁜 노선을 따른 새로운 법들을 추진했습니다. 하지만 일단 시작하자 계속할 수도, 멈출 수도 없는 처지가 되어 빠져나갈 길을 찾지 못하게 되었을 때, 그는

---

10 아티쿠스(기원전 110-32년)는 공화정 말기의 편집자이자 은행가, 문인 후원자로 키케로의 절친이며 서신 교환으로 유명하다. 투스쿨룸은 이탈리아반도 라티움 지역의 도시로 귀족들의 호화로운 별장들이 있었다.

어린 시절부터 쉴 새 없었던 자신의 삶을 저주하며, 자신은 단 하루의 휴일도 갖지 못한 유일한 소년이었다고 말했다고 합니다. 그는 미성년자로서 후견인의 보호를 받던 때도, 대담하게도 법정에서 피고들을 변호하여 영향력을 행사했고, 여러 재판에서 유리한 판결을 얻어낸 것으로 알려져 있습니다.

그토록 일찍 드러난 야망이 어떤 식으로든 폭발하지 않을 수 있었 2
겠습니까? 당신도 알다시피, 그런 미숙한 대담함은 결국 나라와 개인에게 큰 재앙이 됩니다. 어린 시절부터 법정을 들쑤시며 분란을 일으키고, 사람들에게 부담스러운 존재로 활약해온 그가 뒤늦게 쉬는 날도 없이 살아왔다며 한탄했을 때는 이미 돌이킬 수 없는 시점이었습니다. 그의 죽음에 대해서는 의문이 있습니다. 갑자기 아랫배에 상처를 입고 쓰러졌기 때문입니다. 그가 자살했다는 점은 의심받지만, 그의 죽음이 적절한 때에 찾아왔다는 사실만큼은 누구도 이의를 제기하지 않습니다.

겉으로는 가장 행복해 보였으나 스스로의 고백을 통해 자신의 모 3
든 행적을 혐오했던 이들을 더 열거하는 것은 무의미합니다. 그들은 그런 불평으로 타인도, 자신도 변화시키지 못했습니다. 그저 감정을 토해내고 나면 다시 원래의 모습으로 돌아갔기 때문입니다.

맹세컨대 당신이 천 년을 산다 해도, 당신의 삶은 아주 짧은 기간 4

---

11 리비우스 드루수스(기원전 122-91년)는 기원전 91년 호민관이 되어 그라쿠스 형제의 개혁 입법을 재추진한 로마의 정치가이다. 그가 로마 동맹시에 시민권을 부여하는 등의 개혁법을 추진하다 암살된 사건은 동맹시 전쟁(기원전 91-87년)의 도화선이 되었다. 티베리우스 그라쿠스(기원전 169-133년)와 가이우스 그라쿠스(기원전 160-121년) 형제는 평민을 위한 개혁법을 추진하다 모두 살해되었다. 세네카는 이러한 개혁법들이 극단적이고 분열을 조장한다는 이유로 "나쁜 노선을 따른 새로운 법들"이라 평가했다.

제1편 | 인생의 짧음에 대하여

으로 줄어들 것입니다. 악행을 저지르며 보낸 시간은 허비한 시간이기 때문입니다. 시간은 본래 빠르게 흐르지만, 계획을 세워 잘 활용하면 늘릴 수 있습니다. 그런데도 시간이 당신에게서 빠르게 달아나는 것은, 당신이 시간을 붙잡으려 하거나 그 흐름을 늦추려 하지 않고, 마치 언제든 채울 수 있는 것처럼 무심히 흘려보내기 때문입니다.

제7장

1   내가 가장 먼저 지적하고 싶은 이들은 오직 술과 정욕에만 시간을 허비하는 자들입니다. 그들보다 더 치욕스러운 일에 빠진 이는 없기 때문입니다. 허영에 사로잡힌 이들은 비록 잘못을 저지르더라도 그럴듯한 명분이라도 있습니다. 당신은 탐욕스러운 자들, 성급히 분노하는 자들, 부당한 증오심에 사로잡힌 자들, 부정한 전쟁을 일으키는 자들을 말하겠지만, 그들은 적어도 남자답게 잘못을 저지릅니다. 하지만 식욕과 정욕에 자신을 내맡긴 자들은 도덕적으로 가장 부패하고 천박한 자들입니다.

2   이런 자들이 시간을 어떻게 쓰는지 살펴보십시오. 그들은 계산에 시간을 쏟고, 음모를 꾸미는 데 시간을 쏟으며, 두려워하는 데 시간을 쏟고, 아첨하는 데 시간을 쏟으며, 아첨받는 데 시간을 쏟고, 담보를 서거나 받는 데 시간을 쏟으며, 이제는 그들의 일상이 되어버린 술자리에 시간을 쏟습니다. 좋든 나쁘든 그들은 이런 일들로 숨 돌릴 틈도 없음을 당신은 알게 될 것입니다.

마지막으로, 모두가 인정하듯 그런 것에 빠진 사람은 어떤 일도 제 3
대로 해내지 못합니다. 연설을 할 줄도 모르고, 자유인다운 교양을
쌓지도 못합니다. 산만하고 흐트러진 마음은 고귀한 것을 받아들일
수 없으며, 마치 억지로 밀어넣은 것처럼 모두 토해내고 맙니다. 온
갖 일에 매달리는 사람보다 삶을 모르는 이는 없습니다. 그리고 이
세상에서 삶을 배우는 일보다 더 어려운 일은 없습니다. 기술을 가르
치는 이들은 흔하여, 어떤 기술은 아이들도 남을 가르칠 만큼 잘 알
지만, 살아가는 법은 평생 배워야 합니다. 더 놀라운 것은, 죽음 또한
평생 배워야 한다는 점입니다.

가장 위대한 이들은 재물, 세상일, 쾌락 등 모든 방해물을 버리고, 4
생의 마지막까지 오직 한 가지, 바로 살아가는 법을 배우는 데 전념
했습니다. 그런데도 그들 중 다수는 삶을 아는 법을 터득했다고 말하
기도 전에 생을 마쳤습니다. 하물며 다른 이들이 살아가는 법을 모르
는 것은 지극히 당연한 일입니다.

인간의 나약함을 넘어선 위대한 이들은, 자신의 시간이 조금이라 5
도 허투루 쓰이는 것을 결코 허락하지 않습니다. 그들은 주어진 시간
을 온전히 자신을 위해 쓰기에, 그들의 삶은 충만합니다. 그들은 단
한 순간도 낭비하거나 허비하지 않으며, 남의 지배에 맡기지도 않습
니다. 자신의 시간과 맞바꿀 만한 가치 있는 것은 없다는 걸 알기에,
시간을 철저히 지켜냅니다. 그래서 그들에게는 시간이 충분했지만,
삶의 많은 시간을 대중에게 빼앗긴 이들은 늘 시간이 부족했습니다.

이런 이들조차도 때로는 자신의 손실을 깨닫습니다. 그러니 그들 6
이 이를 전혀 모른다고는 생각하지 마십시오. 큰 성공과 권력이라는
무거운 짐을 진 이들 중 많은 수가 끊임없는 내방객, 소송 변론, 그
밖의 영예롭지만 괴로운 일들에 짓눌려 "나는 도무지 살 수가 없다"

고 탄식하는 소리를 당신은 종종 들을 것입니다.

7   왜 살 수 없을까요? 도움을 청하는 모든 이가 당신의 시간을 앗아가기 때문입니다. 저 피고는 당신의 몇 날을 빼앗았습니까? 저 후보는 몇 날을, 자신의 상속자들을 차례로 묻느라 지친 저 노부인은 몇 날을, 유산을 노리고 병든 척하는 저 사람은 몇 날을, 당신을 친구가 아닌 장식품으로 여기는 저 권력자는 몇 날을 빼앗아갔습니까? 이 모든 날을 더한 뒤, 당신이 진정 자신을 위해 산 날이 얼마나 되는지 헤아려보십시오. 당신은 자신을 위해 남긴 날이 극히 적고, 그마저도 쓸모없는 날들뿐이었음을 알게 될 것입니다.

8   권표를 바라던 이는 얻고 나면 그것을 내려놓고 싶어 "이 해가 언제 끝나나"라고 되뇝니다.[12] 공연 기회를 얻는 것을 큰 행운이라 여기던 이도 막상 시작하면 "이 공연에서 언제 벗어날까"라고 말합니다. 온 광장을 그의 목소리가 닿는 끝까지 가득 메운 무리를 이끌고 다니는 후견인[13]은 "이 일이 언제 끝날까"라고 말합니다. 모든 이가 현재는 괴로워하면서도 장래에는 자신이 바라는 것을 얻으리라 믿으며 삶을 재촉합니다.

9   그러나 반대로, 모든 시간을 자신을 위해 쓰며, 하루하루를 마지막 날처럼 살아가는 사람은 내일을 기대하지도, 두려워하지도 않습니다. 어떤 새로운 즐거움도 찾을 수 없기 때문입니다. 모든 즐거움을 알고 누렸기에, 나머지는 운명이 정할 일입니다. 그의 삶은 이미 안

---

12   권표(fasces, '파스케스')는 원래 '다발'을 뜻한다. 고대 로마의 고위 관리, 특히 집정관의 경호원들은 도끼를 끼운 막대기 다발인 파스케스(fasces)를 들었다. 당시 선출직 공직자의 임기는 1년이었다.

13   후견인(patronus, '파트로누스')은 평민을 보호하는 직무를 담당한 귀족을 가리킨다.

전합니다. 더할 수는 있어도 빼앗길 것은 없으며, 더해지는 것조차 이미 배부른 이가 음식을 대하듯 담담히 받아들일 것입니다.

그러므로 백발이 되고 주름이 깊다고 해서 오래 살았다고 여기지 마십시오. 그는 오래 살았다기보다 오래 생존했을 뿐입니다. 항구를 떠나자마자 거센 폭풍을 만나 이리저리 끌려다니며, 사방에서 불어오는 광풍 때문에 한 자리에서 맴도는 이를 오래 항해했다고 하겠습니까? 그는 오래 항해한 것이 아니라, 오래도록 이리저리 내팽개쳐진 것일 뿐입니다.

제8장

나는 사람들이 남에게 시간을 달라 하고, 또 그런 요청을 받은 이들이 쉽게 시간을 내주는 것을 보며 놀랍니다. 양쪽 모두 해야 할 일은 신경 쓰면서도, 정작 시간 자체는 마치 하찮은 것을 주고받듯 가볍게 여깁니다. 사람들은 이처럼 세상에서 가장 귀한 것을 장난감처럼 다룹니다. 하지만 이는 시간이 형체도 없고 보이지도 않아서, 그것을 가장 값싼 것, 거의 가치 없는 것으로 여기기 때문입니다.

사람들은 연봉이나 하사금은 소중히 여겨 그 대가로 노동과 수고를 아끼지 않습니다. 하지만 시간은 아무도 귀하게 여기지 않고, 마치 거저 얻은 것처럼 낭비합니다. 그러나 바로 그런 이들이 병들어 죽을 위험에 처하면 의사의 무릎을 붙잡고, 사형 선고를 받으면 목숨을 위해 전 재산을 기꺼이 내거는 것을 보십시오! 이처럼 시간을 대하는 그들의 태도는 모순으로 가득합니다!

3   만약 사람이 살아온 햇수를 아는 것처럼 앞으로 살 햇수를 안다면, 얼마 남지 않은 날들을 두려워하며 얼마나 아끼겠습니까! 아무리 적은 것이라도 그 양이 정해져 있다면 계획적으로 쓰기 쉽지만, 언제 바닥날지 모르는 것은 더욱 신중히 아껴야 합니다.

4   하지만 사람들이 시간의 소중함을 모른다고만은 할 수 없습니다. 가장 사랑하는 이들을 위해서라면 기꺼이 자신의 시간을 내주겠다고 하니까요. 그러나 사람들은 사랑하는 이를 위해 시간을 내어주면서도, 그 시간이 오직 자기 삶에서만 빠져나갈 뿐, 상대의 삶을 더 길게 해줄 수는 없다는 사실을 깨닫지 못합니다. 자기 손실이 눈에 보이지 않기에, 시간을 내주는 것을 견딜 만하게 여기는 것입니다.

5   한번 남에게 내어준 시간은 누구도 돌려줄 수 없으며, 그만큼 당신의 삶도 영영 사라집니다. 시간은 처음과 같은 걸음으로 가며, 발걸음을 돌이키거나 멈추지 않습니다. 흔들림 없이, 자신이 얼마나 빨리 가는지도 알리지 않은 채 조용히 흘러갑니다. 왕의 명령도, 대중의 호의도 주어진 시간을 늘려주지 못합니다. 태어난 순간부터 시작된 시간은 어떤 경우에도 옆길로 새거나 멈추지 않고 달려갈 뿐입니다. 그 결과는 어떠합니까? 당신이 온갖 일에 분주한 사이 인생은 빠르게 지나가고, 어느새 죽음이 가까이 와 있어 원하든 원하지 않든 죽음에 시간을 내주어야 합니다.

제9장

1   자신이 똑똑하다며 영리함을 자랑하는 이들보다 더 어리석은 이

가 있을까요? 그들은 더 잘 살겠다고 온갖 일에 매달려 분주히 뛰어다닙니다. 결국 인생을 낭비하면서 인생을 세우려는 셈입니다. 그들은 먼 미래를 목표로 삼아 인생을 설계하지만, 그것이야말로 인생의 가장 큰 손실입니다. 목표를 미루다 보면 우리에게 오는 모든 날을 빼앗기고, 현재는 미래를 위해 희생됩니다. 인생의 가장 큰 걸림돌은 미래에 대한 기대, 즉 내일을 기약하며 오늘을 희생하는 것입니다. 이는 운명의 손에 있는 것을 바라며 자신의 손안에 있는 것을 놓아버리는 일입니다. 당신은 어디를 보고, 어디로 손을 뻗고 있습니까? 앞으로 올 모든 것은 불확실합니다. 현재를 사십시오.[14]

보십시오. 신의 영감을 받아 떨리는 목소리로 구원을 노래한 시인은 이렇게 외칩니다. "가련한 필멸의 인간들이여, 인생에서 가장 좋은 날들은 가장 먼저 너희를 떠난다." 그리고 말합니다. "그대가 붙잡지 않으면 달아날 텐데, 왜 머뭇거리며 아무것도 하지 않는가?" 붙잡는다 해도 그날들은 달아날 것입니다. 따라서 시간이 빨리 흐르기에, 그만큼 재빨리 써야 합니다. 마치 스쳐 지나가는 급류에서는 재빨리 물을 길어야 하는 것처럼 말입니다.

시인이 "가장 좋은 나이"가 아닌 "가장 좋은 날들"이라 한 것은 목표를 미래로 무한히 미루는 이들을 꾸짖기에 가장 적절합니다. 시간은 달아나는데, 왜 당신은 마치 영원히 누릴 것처럼 미래의 달과 해를 욕심껏 펼쳐놓는 것입니까? 시인은 당신에게 하루하루에 관해, 더 정확히는 스러져가는 날들에 관해 말하고 있습니다.

---

14 라틴어 원문은 "프로티누스 비베"(protinus vive)다. '프로티누스'는 "즉시, 즉각, 당장"을 뜻하는 부사로, "현재를"로 번역했다. 제대로 된 삶을 미래로 미루지 말고 지금 당장 살라는 의미다.

4   그러므로 가련한 필멸의 인간들, 즉 온갖 일에 쫓기는 이들에게서 가장 좋은 날들이 가장 먼저 달아나리라는 것은 분명합니다. 여전히 어린아이 같은 마음을 지닌 채로 노년을 맞이하고, 아무 준비 없이 그것을 대면합니다. 대비하지 않았기에 노년은 갑자기 들이닥치고, 날마다 조금씩 다가왔건만 그들은 이를 알아채지 못했기 때문입니다.

5   여행자가 대화나 독서에 빠지거나 깊이 생각하느라, 목적지에 가까워졌다는 것도 모른 채 도착하는 것처럼, 인생이라는 여정도 우리가 깨어 있든 잠들어 있든 같은 속도로 빠르게 흘러갑니다. 그러나 온갖 일에 쫓기는 이들은 그 여정이 끝나고 나서야 끝났음을 깨닫습니다.

제10장

1   내가 말한 것을 여러 부분으로 나누어 각각의 증거를 제시하면, 온갖 일에 붙잡힌 이가 가장 짧은 삶을 산다는 많은 증거를 보여줄 수 있겠지만, 여기서는 그러지 않겠습니다. 강단 철학자가 아닌 옛 방식의 진정한 철학자 파비아누스[15]는 이렇게 말했습니다. "격정과 싸울 때는 상처 입지 않으려 고상한 말만 하기보다는, 정면으로 맞서 격정

---

15 파비아누스는 기원후 1년 전반기, 티베리우스와 칼리굴라 황제 시대의 수사학자이자 철학자다. 세네카는 그의 철학 저서가 키케로의 저서에 버금간다고 평가하며 크게 존경했다.

을 물러서게 해야 한다. 격정은 말로 쪼개는 것이 아니라 완전히 무너뜨려야 하기 때문이다." 하지만 그들의 잘못을 깨닫게 하려면 한탄만으로는 부족하고, 가르쳐야 합니다.

인생의 시간은 과거, 현재, 미래, 이렇게 세 부분으로 나뉩니다. 우리가 살아가는 현재는 짧고, 앞으로 올 미래는 불확실하며, 이미 지난 과거는 확정되어 있습니다. 과거는 운명도 더 이상 지배하지 못하고, 그 누구도 되돌릴 수 없기 때문입니다. 2

분주한 이들은 과거를 잃어버립니다. 그들에게는 돌아볼 여유가 없고, 설사 있다 해도 후회스러운 지난날을 떠올리는 것은 즐겁지 않기 때문입니다. 그래서 잘못 보낸 시간을 되새기길 꺼립니다. 잠시의 쾌락에 이끌려 저지른 악행조차, 돌이켜보면 너무나 선명히 드러나기 때문에 그들은 그것을 감히 마주하지 못합니다. 자신의 모든 행적을 돌아보고 떳떳하다고 자신할 수 있는 이가 아니라면, 누구도 기꺼이 지난날을 돌아보려 하지 않습니다. 3

야심에 사로잡혀 많은 것을 욕심내고, 오만방자하게 굴었으며, 승리에만 집착하고, 음모를 꾸미며, 탐욕스럽게 빼앗고, 방탕하게 낭비한 이는 자신의 기억을 두려워할 수밖에 없습니다. 하지만 우리가 가진 시간 중 과거는 신성하게 봉헌되어 있고, 모든 인간사를 초월해 있으며, 운명의 지배에서 벗어나 있어 가난과 두려움과 질병도 침범할 수 없습니다. 과거는 흔들 수도, 빼앗을 수도 없는, 영원한 재산입니다. 현재는 하루뿐이고, 그마저도 순간으로만 있습니다. 반면 과거의 모든 날은 당신이 원하면 눈앞에 있을 것이며, 원하는 대로 보고 머무를 수 있습니다. 하지만 분주한 이들에겐 그럴 여유가 없습니다. 4

평온한 마음만이 자신의 인생을 모든 면에서 돌아볼 수 있습니다. 하지만 분주한 이의 마음은 마치 멍에를 짊어진 짐승처럼 뒤돌아볼 5

겨를조차 없습니다. 그들의 삶은 그렇게 스스로도 알지 못한 채 깊은 수렁 속으로 빠져들어 사라져갑니다. 밑 빠진 독에 물을 아무리 부어도 소용없듯이,[16] 시간을 붙들 수 있는 것이 없다면 아무리 많은 시간도 헛될 뿐입니다. 금 가고 구멍 난 마음을 통해 시간이 새어나가기 때문입니다.

6   현재는 너무나 짧아서 어떤 이들에게는 아예 존재하지 않는 것처럼 보입니다. 현재는 늘 흐르며, 멈추지 않고 앞으로만 달리기 때문입니다. 현재는 오기도 전에 사라져버립니다. 천체와 별들이 쉬지 않고 움직이며 한자리에 머물지 않듯이, 현재도 멈추는 법이 없습니다. 그러므로 분주한 이들은 오직 현재에만 매달리지만, 현재는 너무 짧아 붙잡을 수 없고, 그 짧은 시간마저 수많은 일로 흩어집니다.

제11장

1   끝으로 그들이 얼마나 짧게 사는지 알고 싶습니까? 그들이 얼마나 오래 살기를 바라는지 보십시오. 백발이 된 노인들조차 몇 년이라도 더 살게 해달라고 신들에게 애원합니다. 그들은 마치 자신이 아직 젊다고 여기며, 스스로를 속임으로써 운명까지도 속일 수 있을 것처럼 기꺼이 자기기만에 빠져듭니다. 그러다 쇠약해져서 자신이 죽을 운명임을 깨닫게 되면, 삶을 마감하는 것이 아니라 삶에서 끌려 나가는

---

16   직역하면 "어떤 것을 받아서 보존할 그릇이 없다면, 아무리 많이 부어도 소용이 없다"이다.

것처럼 두려움에 떨며 죽습니다. 그들은 자신이 어리석게 살았음을 깨닫고, 이 쇠약함만 벗어날 수 있다면 이제 여유롭게 살겠노라 다짐합니다. 죽음을 앞에 두고서야 비로소 그들은 누리지도 못할 것을 위해 시간을 쓴 것이 얼마나 헛된지, 모든 수고가 얼마나 허망하게 사라졌는지를 깨닫습니다.

반면 모든 일을 멀리하며 사는 이에게 어찌 인생이 짧고 모자랄 수 있겠습니까? 그의 인생에는 새어나가는 것도, 이리저리 흩어지는 것도, 우연에 맡기는 것도, 부주의하게 낭비하는 것도, 마구잡이로 쓰는 것도, 헛되이 쓰이는 것도 없습니다. 모든 순간을 의미 있게 채우니, 그의 인생은 비록 짧더라도 깊이가 있고 충만합니다. 그래서 마지막 날이 언제 오든, 현자는 죽음을 향해 당당히 걸어갑니다. 2

제12장

아마도 당신은 내가 어떤 사람들을 "온갖 일에 붙잡혀 분주한 사람들"이라고 부르는지 궁금할 것입니다. 나는 법정에서 개를 풀어놓아야 떠나는 자들, 지지자들의 환호나 반대자들의 야유에 휘둘리는 자들, 공적 의무를 수행하려 자기 집을 나서서 남의 집 대문을 두드리는 자들, 법무관의 창을 광장에 세워두고 부패한 이득을 공매하려고 찾아다니는 자들만을 그렇게 부르는 것이 아닙니다. 1

어떤 사람들은 여가를 즐길 때조차 분주합니다. 그들은 다른 이들과 떨어져 별장이나 침대에서 홀로 있을 때도 스스로 이런저런 일을 만들어 걱정하고 고민합니다. 그런 사람들의 삶은 여가가 아닌, 할 2

일 없이 분주한 삶이라 해야 합니다. 값비싼 코린토스 청동 기물을 닦고 진열하는 데 정성을 들이며, 녹슨 청동 조각 하나를 손보는 데 하루를 보내는 사람, 경기장에서 소년들의 레슬링을 즐기는 사람―이는 로마 시민에게는 낯설고 부끄러운 풍속이지만, 그는 그저 악덕을 기웃거릴 뿐입니다. 또 사슬에 묶인 노예들을 나이와 피부색으로 분류하고, 새로운 선수를 길러내는 사람을 두고 당신은 한가한 사람이라 부르겠습니까?

3   어떻습니까? 지난밤에 자란 수염을 뽑고, 머리카락 하나를 두고 상담하며, 흐트러진 머리를 가지런히 하거나 이마 쪽으로 쓸어내려 숱이 적은 부분을 가리면서, 이발소에서 시간을 보내는 사람들을 당신은 한가하다 하겠습니까? 이발사가 조금만 실수해도, 그들은 마치 면도칼에 살을 베인 것처럼 격분합니다. 머리채가 잘리거나, 단정히 정돈되지 않거나, 머리카락이 원래의 곱슬거림으로 돌아가면, 얼마나 얼굴을 붉힙니까! 그들 가운데 누가 머리 모양을 다듬는 일보다 나라의 질서를 걱정하고, 머리카락 한 올보다 자기 양심이나 건강을 더 중요하게 여긴단 말입니까? 빗과 거울로 분주한 사람을 당신은 한가하다 하겠습니까?

4   노래를 짓고 듣고 배우는 데 몰두하는 사람들은 어떻습니까? 그들은 타고난 맑고 소박한 목소리를 비틀어 간드러지게 부르고, 늘 마음속으로 노래하며 손가락으로 박자를 맞추고, 중대하고 슬픈 일에 불려 갔을 때도 속으로 흥얼거립니다. 이들은 여가를 즐기는 것이 아닌, 쓸데없는 일에 분주한 사람들입니다.

5   맹세컨대 나는 그들의 향연을 여가라 할 수 없었습니다. 그들이 은그릇을 식탁 위에 얼마나 까다롭게 늘어놓는지, 젊은 하인들의 허리띠를 얼마나 꼼꼼히 매만지는지 보았기 때문입니다. 게다가 그들이

요리사의 멧돼지 굽는 솜씨를, 자신들의 손짓 한 번에 하인들이 얼마나 부산스럽게 움직이는지를, 요리사가 새고기를 얼마나 능숙하게 써는지, 가련한 어린 하인들이 취한 손님들의 토사물을 얼마나 깔끔하게 치우는지 지켜보는 모습을 목격했기 때문입니다. 그들은 이 모든 사치와 허영을 세련됨과 품격으로 착각합니다. 그들의 악덕은 삶의 가장 은밀한 영역까지 파고들어, 먹고 마시는 행위조차 과시의 수단으로 삼습니다.

가마와 들것 없이는 단 하루도 못 견디는 듯 늘 그것에 매달려 사는 사람들, 언제 목욕하고 수영하고 식사할지조차 다른 이가 알려줘야 하는 사람들도 나는 여유 있다고 할 수 없습니다. 사치에 길들여진 삶은 그들의 영혼을 무디게 만들어, 스스로의 허기를 자각할 감각조차 빼앗아버렸습니다. 6

일상의 감각마저 잃은 삶을 호사롭다 해야 할지 모르겠으나, 노예가 호사스러운 주인을 욕조에서 들어 의자에 앉히자, 그가 "지금 내가 앉아 있는 것이냐?"고 물었다는 이야기를 들었습니다. 자신이 앉아 있는지도 모르는 사람이 살아 있는지, 보고 있는지, 여가를 즐기고 있는지를 알 수 있겠습니까? 그가 정말 모르는 것인지, 모르는 척하는 것인지, 어느 쪽이 더 불쌍한지 말하기가 쉽지 않습니다. 7

그들은 모든 기억을 잃지는 않았으나, 많은 것을 잊었고 또 일부러 잊은 척합니다. 자신들의 악덕을 오히려 자랑스러워하니, 그런 일들은 비천한 자들이나 하는 일이라 여기기 때문입니다. 희극배우들이 사치스럽고 허영에 찌든 삶을 풍자하기 위해 과장되고 우스꽝스러운 장면들을 만들어낸다고 생각하십니까? 맹세컨대, 현실은 그보다 훨씬 더 심각합니다. 오늘날 사람들은 유독 이 방면에서 영리하여, 누구도 믿기 어려울 정도의 악덕을 실제로 행하고 있음에도, 희극배우 8

들은 그런 현실을 따라잡지 못하고 있습니다. 이제는 풍자마저 현실을 따라가지 못하는 시대가 되었기에 그들의 직무유기를 꾸짖어야 할 정도가 되었습니다. 앉아 있는지조차 남에게 물어 알아야 할 만큼, 죽을 때까지 사치스럽게 사는 이가 있습니다!

9 그런 사람은 한가롭지 않습니다. 당신은 그에게 다른 이름을 붙여야 합니다. 그는 병자이며, 더 정확히는 죽은 사람입니다. 자신의 삶에 여유가 있다는 것을 스스로 느끼는 사람만이 진정으로 여유로운 사람입니다. 자신의 자세조차 남이 알려줘야 아는 산송장 같은 사람이 어찌 한순간이라도 자기 인생의 주인일 수 있겠습니까?

제13장

1 장기나 공놀이를 즐기거나 햇볕을 쬐며 일생을 허비하는 사람들을 일일이 열거하자면 끝이 없습니다. 쾌락을 추구하느라 분주한 사람들은 한가하지 않습니다. 쓸데없는 문학에 대한 열정에 빠진 자들이 하찮은 일에 분주한 자들이라는 점은 누구도 의심하지 않습니다. 그런데도 로마인들 중 상당수가 이미 그런 사람들이 되었습니다.

2 울릭세스[17]가 데리고 있던 노꾼이 몇 명이었는지, 『일리아스』와

---

17 울릭세스(Ulixes)는 『오디세이아』의 주인공 오디세우스의 라틴식 이름이다. 호메로스가 지은 『일리아스』와 『오디세이아』는 기원전 8세기 무렵의 유럽 최고의 서사시로, 트로이아 전쟁을 배경으로 그리스 영웅들을 노래했다. 이타카의 왕 오디세우스는 그리스군에서 아킬레우스 다음가는 맹장이었다. 세네카 시대의 헬레니즘 그리스 문법학자들은 알렉산드리아에서 이 작품들을 연구했다.

『오디세이아』 중 어느 것이 먼저 쓰였는지, 두 작품의 저자가 같은 사람인지, 그리고 이런 종류의 일련의 질문들을 탐구하는 것은 그리스인들의 병폐였습니다. 이런 질문들은 마음에 품고 있어도 내면에 유익이나 즐거움을 주지 않고, 밖으로 드러내도 박식해 보이는 것이 아니라 성가시게 보일 뿐입니다.

보십시오. 무익한 지식을 추구하려는 헛된 열망이 로마인들 사이에 퍼져나갔습니다. 최근 며칠 동안 나는 어떤 사람이 로마 장군들 가운데 누가 어떤 일을 처음으로 했는지를 열변을 토하며 이야기하는 것을 들었습니다. 두일리우스[18]는 해전에서 최초로 승리했고, 쿠리우스 덴타투스[19]는 개선 행렬에서 처음으로 코끼리들을 이끌고 왔다는 것입니다. 물론 이런 것은 진정한 명예라고 할 수는 없어도, 로마 시민들을 위한 업적과 관련은 있습니다. 하지만 그런 지식은 공허한 화려함으로 우리를 사로잡을 뿐, 실제로는 아무 쓸모가 없습니다. 3

로마인들 중 누가 처음으로 배를 띄웠는지 묻는 것은 그래도 이해할 만합니다. 처음으로 배를 띄운 로마인은 클라우디우스였고, 사람들은 그를 '카우덱스'라 불렀습니다. 옛사람들은 많은 통나무 판목을 엮어 만든 배를 카우덱스[20]라 불렀기 때문입니다. 여기서 공문서를 4

---

18 두일리우스(기원전 231년 사망)는 공화정기 로마의 집정관(기원전 260년)으로, 제1차 포에니 전쟁(기원전 264-241년) 중 시칠리아 북부 밀레 해전에서 카르타고 함대를 물리쳐 로마 최초의 해전 승리를 이끌었다.
19 쿠리우스 덴타투스(기원전 270년 사망)는 공화정기 로마의 장군이자 정치가로, 삼니움 전쟁(기원전 298-290년)과 피로스 전쟁(기원전 280-275년)을 종결했다.
20 '카우덱스'(caudex)는 통나무나 널빤지를, '코덱스'(codex)는 양피지나 파피루스를 묶은 책의 전신을, '코디카리아'(codicaria)는 통나무 판목을 엮은 것을 뜻한다.

뜻하는 '코덱스'라는 말이 유래했습니다. 오늘날에도 티베리스강을 거슬러 물건을 나르는 배를 옛 관습에 따라 '코디카리아', 즉 판옥선이라 부릅니다.

5 메사나[21]를 처음 정복하고 자신의 가문에서 처음으로 '메사나'라는 별명을 사용한 사람이 누구냐는 질문도 그다지 무의미하지는 않습니다. 그 사람은 발레리우스 코르비누스로, 메사나를 함락한 후 그 도시 이름을 자신의 별명으로 붙였습니다. 훗날 민중들은 그 명칭을 조금 바꾸어 '메살라'로 부르게 되었습니다.

6 한편, 예전에는 원형경기장에서 사자들을 사슬에 묶어놓은 뒤, 보쿠스왕[22]이 투창수들을 내보내 사자들을 죽이게 했습니다. 그런데 루키우스 술라는 사자들을 처음으로 원형경기장에 풀어놓은 인물이었다고 합니다. 만일 누군가 이 사실에 특별한 관심을 갖고 이야기한다면, 그것을 의미 있는 지식이라 할 수 있겠습니까? 그런데도 그것조차 우리가 용납한다 합시다. 하지만 원형경기장에 열여덟 마리의 코끼리를 풀어놓고 죄수들로 하여금 전투라는 방식으로 코끼리들과 맞붙어 싸우게 한 최초의 인물이 폼페이우스였다는 것을 아는 게 무슨 유익이 있겠습니까? 국가 지도자였고, 전해오는 바로는 옛 지도자들 중에서도 특별히 선량했다는 그가, 새로운 방식으로 사람을 죽이는

---

21 메사나는 시칠리아 북동쪽의 항구 도시(현 메시나)다. 발레리우스 코르비누스는 기원전 289년경 집정관으로서 카르타고와 시라쿠사를 대파했다. 시라쿠사 정복 후 얻은 '메살라'라는 별명은 그의 가문에서 800여 년간 이어졌다.

22 보쿠스는 북아프리카 누미디아 왕국의 왕 유구르타(기원전 약 160-104년)의 장인이다. 로마의 속국이던 누미디아에서 유구르타가 불법으로 왕위를 차지하자 전쟁이 일어났다. 이 유구르타 전쟁에서 승리한 루키우스 술라(기원전 약 138-78년)는 권력자로 부상했고, 그 후 독재관이 되어 로마 공화정을 무너뜨리는 토대를 놓았다.

것을 볼거리로 삼았다고 합니다. 그 죄수들은 죽기까지 싸웠지만 그 것으로는 부족했고, 몸이 찢기고 으깨져, 코끼리 발굽 아래 산산이 부서질 때까지 참혹한 고통을 겪어야 했습니다.

이런 일은 차라리 잊히게 하여, 후대의 어떤 권력자도 이런 잔혹한 행위를 본받거나 동경하지 않도록 하는 편이 낫습니다. 아, 이런 일이 널리 퍼진다면 우리의 정신은 얼마나 흐려지겠습니까! 폼페이우스는 다른 하늘 아래에서 태어난 수많은 사람을 야수들 앞에 던져 서로 너무나 다른 생명체들끼리 싸우게 해서, 그 장면을 로마 시민들 앞에서 피로 연출했을 때, 자신도 곧 더 많은 피를 흘릴 운명임을 모른 채, 스스로 자연의 질서를 초월했다고 믿었을지 모릅니다. 그러나 결국 그는 알렉산드리아에서 배신당해, 노예의 칼에 찔려 죽고 말았습니다. 그때에야 그는 자신의 별명이 얼마나 허황된 자만이었는지 깨달았을 것입니다.[23]

7

다시 본래의 주제로 돌아가서, 나는 사람들이 그런 종류의 쓸데없는 이야기를 찾아내려 헛되이 애쓰는 모습을 계속 보여주겠습니다. 어떤 사람은 메텔루스[24]가 시칠리아에서 카르타고인들을 이긴 뒤 개선 행렬에서 전차 앞에 120마리의 코끼리를 이끈 유일한 인물이었고, 또 어떤 이는, 로마가 속주가 아닌 이탈리아 영토를 얻을 때마다

8

---

23 폼페이우스(기원전 106-48년)는 로마 공화정의 정치가이자 장군으로, 제1차 삼두정치의 지도자 중 하나였다. 벌족파로서 크라수스 사후 원로원 세력을 모아 카이사르에 맞섰으나, 파르살로스 전투(기원전 48년)에서 패해 이집트로 도망갔다. 이집트 왕 프톨레마이우스 13세는 국사 테오도토스의 조언으로 장군 아킬라를 시켜 그를 죽였다. 폼페이우스의 별명은 '마그누스'(magnus, 위대한 자)였다.

24 루키우스 카이킬리우스 메텔루스(기원전 약 290-221년)는 기원전 251년에 집정관으로서 파노르무스 전투에서 카르타고군을 격파해 제1포에니 전쟁의 승리를 이끌고 시칠리아를 로마의 지배 아래 두었다.

로마 시의 경계를 넓히는 것이 전통이었고, 술라가 이 전통을 따른 마지막 인물이었다고 말합니다. 그리고 또, 아벤티누스 언덕[25]이 로마 시의 경계에서 제외된 것은 평민들이 그곳에 살았기 때문이거나, 레무스가 그곳에서 새점을 쳤을 때 불길한 징조가 나타났기 때문이라고 합니다. 하지만 전자든 후자든 똑같이 무익한 이야기이고, 그밖에 거짓으로 가득한 수많은 이야기들 역시 무익하지 않습니까?

9 그런 사람들이 신의를 다해 모든 것을 말했다고 당신이 인정하고, 그들이 사실대로 썼다고 보증한들, 그들의 말과 글의 오류가 줄어들겠습니까? 그런 말과 글이 어떤 욕망을 자제시킬 수 있겠습니까? 누구를 더 용감하고, 더 정의롭고, 더 자유민답게 만들겠습니까? 우리의 파비아누스는 때때로, 어떤 문제들을 탐구하느니 차라리 손을 대지 않는 편이 더 나을 수도 있다고 말하곤 했습니다.

제14장

1 오직 지혜를 탐구하는 데 시간을 쓰는 사람들만이 진정 한가롭고, 오직 그들만이 제대로 살아갑니다. 그들은 자신의 인생을 헛되이 쓰지 않고 잘 지킬 뿐 아니라, 모든 지나간 시간을 자신의 것으로 만들어 덧붙이기 때문입니다. 우리가 지나치게 배은망덕하지만 않다면, 신성한 가르침의 창시자들은 우리를 위해 태어났고 우리의 길을 닦

---

25 고대 로마는 일곱 언덕 위에 세워졌으며, 아벤티누스 언덕은 그중 하나로 로마 시 남쪽 끝에 있었다.

아준 빛나는 스승들입니다. 다른 이들의 노고로 우리는 어둠에서 빛으로 끌려나와 가장 아름다운 가르침들을 만날 수 있게 되었습니다. 어떤 시대도 우리에게 닫혀 있지 않고, 우리는 모든 시대로 들어갈 수 있습니다. 큰마음으로 인간의 나약함이 만든 좁은 한계를 벗어나고자 한다면, 우리가 누빌 수 있는 광활한 시간이 열립니다.

소크라테스와 토론하고, 카르네아데스[26]와 어울려서 의심할 수도 있으며, 에피쿠로스와는 평온한 삶을 살고, 스토아학파와 함께 인간의 본성을 극복하고, 견유학파와 그 본성을 초월할 수도 있습니다. 자연이 우리에게 모든 세대와 어울릴 수 있게 해주는데, 짧고 덧없는 시간을 넘어 위대하고 영원하며 더 나은 것을 나누는 데 우리의 온 마음을 바치지 않을 이유가 무엇이겠습니까? 2

사람들은 온갖 일에 쫓겨 분주히 뛰어다니며, 자신과 타인을 편히 두지 않습니다. 그들은 제대로 미쳐서 날마다 모든 이의 집 대문을 찾아다니고, 열린 대문도 그냥 지나치지 않으며, 이득을 좇아 멀리 떨어진 집들까지 찾아가 인사합니다. 하지만 그렇게 한들, 그토록 거대하고 욕망으로 들끓는 도시에서 그들이 만날 수 있는 이가 몇이나 되겠습니까? 3

잠자거나 향락에 빠져 있거나 무정하게 문전박대하는 이가 얼마나 많으며, 오래 기다리게 하고는 바쁘다는 핑계로 내쫓는 이들이 또 얼마나 많습니까! 마치 면전에서 거절하는 것보다 기만하는 편이 더 4

---

26 카르네아데스(기원전 약 214-129년)는 플라톤 아카데메이아학파의 학장이자 회의주의 시기를 이끈 인물로, 기원전 155년 로마에 파견된 세 철학자 중 한 명이다. 플라톤 사후 아카데메이아학파는 독단주의를 거부하고 지식의 확실성을 의심하는 회의주의로 전환되었으며, 그는 그 시기를 대표했다. 회의주의자로서 스토아학파와 에피쿠로스학파 같은 교조적 철학을 비판했다.

낫다는 듯이, 손님들로 북적이는 접객실을 피해 어두운 뒷길로 달아나는 자들이 얼마나 많습니까! 어제의 과음으로 잠이 덜 깬 채 괴로운 표정으로, 자신의 잠을 줄여가며 찾아와 기다린 가련한 문객들 앞에 나타나 거만하게 하품하며, 시종이 간신히 천 번쯤 이름을 일러줘야 마지못해 제대로 이름 한 번 불러주는 사람들이 얼마나 많습니까!

5 그에 비하면, 제논, 피타고라스, 데모크리토스, 아리스토텔레스, 테오프라스토스[27]를 비롯한 위대한 학문의 스승들과 날마다 친밀히 교제하려는 사람들이야말로 진정한 의미에서 의무를 다하는 사람이라 할 수 있습니다. 그들은 결코 자리를 비우지 않고, 찾아오는 이들을 한층 더 성숙한 존재로 성장시켜 보냅니다. 자기 자신을 더 사랑하게 만들고, 삶을 깊이 이해하게 하며, 단 한 사람도 빈손으로 돌려보내지 않습니다. 누구든 밤이든 낮이든 그들을 만날 수 있습니다.

제15장

1 그들은 결코 당신을 죽음으로 이끌지 않을 것이며, 오히려 어떻게 죽어야 하는지를 가르쳐줄 것입니다. 그들은 당신의 시간을 낭비하

---

27 제논(기원전 약 335-263년)은 스토아학파를 세웠다. 피타고라스(기원전 약 582-497년)는 만물의 근원을 '수'로 본 철학자이자 종교가로, 남이탈리아 크로톤에 수도원 성격을 띤 최초의 철학 공동체를 세웠다. 데모크리토스(기원전 약 460-370년)는 원자론을 체계화했다. 테오프라스토스(기원전 약 372-288년)는 플라톤과 아리스토텔레스의 제자로 소요학파의 학장이 되었다.

지 않고, 오히려 자신들의 시간을 보태줄 것입니다. 그들과의 대화가 위험을 초래하거나, 우정이 목숨을 위태롭게 하거나, 존경을 표하는 데 비용이 들지도 않습니다. 당신이 바라는 것은 무엇이든 그들에게서 얻을 수 있습니다. 원하는 만큼 얻지 못한다면 그것은 그들의 잘못이 아닙니다.

그들의 가르침을 받는 이들에게는 더할 나위 없는 행복과 존엄한 노년이 약속되어 있습니다! 이들은 일상의 크고 작은 문제에 기꺼이 귀 기울여주고, 삶에 대한 고민을 언제든 나눌 수 있으며, 꾸짖지 않고도 진실을 말해주고, 아첨하지 않으면서도 진심 어린 칭찬을 건넬 줄 아는 스승들입니다. 2

우리는 부모를 선택할 수 없어 운명에 맡겨진다고 말하지만, 우리 뜻대로 다시 태어날 수는 있습니다. 탁월한 재능과 성품을 지닌 고귀한 가문들이 있으니, 당신이 입양되고 싶은 가문을 고르십시오. 그 가문의 이름뿐 아니라 재산도 물려받게 될 것입니다. 이 재산은 인색하게 지키려 할 필요가 없습니다. 나눌수록 더욱 불어나기 때문입니다. 3

그들은 당신에게 영원으로 가는 길을 보여주고, 결코 추락하지 않을 곳으로 이끌어줄 것입니다. 이것이 필멸의 삶을 연장하고 불멸의 삶으로 바꾸는 유일한 방법입니다. 4

명예와 기념비처럼 인간의 야심이 명령하고 세운 것은 시간 앞에서 쉽게 닳고, 결국 무너지고 맙니다. 하지만 지혜로 영원히 살아남은 것들은 세월도 해치지 못합니다. 어떤 세대도 그것을 파괴하거나 축소할 수 없으며, 오히려 시간이 지날수록 더 큰 존경을 받게 됩니다. 가까이 있는 것에는 시기하지만, 멀리 있는 것은 있는 그대로 존중하기 때문입니다.

5 그러므로 현자의 삶은 어느 한 시기에 묶이지 않고, 모든 시대를 자유롭게 품습니다. 오직 현자만이 시간의 흐름을 초월하여 모든 순간을 온전히 소유합니다. 그는 지나간 시간은 기억으로 간직하고, 현재는 낭비 없이 살아내며, 다가올 시간도 미리 맞이할 준비가 되어 있습니다. 그에게는 과거도, 현재도, 미래도 모두 지금으로 존재합니다. 그리하여 현자는 시간 전체를 한데 모아, 넓고 깊은 삶을 살아갑니다.

제16장

1 과거를 잊고 현재를 허비하며 미래를 두려워하는 이들의 삶은 너무나 짧고 불안하며 괴롭습니다. 이 불쌍한 이들은 삶의 끝에 이르러서야 뒤늦게 깨닫습니다. 그토록 오랜 세월을 아무것도 이루지 못한 채 헛되이 바쁘기만 했다는 것을 말입니다.

2 그들이 종종 죽고 싶다고 말한다고 해서, 그것이 긴 삶을 살았다는 증거는 아닙니다. 그저 그들의 어리석음이 두려움과 마주치자 불안에 떨며 안절부절못하는 것일 뿐입니다. 자주 죽고 싶다 말하는 것은 바로 죽음이 두렵기 때문입니다.

3 그들이 하루가 길게 느껴진다거나 식사 시간이 더디 온다고 불평한다고 해서, 그것이 인생을 오래 산 증거는 아닙니다. 온갖 일에 쫓기다가 할 일이 없어지자, 남은 시간을 어떻게 써야 할지 몰라 안절부절못하는 것뿐입니다. 그래서 어떻게든 분주하려 애쓰고, 중간에 빈 시간이 생기면 괴로워합니다. 맹세컨대 그들은 검투사 경기나 다

른 구경거리나 즐길거리의 날짜가 정해지면, 그때까지의 시간을 건 너뛰고 싶어 합니다.

그 기다림은 끝이 없을 만큼 길게 느껴지지만, 막상 기대하던 즐거움이 시작되면 시간은 순식간에 지나가 버립니다. 게다가 그 짧은 순간조차 충분히 누리지 못한 채, 그들은 또다시 새로운 자극을 찾아 이리저리 떠돕니다. 그들에게 낮은 길기만 한 것이 아니라 증오의 대상입니다. 반면 창녀와 뒹굴거나 술을 마시며 보내는 밤들은 얼마나 짧게 느껴지겠습니까!

시인의 무분별한 상상력은, 유피테르가 욕정에 빠져 밤을 두 배로 늘렸다는 이야기를 지어내며 사람들의 타락한 행태를 부추깁니다. 신을 그런 악덕의 근원으로 삼고, 신의 이름을 빌려 병든 습관을 정당화하는 일—이보다 더한 도덕적 타락이 어디 있겠습니까? 밤을 비싸게 산 그들에게 밤이 너무 짧게 느껴지는 건 당연하지 않습니까? 그들은 밤에 대한 기대로 낮을 허비하고, 낮에 대한 두려움으로 밤을 낭비합니다.

제17장

그들은 쾌락을 누릴 때조차 불안에 떨고 온갖 두려움에 시달립니다. 가장 기쁜 순간에도 불안이 덮쳐와 '이 기쁨이 얼마나 갈까?' 하고 괴로워합니다. 이런 불안 때문에 왕들조차 자신의 권세를 한탄했고, 그 권세의 끝을 두려워한 나머지 눈앞의 큰 행운을 즐기지 못했습니다.

2   지나치게 오만했던 한 페르시아 왕[28]은 광활한 벌판에 군대를 늘어세우고, 셀 수 없이 많은 병사들을 면적으로 파악한 뒤, 이 젊은이들이 백 년도 안 되어 모두 사라질 것을 생각하며 눈물을 흘렸다고 합니다. 그러나 그들의 죽음을 앞당긴 이는 다름 아닌 자기 자신이었습니다. 병사들은 바다에서, 육지에서, 싸우다 혹은 도망치다 죽어갔습니다. 왕은 백 년 후를 걱정했지만, 결국 그들을 훨씬 이른 시간 안에 죽음으로 몰아넣었습니다.

3   그들이 기쁨 속에서도 걱정하고 두려워하는 까닭이 무엇이겠습니까? 그들의 기쁨이 단단한 토대 위에 있지 않고, 도리어 그 기쁨을 낳은 허영이 그들을 흔들기 때문입니다. 다른 이들보다 더 행복했다는 그 시간조차 온전히 즐겁지 못했다면, 자신도 불행했음을 인정하는 그 시간은 얼마나 괴로웠겠습니까?

4   그들에게 최고의 복은 끊임없는 걱정거리이며, 가장 큰 행운은 도리어 가장 신뢰할 수 없는 것이었습니다. 행복을 지키려면 또 다른 행복이 필요하고, 이루어진 소원을 지키려면 다시 새로운 소원을 빌어야 했습니다. 우연히 얻은 것은 모두 불안정하고, 높이 올라갈수록 추락하기 쉽기 때문입니다. 누구도 추락을 반기지 않기에, 얻은 것을 지키려 애쓸수록 삶은 짧아지고, 그만큼 더 불행해지는 법입니다.

5   그들은 얻으려는 것을 위해 애쓰고, 이미 얻은 것을 위해 전전긍긍합니다. 지나간 시간이 돌아오지 않음을 생각지 못한 채, 새로운 분

---

[28] 크세르크세스(기원전 약 519-465년)는 제3차 페르시아 전쟁을 일으켜 그리스 정복을 시도했다. 기원전 480년 대군을 이끌고 침공했으나, 살라미스 해전에서 아테네가 이끈 그리스 연합 해군에게 궤멸되었고, 육지에서는 테르모필레 전투에서도 대패했다.

주함이 이전의 분주함을 대신하고, 기대가 기대를, 야심이 야심을 불러일으킵니다. 불행을 끝낼 생각은 하지 않고, 계속해서 불행의 재료를 바꿔나갑니다. 공직의 고단함이 끝나면 곧장 남의 공직을 돕는 일에 매달렸고, 후보자로서의 피로가 끝나면 후원자의 역할로 분주했습니다. 고발자의 짐을 내려놓으면 재판관이 되고, 재판관을 그만두면 검찰관이 됩니다. 남의 재산을 관리하다 나이 들어 그만두면, 자신의 재산 관리에 매달립니다.

마리우스[29]는 군화를 벗자마자 집정관이 되어 또다시 쉴 새 없이 뛰어다녀야 했고, 퀸티우스[30]는 독재관직에서 급히 물러났다가 쟁기질하던 중 다시 불려나왔습니다. 스키피오[31]는 너무 어린 나이에 카르타고를 상대하러 전장에 나서야 했습니다. 그는 한니발과 안티오코스[32]를 물리치고, 집정관직을 훌륭히 수행했으며, 동생을 적극 후

6

---

29 마리우스(기원전 156-86년)는 로마 공화정기의 장군이자 정치가다. 기원전 106년, 집정관 시절에 누미디아의 유구르타 전쟁을 해결했으며, 빈민으로 군대를 조직해 유구르타를 생포했다. 당시 휘하에 있었던 이가 루키우스 술라(기원전 약 138-78년)였다. 전쟁 후 마리우스는 평민파의 수장으로 벌족파 술라와 대립했고, 내전에서 패한 뒤 복귀해 술라파를 숙청했으나 곧 병사했다. 이후 술라가 정권을 잡고 독재관이 되면서 공화정은 몰락해갔다.

30 퀸티우스(기원전 약 519-430년)는 로마 공화정기의 시민적 덕성을 상징하는 전설적 인물이다. 몰락한 귀족 가문의 작은 농장에서 쟁기질을 하던 중, 기원전 458년 전쟁이 일어나자 나라의 부름을 받아 독재관이 되었다. 군대를 이끌어 15일 만에 승리를 이룬 뒤 막강한 권력을 모두 내려놓고 농장으로 돌아갔으나, 기원전 439년 부유한 평민 스푸리우스 마일리우스의 반란을 진압하기 위해 다시 부름받았다.

31 스키피오 아프리카누스(기원전 236-184년)는 30세의 나이로 기원전 206년 이베리아반도의 카르타고 거점을 평정하고 북아프리카로 진격해, 기원전 202년 자마 전투에서 한니발을 물리쳐 제2차 포에니 전쟁을 종결했다.

32 안티오코스(기원전 약 241-187년)는 서아시아에 있던 셀레우코스 왕국의 왕으로, 기원전 191년 그리스를 침공했다. 그러자 스키피오는 기원전 190년 집정관이던 동생을 도와 그리스로 건너가 안티오코스를 격퇴했다.

원하기도 했습니다. 조국을 위해 헌신한 대가로 신들의 반열에 오르기를 마다하지 않았더라면, 그는 유피테르 곁에 모셔졌을 인물이었습니다. 그러나 당파 싸움은 끝내 이 조국의 구원자마저 괴롭혔고, 젊은 시절부터 신적인 영예를 누렸던 그는, 공직에 대한 염증 끝에 마침내 자발적 망명을 택할 수밖에 없었습니다.

행복할 때든 불행할 때든, 불안과 근심은 그림자처럼 따라붙습니다. 수많은 일에 매여 바쁘게 살다 보면, 삶은 내 뜻과는 상관없이 흘러가버리고 말며, 여가를 바라기만 할 뿐 누리지는 못합니다.

제18장

1 그러므로 친애하는 파울리누스여, 당신은 인생의 상당 부분을 많은 일에 시달리며 분주하게 보냈으니, 이제는 군중으로부터 벗어나 평온하고 잔잔한 항구로 물러나십시오. 당신이 겪어온 수많은 풍파와, 사사로운 삶에서도 공적인 삶에서도 견뎌온 폭풍을 돌아보십시오. 당신이 끊임없이 겪은 시련을 통해 당신의 미덕은 이미 충분히 검증되었습니다. 이제는 은둔하는 삶 속에서 당신의 미덕이 어떤 빛을 발할지 살펴보십시오. 당신은 분명 인생의 더 좋은 시기 대부분을 국가에 바쳤습니다. 이제 남은 시간은 당신을 위해 사용하십시오.

2 나는 당신을 나태하고 무기력한 고요함으로 이끄는 것도 아니고, 활기찬 당신의 본성을 대중이 탐닉하는 잠과 쾌락 속에 묻어버리려는 것도 아닙니다. 그것은 결코 쉬는 것이 아닙니다. 당신은 지금까지 온 힘을 다해 해왔던 그 어떤 일보다 더 중요한 일들을 발견하게

될 것입니다. 그것은 당신이 공직에서 물러난 뒤에야 비로소 염려 없이, 진정한 평온 속에서 전념할 수 있는 일들입니다.

당신은 세계 각지에서 들어오는 국가 수입을 관리할 때 남의 일을 하듯 사심 없이, 자기 일을 하듯 세심하게, 공적인 일을 하듯 양심적으로 해왔습니다. 당신은 미움받기 쉬운 일을 하면서도 사랑을 받고 있습니다. 하지만 이제는 국가의 곡물을 계산하는 일보다 당신 자신의 인생을 헤아리는 일이 훨씬 더 중요하다는 사실을 믿어주십시오. 3

당신의 내면에 깃든 활력과 명민함은 좀 더 위대한 일에 어울립니다. 이제 명예롭기는 하나 행복한 삶과는 거리가 먼 직무에서 벗어나십시오. 당신이 어린 시절부터 자유민으로서 익힌 온갖 학문은 수천 가마의 곡물을 관리하기 위한 것이 아니었음을 기억하십시오. 사실 당신은 더 중요하고 더 높은 공직을 기대했었습니다. 정직하고 꼼꼼한 이들은 얼마든지 있을 수 있습니다. 하지만 무거운 짐을 나르는 데는 혈통 좋은 말보다 느린 노새가 더 적합합니다. 누가 혈통 좋고 빠른 말에 무거운 짐을 실어 짓누르겠습니까? 4

게다가 당신이 그토록 막중한 책임을 맡으면서 얼마나 마음을 졸였는지도 생각해보십시오. 당신이 하는 일은 사람들의 배와 관련된 일입니다. 굶주린 대중은 이성이 통하지 않고, 공정함을 내세워도 누그러지지 않으며, 간청한다고 해서 굽히지도 않습니다. 최근에 가이우스 카이사르가 죽은 지 얼마 되지 않았을 때, 로마인들이 먹을 식량이 7~8일분밖에 남지 않았다는 사실이 드러났습니다. 만일 죽은 자들이 세상일을 알 수 있다면, 가이우스는 누구보다도 괴로워했을 것입니다. 그는 배를 잇고 다리를 세우느라 국고를 탕진했고, 결국 도시가 포위되었을 때 마지막에 닥치는 재앙, 곧 식량 부족의 위기를 일으킨 장본인이기 때문입니다. 지나치게 거만하고 광기에 찬 이국 5

의 군주를 모방한 가이우스로 인해 로마인들은 재앙과 기근 그리고 파멸의 문턱까지 내몰렸습니다.

6 그 시기에 곡물 수급을 책임졌던 관리들은, 칼과 돌과 불뿐 아니라 가이우스의 눈치까지 보아야 했습니다. 그런 그들이 국가의 심장부에 도달한 재앙을 어떻게든 숨기려 했던 것은 너무나 당연한 일이었습니다. 어떤 병은 환자 자신이 알아차리는 순간 치료가 불가능해지기 때문입니다. 병을 알지 못해야 치유가 가능한 경우도 있기 때문입니다.

제19장

1 이제 더 평온하고 더 안전하며 더 위대한 일로 돌아오십시오! 운송인의 기만이나 관리의 실수로 곡물이 손상되지 않게 살피고, 습기 때문에 무게 측정에 오류가 생기지 않도록 점검하는 일도 중요합니다. 그렇지만 신은 어떤 본질로 이루어져 있는가, 신의 의지와 상태, 형상은 어떠한가, 이 깊고 숭고한 진리를 탐구하는 일과 비교할 수 있겠습니까? 어떤 일이 당신의 영혼을 기다리고 있습니까? 자연은 육신에서 분리된 우리를 어디에 두는 것입니까? 가장 무거운 것을 모두 이 세계의 중심에 두고, 가벼운 것을 위에 매달며, 불을 맨 위로 보내고, 별들로 하여금 각자의 주기대로 운행하게 하며, 엄청난 신비로 가득한 그 밖의 모든 것을 주관하는 것은 무엇입니까?

2 당신은 오직 정신만이 남았을 때 이러한 것을 살펴보려 하십니까? 피가 뜨겁고 힘이 있을 때 더 나은 이 길을 향해 나아가야 합니다. 그

런 삶 속에서는 많은 훌륭한 지식과 미덕에 대한 사랑과 실천, 욕망에 대한 망각, 생사에 관한 지식, 깊은 고요함이 당신을 기다리고 있습니다.

온갖 일에 붙잡혀 분주한 자들의 삶은 비참합니다. 특히 가장 가엾은 이들은 남의 일정을 따라 자고 일어나며, 남의 발걸음에 맞춰 자신을 조율해야 하는 사람들입니다. 이들은 모든 일 중에서 가장 자유로워야 할 사랑과 미움조차 남의 지시를 따라 행합니다. 자기 인생이 얼마나 짧은지 알고자 한다면, 지금까지 살아온 삶 중, 온전히 당신의 것이었던 시간이 얼마나 되는지 헤아려보십시오.

제20장

그러므로 당신은 관복을 입은 이를 종종 보고, 광장에서 어떤 이의 이름에 환호하는 소리를 듣겠지만, 그때 부러워하지 마십시오. 그런 것은 인생에 손실만 가져올 뿐입니다. 그들은 한 해의 공직자 명단에 자신의 이름을 올리기 위해 평생을 소모합니다.[33] 어떤 이들은 야심의 정점에 이르기도 전에 초입에서 분투하다 생을 마감했습니다. 어떤 이들은 수많은 오욕을 거쳐 명예의 정점에 올랐을 때, 묘비에 자신의 직함을 새기려고 이토록 고생했나 하는 생각에 자괴감에 빠졌습니다. 어떤 이들은 고령이 되어서도 마치 청년처럼 새로운 희망을 품어

---

[33] 로마에서 모든 선출직 공직의 임기는 1년이었다.

과도하고 탐욕스러운 시도를 하다 기력을 잃고 생을 마감했습니다.

2   고령임에도 전혀 모르는 소송인들을 위해 법정에서 변론하고, 무지한 군중의 환호를 받으려다 숨을 거두는 것은 볼썽사납습니다. 수명이 다하기도 전에 일에 지쳐 쓰러져 죽는 것은 추하고 수치스럽습니다. 장부를 계산하다 죽어, 오랫동안 기다려온 상속자를 미소 짓게 하는 것도 마찬가지입니다.

3   내게 문득 떠오른 사례가 있어 그냥 넘어갈 수 없습니다. 투라니우스는 부지런함의 화신이라 할 노인이었습니다. 그가 90세가 넘자 가이우스 카이사르는 일방적으로 그를 공직에서 해임했습니다. 그러자 노인은 자신의 가솔에게 자기를 침대에 눕히고 마치 죽은 것처럼 에워싸고 애곡하라 지시했습니다. 온 집안이 나이 든 가장의 해직을 애도했고, 그가 복직될 때까지 애곡을 멈추지 않았습니다. 이 노인은 분주하게 일하다 죽는 것을 행복으로 여긴 것이 아니겠습니까?

4   이 노인과 똑같은 생각을 지닌 이가 아주 많습니다. 그들은 일할 수 없는 처지인데도 계속해서 일하려 합니다. 그들은 쇠약해진 몸과 싸우면서도, 노년의 가장 큰 비애는 일을 그만두도록 강요당하는 것이라 생각합니다. 법에 따르면 쉰 살이 넘으면 군대에 징집되지 않고, 예순 살이 넘으면 원로원에 소집되지 않습니다. 하지만 사실 그들은 법률에 따라 일을 그만두어서가 아니라, 일을 그만둠으로써 생긴 여가 때문에 더 힘들어합니다.

5   온갖 일에 붙잡혀 분주하게 일하는 동안, 사람들은 남의 시간을 빼앗고 자신의 시간을 빼앗기며, 서로의 평온을 파괴하고 서로를 비참하고 불행하게 만듭니다. 그래서 각자의 인생은 결실이 없고 즐거움을 얻지 못하며, 영혼은 어떤 성취도 이루지 못합니다. 아무도 죽음을 염두에 두지 않고, 아무도 멀리 있는 희망을 놓지 못하며, 심지어

어떤 이들은 죽은 뒤의 일까지도 계획합니다. 웅장한 무덤, 국가에 바친 생애를 기념하는 대회, 장례식과 그 이후의 추모 경기까지도 미리 준비합니다. 그러나 맹세컨대, 그들의 장례식은 요절한 아이들의 장례식처럼 횃불과 촛불 몇 개만으로 치러지는 것이 더 어울립니다.[34]

---

[34] 로마에서는 성인이 되지 못하고 죽은 어린아이의 장례식을 밤에 횃불과 촛불만으로 간소하게 치렀다. 세네카는 온갖 일에 매달려 분주하게 살아간 이들이 긴 세월을 살았다 해도, 실제로 자신의 삶을 산 시간은 미미하기에 어린아이와 다름없다고 말한 것이다.

제2편
행복한 삶에 대하여

제1장

갈리오 형제여,[1] 모든 이가 행복한 삶을 원하지만, 정작 행복한 삶을 이루는 것이 무엇인지를 생각하면 그 모습이 흐릿하기만 합니다. 잘못된 길을 택한다면, 행복한 삶을 향해 더 열심히 달리는 사람일수록 오히려 그곳에서 더 멀어지고, 반대 방향으로 달린다면 그 속도만큼 더 큰 거리가 생겨납니다. 이것이 행복한 삶에 이르기 어려운 이유입니다. 그러므로 우리는 먼저 목적지를 정하고, 그다음 그곳에 가장 빨리 도달할 수 있는 길을 찾아야 합니다. 올바른 길에 들어섰다면, 하루에 전체 여정의 얼마를 갈 수 있는지, 우리의 본성이 이끄는 그곳에 얼마나 더 가까워졌는지를 알아야 합니다.

하지만 길잡이를 따르지 않고 사방에서 들려오는 갖가지 소리와 외침을 좇아 이리저리 헤맨다면, 정신을 바짝 차리고 밤낮으로 노력해도 길을 찾는 동안 짧은 인생만 낭비하게 될 것입니다. 그러니 우리는 가야 할 곳과 그곳으로 가는 길을 정해야 하며, 그곳을 이미 경험하고 살펴본

---

[1] '갈리오'는 세네카의 형인 노바투스(기원전 약 5년-기원후 65년)가 개명한 이름이다. 수사학자 세네카 1세의 아들로, 52년 또는 53년에 수사학자이자 원로원 의원인 루키우스 유니우스 갈리오의 양자가 되면서 갈리오로 개명했으며, 이때 아카이아 속주의 집정관 대리가 되었다. 동생 세네카가 네로의 명령으로 자결한 뒤 얼마 지나지 않아 둘째 동생 안나이우스 멜라가 반역 음모에 연루되자, 66년에 그도 자결한 것으로 보인다. 『분노에 대하여』에서는 '노바투스'로 불린다. 우리 어법상 이 글의 '당신'을 '형' 또는 '형님'으로 번역하는 것이 더 적절하나, 원문 그대로 '당신'으로 옮겼다.

이의 도움도 받아야 합니다. 이 여정은 다른 모든 여정과는 다릅니다. 다른 여정에는 이미 알려진 길이 있고, 길을 잃으면 현지인에게 물어 바른길을 찾으면 됩니다. 하지만 이 여정에서는 오히려 사람들이 가장 많이 다니고 잘 알려진 길을 따라가다가 길을 잃게 됩니다.

3 그래서 이 여정에서 가장 주의할 점은, 앞서가는 무리를 맹목적으로 쫓아가는 가축처럼 남들이 간 길을 가는 것이 아니라 자신이 가야 할 길을 가는 것입니다. 다수의 동의를 얻은 것이 최선이라 착각하여 풍문과 평판을 좇고, 자신에게 좋은 것이 아닌 다수의 본보기를 따라 이성이 아닌 모방에 의지해 사는 것만큼 우리를 큰 불행으로 이끄는 것은 없습니다.

4 그럼에도 사람들은 그렇게 살아가다 차례로 무너져 내리며 결국 거대한 파멸의 더미를 이룹니다. 마치 많은 이들이 한 방향으로 몰려가다 서로 밀치고 넘어지며 뒤엉켜 큰 무더기를 이루는 것과 같습니다. 앞선 이가 먼저 쓰러지며 뒤따르던 이까지 끌어당기기에, 앞선 이의 몰락이 곧 뒤이은 이의 파멸을 부르는 원인이 됩니다. 이런 일이 인생 전반에서 벌어지고 있음을 당신은 볼 수 있습니다. 그릇된 길을 걷는 이는 자신만 해를 입는 것이 아니라 다른 이들까지 잘못된 길로 끌어들이는 원인이 됩니다. 앞선 무리를 따르는 것은 해롭습니다. 스스로 판단하기보다 남에게 의지하기를 선호하는 한, 삶에 관해 스스로 결정하지 못하고 늘 남에게 기대게 되며, 수많은 이의 손을 거쳐 전해진 잘못이 우리를 거꾸로 몰아넣습니다. 우리는 남들이 하는 대로 따라하다 망하지만, 다수를 따르지만 않는다면 무사할 것입니다.

5 사실 대중은 이성과 반대편에 서서 자신들의 잘못을 옹호합니다. 그래서 민회에서처럼, 사람들은 변덕스러운 민심에 휘둘려 누군가를

법무관으로 뽑아놓고는 그가 법무관이 된 것을 이상하게 여기며 놀라워합니다. 우리는 같은 것을 두고 옳다고 했다가 얼마 후 틀리다고 하는데, 다수가 내린 모든 판단은 이런 과정을 거칩니다.

제2장

행복한 삶을 논할 때, 당신은 마치 이 문제가 원로원의 표결처럼 해결될 수 있다는 듯이 "이쪽이 다수의 의견인 것 같다"고 대답해서는 안 됩니다. 다수가 선택한 것이 오히려 더 나쁘기 때문입니다. 인간사에서 다수가 더 고귀한 것을 선호하는 일은 결코 일어나지 않습니다. 군중의 지지를 근거로 삼는 것은 가장 신뢰할 수 없는 방식입니다. 1

그러므로 우리는 사람들이 행복을 얻으려고 흔히 하는 일이 무엇인지가 아니라, 행복을 얻기 위해 해야 할 최선이 무엇인지를 물어야 합니다. 또한 진리의 가장 나쁜 해석자인 군중이 옳다고 하는 것이 아니라, 무엇이 우리에게 영원한 행복을 가져다줄 수 있는지를 물어야 합니다. 나는 노예복을 입은 자들뿐 아니라 군복을 입은 자들도 군중이라 부릅니다.[2] 나는 겉으로 걸친 옷의 색을 보지 않기 때문입니다.[3] 나는 눈으로 사람을 판단하지 않습니다. 내게는 참과 거짓을 2

---

2 '노예복을 입은 자들'은 라틴어 원문에서는 '코로노'(corono)의 분사형이다. '코로노'는 노예 시장으로 끌려가는 전쟁 포로의 머리에 관을 씌우는 것을 뜻한다. 직역하면 '머리에 관이 씌어진 자들'이다. '칼라미다투스'(chlamydatus)는 '군복을 입은 자들'이다. 세네카는 전쟁에서 져 포로가 되어 노예로 팔려가는 자들과, 전쟁에서 이겨 적군을 포로로 잡아 노예 시장에 파는 군인들을 대비한다.

더 잘 더 확실하게 가려낼 수 있는 다른 눈이 있습니다. 영혼에 이로운 것을 발견할 수 있는 것은 오직 영혼뿐입니다. 언젠가 영혼이 숨 돌릴 여유를 얻어 자신을 돌아보며 깊이 생각할 수 있게 되면, 스스로를 꾸짖으며 이렇게 진실을 고백할 것입니다.

3 "지금까지 저지른 모든 일을 하지 않았더라면 좋았을 것이고, 지금껏 한 모든 말을 생각하면 말 못하는 이들이 부럽구나. 분명히 말하건대, 내가 빌었던 모든 것은 지금 보니 원수들의 저주였고, 무거운 짐이라 여겨 두려워 피했던 모든 것이 내가 간절히 바랐던 것보다 훨씬 가벼웠다! 나는 수많은 이들을 미워하고 원망했다. 비록 악인들 사이에서도 우정이 존재할 수 있을지는 모르겠으나, 결국 나는 미움의 길 끝에서 우정으로 되돌아왔다. 하지만 나는 아직 나 자신과 친구가 되지 못했다. 나는 내 재능으로 대중을 뛰어넘는 유명인이 되고자 온갖 노력을 다했다. 그러나 그 모든 수고는 결국 나 자신을 세상이라는 무정한 투창 앞에 내세우는 일이었으니, 그 창이 누구를 겨눌지 스스로 과녁이 되어 알려준 셈 아닌가?

4 너는 네가 말을 잘한다며 칭찬하고, 네 재물을 좇으며, 네 호의를 얻으려 아부하고, 네 권력을 떠받드는 자들을 보는가? 그들은 모두 너의 적이거나 적과 다름없는 자들이며, 지금은 적이 아니더라도 나중에는 적이 될 수 있는 자들이다. 너를 칭송하는 이가 많다면, 시기하는 자도 많다. 나는 과연 선을 알기 위해 그것을 추구했는가?

---

3 고대 로마에서는 옷의 색으로 신분을 구별했다. 일반적으로 입던 흰색 토가(toga)에는 색이 없었고, 공직자와 지배 계급의 토가에는 자주색이나 보라색 띠를 둘렀다. 후에 자주색과 금색은 황실에서만 쓰게 했고, 일반 관리는 두 가지 색, 백성은 한 가지 색만 쓸 수 있었다.

아니다. 자랑하기 위해서였다. 사람들의 눈길을 끌고, 발걸음을 멈추게 하며, 서로에게 보여줄 때 감탄을 자아내는 것은 겉으로는 빛나지만, 속은 허망한 것이다."

제3장

겉으로 보기 좋은 것이 아니라 견실하고 변함없으며 숨겨진 부분이 더욱 아름다운 것을 찾아야 합니다. 우리는 그것을 파헤쳐 찾아내야 합니다. 그것은 우리에게서 멀리 있지 않습니다. 손을 어디로 뻗어야 할지만 알면 당신은 그것을 얻을 수 있습니다. 지금 우리는 마치 어둠에 갇힌 것처럼, 찾는 것이 바로 곁에 있는데도 알아보지 못하고, 그것과 부딪히고도 알아보지 못합니다. 1

하지만 당신을 이리저리 끌고 다니며 피곤하게 하지 않기 위해 다른 학파들의 견해는 생략하려 합니다. 모든 학파의 견해를 늘어놓고 하나하나 반박하려면 많은 시간이 필요하기 때문입니다. 우리 학파의 견해를 들어보십시오. 우리 학파라고는 했지만, 나는 스토아학파의 어느 한 주요 철학자의 견해에 얽매이지는 않습니다. 나에게도 판단할 권리가 있기 때문입니다. 그래서 나는 어떤 이의 견해는 지지하고, 어떤 이에게는 더 상세한 설명을 요청하면서, 아마도 모든 이의 견해를 듣고 난 뒤에는 선배들의 어떤 견해도 잘못되었다고 하지 않고, "나는 그 견해를 더 풍성하게 할 수 있다고 본다"고 말할 것입니다. 2

또한 나는 스토아학파 모두가 동의하는 것, 즉 사물의 본성[4]을 토 3

대로 삼을 것입니다. 사물의 본성에서 벗어나지 않고 본성의 법칙과 본보기를 따르는 것이 지혜입니다. 따라서 자신의 본성을 따르는 것이 행복한 삶이며, 이 행복한 삶에 이르기 위해서는 다음과 같이 해야 하고, 다른 길은 없습니다.

먼저 올바른 정신을 지니고, 그 올바른 상태를 꾸준히 유지해야 합니다. 다음으로는 그 정신이 굳세고 활기차서 훌륭히 견디고, 어떤 상황에서도 적절히 대응하며, 자신의 몸과 주변을 잘 돌보되 지나침 없이 균형을 지켜야 합니다. 마지막으로 삶을 이루는 그 밖의 것도 세심히 살피되 어느 것에도 집착하지 않고, 운명이 준 선물들을 사용하되 거기에 종속되지 않아야 합니다.

4 내가 더 말하지 않아도, 우리를 들뜨게 하고 두렵게 만드는 것을 떨쳐버리면 지속적인 평온과 자유가 찾아온다는 것을 당신도 알고 있습니다. 우리의 거친 성질은 나약함에서 비롯되는데, 이 나약함을 버리면 하찮고 덧없는 쾌락 대신 흔들리지 않는 큰 기쁨이 찾아오고, 이와 함께 평화롭고 조화로우며, 온화한 위대한 영혼이 깃들게 됩니다.

---

4 사물의 본성(rerum natura, '레룸 나투라')은 자연의 이치이자 신적 이성인 '로고스'와 같다. 스토아학파는 모든 존재가 만유의 지배자인 '로고스'에 의해 생성되고 변화하며 사멸하고 재창조된다고 보았다. 따라서 인간의 행복은 '로고스'를 따라 사는 것이다. 스토아학파가 말하는 신은 범신론적 신이다.

제4장

  우리가 말하는 선은 여러 방식으로 정의할 수 있습니다. 같은 말을 써도 그 안에 담긴 생각이 같은 것은 아니기 때문입니다. 하나의 군대도 때로는 넓게 전선을 펼치기도 하고, 때로는 좁게 밀집하기도 하며, 때로는 가운데가 휘어진 뿔 모양을 이루기도 하고, 때로는 일렬로 길게 늘어서기도 합니다. 하지만 어떤 대형을 취하든 그것은 동일한 군대이며, 맡은 임무를 다하려는 의지도 같습니다. 이처럼 최고선에 대한 정의도 때로는 넓고 포괄적이며, 때로는 좁고 제한적일 수 있습니다. 1

  그래서 "최고선이란 마음이 우연한 일들을 하찮게 여기고 오직 미덕만을 기뻐하는 것이다"라고 하거나, "최고선이란 영혼이 불굴의 힘을 지니고 모든 일에 능숙하며, 차분히 행동하고, 너그러운 인간미로 함께 사는 이들을 돌보는 것이다"라고 해도 그 의미는 같습니다. 또한 우리는 행복한 사람을 이렇게 정의할 수도 있습니다. 영혼에 좋고 나쁜 것 외에는 좋거나 나쁜 것이 없음을 알고, 도덕적으로 옳은 일들을 갈고닦으며, 미덕으로 만족하고, 우연한 일들에 들뜨거나 좌절하지 않으며, 자신이 스스로에게 줄 수 있는 것보다 더 큰 선은 없다는 것을 알고, 쾌락을 경멸하는 것을 참된 쾌락으로 여기는 사람이라고 말입니다. 2

  당신이 이러한 정의들과는 다른 설명을 원한다면, 의미는 그대로 둔 채 표현만 바꾸어 얼마든지 다양하게 정의할 수 있습니다. 그러니 행복한 삶을 이렇게 정의하면 어떻겠습니까? 바로, 자유롭고 올바르며 두려움 없이 안정된, 모든 두려움과 욕망에서 벗어난 영혼을 지니 3

는 것입니다. 이런 영혼은 도덕적 올바름만이 유일한 선이고 도덕적 추함만이 악이며, 그 밖의 모든 것은 무가치하여 행복한 삶을 늘리거나 줄이지도 못하고, 최고선에 영향을 미치지도 못한다는 것을 알고 있습니다.

4 이런 것을 갖춘 사람은 원하든 원하지 않든 늘 마음이 가볍고 즐거울 수밖에 없으며, 마음 깊은 곳에서 우러나오는 고귀한 기쁨이 함께할 수밖에 없습니다. 그런 사람은 자신에게 있는 것으로 기뻐하고 그것보다 더 큰 것을 탐하지 않기 때문입니다.[5] 이러한 정신의 기쁨이 하찮고 무가치하며 순간적인 육체적 쾌락들보다 낫지 않겠습니까? 우리는 오늘은 쾌락의 포로가 되었다가, 내일은 고통의 포로가 되기도 합니다. 하지만 변덕스럽고 폭압적인 주인인 쾌락과 고통에 번갈아 지배당하며 노예처럼 사는 삶이 얼마나 불행하고 위태로운지는 당신도 알고 있습니다. 그러니 이런 노예의 삶에서 벗어나 자유를 얻어야 합니다.

5 자유를 얻는 길은 운명을 무시하는 것뿐입니다. 그렇게 하면 값으로 매길 수 없는 복이 찾아올 것이며, 영혼의 평화와 숭고함, 거짓이 사라진 뒤 참된 앎에서 오는 흔들림 없는 큰 기쁨, 영혼의 예의바름과 여유로움이 안정되게 자리 잡을 것입니다. 무엇보다도 이 모든 것이 단순히 좋기 때문이 아니라, 자신의 내면에서 비롯된 선함 덕분에 얻게 된 것임을 자각하는 것, 그 사실이 가장 깊은 즐거움의 근원이 됩니다.

---

[5] 스토아학파는 운명이나 우연처럼 내가 선택할 수 없는 것들은 행복을 주거나 빼앗을 수 없다고 보았다. 따라서 진정한 행복은 운명에 흔들리지 않는 삶에서 오며, 최고선에 이르기 위해서는 우연이나 외부의 조건에 기대지 않아야 한다고 말한다.

제5장

　대략적으로 말하자면, 이성으로 인해 탐욕도 두려움도 없는 사람이 행복한 사람입니다. 돌이나 가축에게는 두려움과 슬픔이 없지만 우리는 그것을 행복하다고 하지 않습니다. 그것은 행복이 무엇인지 알지 못하기 때문입니다.

　본성이 둔하고 자신에 대해 무지해서 가축이나 짐승과 다름없는 사람들도 마찬가지입니다. 이런 사람들은 가축과 다를 바가 없습니다. 가축에게는 이성이 없는 반면, 이런 사람들은 왜곡되고 병든 이성을 지녀 잘못된 행동으로 자신을 해치는 데 능숙합니다. 진리 밖으로 벗어난 자는 누구도 행복할 수 없다고 해야 합니다.

　따라서 행복한 삶이란 올바르고 확실한 판단 위에 세워진 흔들림 없는 삶입니다. 이때의 정신은 순수하여 상처는커녕 작은 긁힘조차 피할 수 있어 모든 해로움에서 벗어나 있으며, 운명이 아무리 분노하며 맹렬히 덤벼들어도 언제나 제자리를 지킨 채 그 자리에 머무릅니다.

　쾌락은 사방에서 우리를 에워싸고 모든 길로 스며들어와 갖은 아첨으로 우리 영혼을 녹이려 들며, 온갖 수단으로 우리의 전부 혹은 일부를 헤집어 놓으려 할 것입니다. 하지만 우리 안에 인간다움이 조금이라도 남아 있다면, 영혼을 버리고 오직 육체만을 돌보며 쾌락이 우리를 밤낮으로 유혹하도록 내버려두겠습니까?

제6장

1   어떤 이는 이렇게 말합니다. "하지만 육체가 쾌락을 누리면 영혼도 나름의 쾌락을 누리게 된다." 영혼은 사치와 쾌락을 심판하는 자리에 앉아 있습니다. 하지만 그렇다 해도 나름의 쾌락을 누린다고 합시다. 영혼이 감각을 즐겁게 하는 온갖 것으로 가득 차서, 지난날을 돌아보며 사라진 쾌락들을 기억하고, 전에 즐겼던 쾌락을 곧 다시 누리리라는 희망으로 즐거워한다고 합시다. 육체는 지금 쾌락에 취해 있는데, 영혼은 앞으로 누릴 쾌락을 생각한다고 말입니다.[6]

그러나 영혼이 이런 식으로 쾌락을 누린다면, 내가 보기에 그것은 더욱 비참한 상태입니다. 좋은 것을 거부하고 나쁜 것을 택하는 일은 미친 짓이기 때문입니다. 올바른 정신 없이는 누구도 행복할 수 없습니다. 그런데 현재의 가장 좋은 것은 마다하고 장래의 것만 갈망하는 사람은 올바른 정신을 가진 것이 아닙니다.

2   따라서 올바른 판단력을 지닌 사람, 현재의 처지가 어떠하든 만족하고 자신에게 주어진 것을 사랑하는 사람, 모든 일을 이성의 지시에 따라 행하는 사람이 행복한 사람입니다.

---

6   이는 에피쿠로스학파의 가르침이다. 에피쿠로스학파가 철저한 쾌락 중심의 철학을 만든 반면, 스토아학파는 철저한 이성 중심의 철학을 만들어 강조점이 정반대다.

제7장

쾌락에 최고선이 있다고 하는 이들도 자신들이 최고선을 얼마나 1
부끄러운 자리에 앉혀두었는지 압니다. 그래서 그들은 쾌락과 미덕
은 분리될 수 없다고 말하며, 즐겁게 살지 않고서는 도덕적으로 올바
르게 살 수 없고, 도덕적으로 올바르게 살지 않고서는 즐겁게 살 수
없다고 합니다. 하지만 나는 이토록 다른 두 가지를 어떻게 하나로
묶을 수 있는지 모르겠습니다. 여러분에게 묻고 싶습니다. 당신들은
왜 쾌락이 미덕과 분리될 수 없다고 주장합니까? 혹시 모든 선한 것
이 미덕에서 비롯되고, 사랑하고 욕망하는 것들 역시 결국은 미덕이
라는 뿌리에서 나오는 것이라 믿기 때문입니까? 그러나 쾌락과 미덕
이 하나라면, 즐겁지만 도덕적으로 옳지 않은 것이나, 도덕적으로는
가장 옳지만 고통을 감내해야만 이룰 수 있는 것이 세상에 존재해서
는 안 될 것입니다.

게다가 도덕적으로 가장 추한 삶에도 쾌락은 있고, 미덕은 악한 삶 2
을 용납하지 않으며, 어떤 이들은 쾌락이 없어서가 아니라 오히려 쾌
락 때문에 불행하다는 점도 덧붙여야 합니다. 쾌락과 미덕이 서로 얽
혀 하나가 되어 있다면, 이런 일은 있을 수 없습니다. 미덕에는 흔히
쾌락이 없으며, 쾌락을 필요로 하지도 않습니다.

왜 여러분은 이렇게 다른 것, 아니 서로 반대되는 것을 하나로 묶 3
으려 합니까? 미덕은 고귀하고 탁월하며, 왕처럼 무적이고 지치지
않는 것인 반면, 쾌락은 유곽과 술집을 삶의 터전으로 삼는 천하고
노예 같으며, 나약하고 쉽게 무너지는 것입니다. 미덕은 신전과 광
장, 원로원에서 만날 수 있고, 손에 굳은살이 박히고 먼지를 뒤집어

쓰며 검게 그을린 채 성벽 앞에 서 있는 모습으로도 만날 수 있습니다. 반면 쾌락은 사람들 눈을 피해 어두운 곳이나 공중목욕탕, 한증막, 치안관[7]이 두려운 곳에서 술과 향유에 젖어, 연약하고 흐느적거리며, 약으로 씻고 화장품으로 칠한 시신처럼 창백한 모습으로 더 자주 발견됩니다.

4 최고선은 불멸하여 죽음을 모르고, 싫증이나 후회를 느끼지 않습니다. 올바른 정신은 가장 좋은 것이어서 결코 변하지 않고, 자신을 혐오하지 않으며, 어떤 변화도 겪지 않기 때문입니다. 그러나 쾌락은 최고의 즐거움에 이르는 순간 사라집니다. 쾌락은 그릇이 작아 빨리 차고, 금세 싫증 나고 역겨워지며, 처음엔 격렬하다가도 곧 시들해집니다. 운동을 본성으로 하는 것은 늘 불안정하여 결코 실체를 가질 수 없습니다. 왔다가 순식간에 사라지고, 제 쓸모를 다하자마자 없어집니다. 쾌락은 자신이 소멸될 곳을 향해 달리고, 시작하는 순간부터 끝을 바라보기 때문입니다.

제8장

1 선한 이들에게도 악한 이들 못지않게 쾌락이 있고, 도덕적으로 올

---

7 '아이딜리스'(aedilis)는 치안관, 안찰관, 조영관 등으로 번역되는 고대 로마의 고위 공직자이다. 본래 신전, 제의, 감옥의 관리와 감독, 공공건축물과 문서 관리를 맡았으며 평민 중에서 뽑았다. 기원전 4세기 이후에는 귀족 중에서 선출되어 로마시의 행정을 맡았다. 도로, 교통, 수도, 시장, 도량형 등을 관장했고, 공화정 말기에는 곡물 분배가 주요 직무였다.

바른 이들이 자신의 탁월함에서 기쁨을 느끼듯 부도덕한 이들도 자신의 수치스러움에서 즐거움을 느끼는 것을 우리는 어떻게 봐야 할까요? 그래서 우리 선조들은 가장 즐거운 삶이 아닌 가장 선한 삶을 추구하여, 쾌락은 올바른 의지를 이끄는 주인이 아니라, 그 의지를 따라오는 결과에 머물러야 한다고 보았습니다. 우리가 따라야 할 것은 쾌락이 아니라 자연, 즉 본성[8]이기 때문입니다. 이성은 자연과 본성을 살피고 그것에게 길을 구합니다.

그러므로 행복한 삶이란 자연과 본성에 맞춰 사는 것과 같습니다. 2 이제 이 말의 의미를 밝히겠습니다. 우리는 육체라는 선물을 마치 하루만 주어졌다 사라질 것처럼 여기면서도, 육체와 그것이 본성적으로 필요로 하는 것을 부지런하고 당당하게 돌봐야 합니다. 또한 우리가 그것의 노예가 되거나, 그런 외적인 것이 우리를 지배하지 못하게 해야 합니다. 우리는 육체적 쾌락을 우연히 주어진 바깥 것으로 여겨, 마치 전쟁터에서 명령권은 없이 오직 지시만 따르는 보조 부대처럼 다루어야 합니다. 그렇게 할 때만 이것이 정신에 도움이 됩니다.

우리는 외적인 것에 물들거나 굴복해서는 안 됩니다. 오직 자신만 3 을 따르는 사람이 되어, 자신의 영혼을 믿고 행운이든 불운이든 모든 상황에 대비하면서 스스로의 삶을 만들어가야 합니다. 자신에 대한 믿음은 지식을 동반해야 하고, 지식은 항상심[9]을 동반해야 합니다.

---

8 라틴어 원문에는 '나투라'(natura) 한 단어다. '나투라'는 '자연'과 '본성' 모두로 번역될 수 있다. 보통 '나투라'는 태어난 그대로를 뜻하지만, 스토아 철학에서는 태어나는 것과 무관하게 태고의 원래 상태, 신적 '로고스'와 부합하는 상태를 가리킨다.

9 스토아학파에서 인간이 도달할 목표의 다른 표현인 '항상심'(constantia, '콘스탄티아')은 견고하여 변함없는 마음을 뜻한다. 항상심이 갖춰지면 운명은 힘을 쓸 수 없게 된다.

한번 정했다면 끝까지 지켜야 하고, 결정했다면 번복하지 말아야 합니다. 굳이 말하지 않아도 알 수 있듯이, 그런 사람은 침착하고 흐트러짐 없으며, 온화하고 친근하면서도 위엄 있게 처신할 것입니다.

4 이성이 진리를 찾아나서게 하는 것은 감각밖에 없으므로, 이성은 감각의 자극을 받아 외적인 것을 탐구하고, 감각을 첫 출발점으로 삼습니다. 하지만 이성은 다시 자기 자신으로 돌아와야 합니다. 만물을 아우르는 세계이자 우주의 지배자인 신이 외부로 뻗어나가되 다시 모든 방향에서 자신에게로 되돌아오듯이 말입니다. 우리의 정신도 그러해야 합니다. 감각을 따라 외부로 나아가더라도, 그 감각과 자신을 스스로 통제하고 다스리는 주인이 되어야 합니다.

5 이렇게 하면 자기 자신과 조화를 이루는 하나의 힘과 능력이 생기고, 의견도 이해도 확신도 서로 엇갈리지 않고 망설임도 없는 굳건한 이성, 스스로 질서 잡혀 있어 이성을 이루는 모든 부분이 조화를 이루는 이성이 탄생합니다. 이때 우리는 이성의 모든 부분이 한 목소리를 내어 최고선에 이른 이성이 생겼다고 말할 수 있습니다. 이 이성에는 왜곡된 것도 불확실한 것도 없으며, 이성을 공격하거나 흔들거나 무너뜨릴 수 있는 것도 없습니다.

6 모든 것이 이성의 명령을 따르고 이성이 예상치 못한 일은 아무것도 일어나지 않으며, 행하는 이가 거부감 없이 기꺼이 쉽게 이성을 따라 행하기에 모든 일의 결과가 좋게 나옵니다. 게으름과 망설임은 다툼과 불안의 징표이기 때문입니다. 그러므로 우리는 최고선이 영혼의 일치라고 담대히 말할 수 있습니다. 일치와 화합이 있는 곳에 미덕도 반드시 있기 때문입니다. 악덕들은 서로 의견이 일치하지 않습니다.

제9장

어떤 이는 이렇게 말합니다. "하지만 당신도 미덕에서 어떤 쾌락을 1
얻으리란 기대로 미덕을 갈고닦은 것이지, 다른 이유는 없지 않습니
까?" 설령 미덕이 쾌락을 준다 해도, 나는 그 쾌락을 얻고자 미덕을
추구한 것이 아닙니다. 미덕은 쾌락 이상의 것입니다. 미덕은 쾌락을
얻으려 애쓰는 것이 아니라 다른 무엇을 얻으려 애쓰는 것이지만, 쾌
락이 저절로 따라오는 것입니다.

   밭을 갈고 씨를 뿌려 농작물이 자라는 경작지에 어떤 꽃들이 사이 2
사이 피어나 눈을 즐겁게 한다 해도, 농부가 그 꽃들을 위해 그토록
힘들게 일한 것은 아닙니다. 씨를 뿌린 농부의 뜻은 전혀 달랐는데도
그런 결과가 생긴 것일 뿐입니다. 이처럼 쾌락은 미덕에 대한 보상이
나 동기가 아니라 저절로 따라오는 것입니다. 미덕이 즐거움을 약속
하기에 우리가 미덕을 선택하는 것이 아니라, 우리가 미덕을 선택하
면 미덕이 우리에게 즐거움을 주는 것입니다.

   최고선이란, 가장 고귀한 정신이 내리는 판단과 그 정신이 도달한 3
상태에 있습니다. 정신이 지녀야 할 모든 덕목을 온전히 갖추고, 자
신의 영역을 분명히 세웠을 때, 더 이상 외부에서 무엇을 보태거나
구할 필요 없는 완전한 경지에 이르게 됩니다. 그 상태가 바로 최고
선입니다. 온전한 전체 바깥에는 더 나은 무엇도 존재하지 않으며,
그 경계를 넘어선 곳에 더 높은 가치는 있을 수 없기 때문입니다.

   따라서 당신이 내게 무엇 때문에 미덕을 추구하느냐고 묻는 것은
잘못된 것입니다. 그것은 최고의 것을 넘어서는 무언가가 있다고 전 4
제한 질문이기 때문입니다. 당신은 내가 미덕으로부터 무엇을 얻으

려 하는지 묻고 싶습니까? 나는 미덕 자체를 얻고자 미덕을 추구합니다. 미덕보다 더 좋은 것은 없고 미덕 자체가 미덕의 보상이기 때문입니다. 당신에게는 미덕이 하찮아 보입니까? 내가 당신에게 "최고선이란 결코 부서지지 않는 단단한 마음[10]이며, 지혜이고, 숭고함이며, 건강함이고, 자유로움이며, 조화로움이고, 적절함[11]이다"라고 말한다고 해도, 당신은 여전히 이 모든 것을 아우르는 더 큰 무언가를 요구하겠습니까? 당신이 내게 쾌락을 거론하는 까닭이 무엇입니까? 내가 찾는 것은 내장과 배에 좋은 것이 아니라 인간에게 좋은 것입니다. 내장과 배는 가축이나 짐승들의 것이 더 큽니다.

제10장

1   누군가는 이렇게 말합니다. "당신은 내 의도를 오해하고 있습니다. 짐승처럼 먹고 마시는 것만으로 행복을 판단하는 자들이 아니라면, 도덕적으로 올바른 삶이 곧 즐거운 삶이라는 점을 나 역시 부정하지 않기 때문입니다. 분명히 말하자면, 내가 말하는 즐거운 삶은 미덕 없이는 불가능합니다."

2   하지만 당신들이 말하는 쾌락의 본질은 무엇입니까? 그것은 오만

---

10 '인프라길리스 아니미 리고르'(infragilis animi rigor)는 직역하면 '마음의 절대로 부서지지 않는 단단함'이다. '절대로 부서지지 않는 단단한 마음'은 앞서 말한 '항상심'(constantia, '콘스탄티아')의 다른 표현이다.

11 '데코르'(decor, 적정함)는 스토아학파의 핵심 개념 중 하나다. 모든 것이 적재적소에 있어 적절한 상태를 뜻하며, 신적 이성인 '로고스'와 부합할 때 '데코르'가 생긴다.

함과 자기 과대평가, 타인에 대한 우월감, 자신의 것에 대한 맹목적인 사랑, 하찮은 일에 대한 과도한 기쁨, 남을 비방하고 모욕하는 것을 즐기는 태도, 향락에 빠진 게으른 영혼의 나태함입니다. 이런 쾌락은 어리석은 자들이 가장 많이 누리는 것이며, 그 속에는 무가치함과 사악함이 가득합니다. 이처럼 뒤틀린 영혼이 온갖 쾌락을 만들어낸다는 것은 누구나 아는 사실입니다.

미덕은 이런 쾌락들을 뿌리째 뽑아버립니다. 다른 쾌락들도 엄격히 평가한 뒤에야 받아들이되, 그마저도 큰 의미를 두지 않습니다. 설령 받아들인다 해도 쾌락을 탐닉하지 않고 절제하는 데서 기쁨을 발견합니다. "하지만 절제는 쾌락을 줄이므로 최고선을 해친다"고 당신은 말할 것입니다. 당신은 쾌락을 껴안지만, 나는 억제합니다. 당신은 쾌락을 즐기지만, 나는 선용합니다. 당신은 쾌락을 최고선으로 여기지만, 나는 선이라고도 생각하지 않습니다. 당신은 쾌락을 위해 모든 것을 하지만, 나는 아무것도 하지 않습니다.

제11장

'쾌락을 위해 아무것도 하지 않는다'라고 내가 한 말은 현자에 대한 이야기입니다. 진정한 쾌락은 오직 현자만이 누릴 수 있습니다. 하지만 내가 말하는 현자는 그 무엇에도 종속되지 않으며, 특히 쾌락에는 더욱 그렇습니다. 쾌락의 노예가 된다면, 어찌 고난과 위험과 빈곤 그리고 삶을 위협하는 온갖 시련에 맞설 수 있겠습니까? 쾌락이라는 보잘것없는 적에게도 굴복한다면, 죽음의 위기와 고통, 세상의 혼돈 같은 강력한 적들을 어떻게 이겨내겠습니까? "쾌락이 권하는 것은 무엇이든 하겠다." 정말 당신은 쾌락이 얼마나 많은 것을 요구하는지 모르는 것입니까?

2 "쾌락에는 미덕이 함께하니, 부도덕하고 수치스러운 일을 권하지 않는다." 다시 말하지만, 경호원이 필요한 선이 어찌 최고선이 될 수 있습니까? 수행자의 임무는 따르는 것이고, 지휘자의 임무는 명령하는 것인데, 쾌락을 수행하는 미덕이 어떻게 쾌락을 통제할 수 있겠습니까? 지휘자가 수행자의 명령을 따르라는 말입니까? 당신들이 미덕의 임무를 쾌락 통제라 생각한다니 놀라울 따름입니다!

3 미덕을 이토록 모욕하는 자들 곁에 과연 미덕이 남아 있을지는 추후 살펴보겠습니다. 미덕이 제 자리를 잃으면 그 이름마저 지킬 수 없기 때문입니다. 지금은 우리의 논의로 돌아가, 쾌락에 사로잡힌 많은 이들이 운명의 온갖 선물을 받고도 당신도 인정하듯 악인이 되었음을 보여주고자 합니다.

4 노멘타누스와 아피키우스[12]를 보십시오. 사람들 말마따나 그들은 땅과 바다의 진미로 온갖 요리를 만들어 식탁에 차려놓고 음미합니다. 장미로 장식된 자리에서 연회장을 내려다보며, 노래로는 귀를, 공연으로는 눈을, 음식으로는 혀를 즐겁게 합니다. 부드러운 전신 마사지를 받으며, 코마저 즐겁게 하려 사치와 향락을 위한 온갖 향이 가득합니다. 당신 말대로 그들은 쾌락에 파묻혀 있지만 행복하지 않을 것입니다. 진정한 선을 누리는 것이 아니기 때문입니다.

---

[12] 호라티우스(기원전 65-8년)는 고대 로마 공화정 말기의 대표적 서정시인이자 풍자시인으로, 『풍자시집』(1.1.102)에서 노멘타누스를 유명한 난봉꾼으로 그린다. 아피키우스는 유명한 미식가로서 그의 이름을 딴 요리집이 전해진다.

제12장

　누군가는 이렇게 말합니다. "그들의 불행은 마음을 어지럽히는 많은 요소들과 서로 상충하는 생각들이 정신을 흐트러뜨리기 때문이다." 나도 그 말에 동의합니다. 하지만 어리석고 불안정한 마음을 가진 이들도 후회할 일들을 하면서 큰 쾌락을 얻습니다. 게다가 그들은 건전한 정신과는 너무나 동떨어져 있어서, 많은 이들이 그렇듯 미친 듯이 즐기고 광기 속에서 웃으며 전혀 고통을 느끼지 못한다는 사실을 인정해야 합니다. 1

　반면 현자들의 쾌락은 차분하고 절제되어 있으며, 활기가 적고 억제되어 거의 드러나지 않습니다. 그들은 쾌락을 의도적으로 추구하지 않고, 쾌락이 찾아와도 무시하며, 반가워하지도 않습니다. 단지 삶의 진지한 순간들 사이에 가볍게 끼워 넣는 농담처럼 다룰 뿐입니다. 2

　그러므로 본래 어울릴 수 없는 미덕과 쾌락을 억지로 하나로 묶으려는 시도는 이제 그만두어야 합니다. 그것은 가장 사악한 자들에게 아첨하는 악행입니다. 쾌락에 빠져 늘 술에 취해 있는 자들은 자신이 쾌락과 함께 산다는 것을 누구보다 잘 압니다. 그런데 쾌락과 미덕이 분리될 수 없다는 말을 듣고는 자신이 미덕과 함께 산다고 믿습니다. 그리고는 자신들의 악덕에 지혜라는 이름을 붙이고, 숨겨야 할 일들을 공공연히 저지릅니다. 3

　따라서 그들은 에피쿠로스의 가르침 때문에 방탕해진 것이 아니라, 이미 악덕에 빠진 상태에서 쾌락 찬양을 듣고 그리로 달려가 자신들의 방탕을 철학으로 위장하고 있을 뿐입니다. 맹세컨대 에피쿠 4

로스가 말하는 쾌락은 취중에는 얻을 수 없는 담백한 것입니다.[13] 그런데도 그들은 아랑곳하지 않고 자신들의 욕망을 보호하고 숨길 무언가를 찾아 쾌락이란 이름만 보고 몰려듭니다.

5 이렇게 그들은 자신들의 악 가운데 그나마 선한 흔적이었던, 곧 잘못을 부끄러워하는 마음마저 잃어버립니다. 지금까지 얼굴을 붉히며 부끄러워하던 것을 찬양하고 악덕을 자랑하게 되기 때문입니다. 추악한 욕망이 도덕적인 이름을 얻고 나면 원래대로 돌이킬 수 없습니다. 쾌락 찬양이 그토록 위험하고 해로운 이유는, 올바른 가르침은 가려지고 타락을 부추기는 것만 두드러지기 때문입니다.

제13장

1 우리 학파의 사람들은 꺼릴 수 있겠지만, 에피쿠로스를 자세히 살펴보면 그가 경건하고 바르며 엄격한 가르침을 전한다고 나는 생각합니다. 우리가 미덕을 규정할 때의 원칙을 그는 쾌락을 규정하며 말하고 있어서, 그의 쾌락은 우리의 미덕과 비슷할 만큼 그 범위가 좁기 때문입니다. 그는 쾌락을 위해 자연에 복종하라 하는데, 이는 절제된 삶을 위해서는 충분하지만 무절제한 향락을 추구하는 이들에게

---

13 에피쿠로스는 적극적 쾌락이 아닌 소극적 쾌락, 즉 모든 고통과 번민을 벗어나거나 최소화해 얻는 쾌락을 가르쳤다. 그는 원자론적 세계관을 바탕으로, 무지에서 생기는 공포와 두려움을 벗어나 심신의 안정상태인 '아타락시아'에 이르는 것이 쾌락이라 했다.

는 너무나 부족한 것입니다.

    그런데 문제는 이것입니다. 게으름과 식욕과 정욕을 채우는 것을   2
행복이라 부르는 자들이, 자신의 방종한 생활방식을 정당화할 근거를 찾다가, 쾌락이라는 매력적인 이름에 이끌려 에피쿠로스의 가르침을 찾아옵니다. 하지만 그들은 배운 쾌락은 따르지 않고 자신들이 가져온 쾌락만을 좇습니다. 그러다 자신의 악덕이 에피쿠로스의 가르침과 비슷하다 여겨, 전에는 소심하게 숨어서 누리던 쾌락을 이제는 대놓고 드러내며 탐닉합니다. 우리 학파의 많은 이들이 에피쿠로스학파를 파렴치한 행위를 가르치는 자들이라 하지만, 나는 그렇게 생각하지 않습니다. 오히려 그런 비난은 부당하다고 봅니다.

    내부를 깊이 들여다보지 않은 이가 이런 사정을 어찌 알겠습니까?   3
이 학파의 겉모습이 그런 소문과 나쁜 추측을 불러일으킵니다. 이는 마치 어떤 용맹한 사내가 여인의 치마를 걸친 것과 같습니다. 그의 고결함과 남자다움은 여전하고, 그의 몸에는 부끄러운 흔적이 없습니다. 다만 그의 손에 소고[14]가 들려 있을 뿐입니다. 그래서 그 가르침의 본래 정신을 드러낼 수 있는 고결한 이름과 바른 표제가 필요했지만, 지금의 이름과 표제는 오히려 오해와 악명만 불러왔습니다.

    미덕을 향해 나아간 이는 누구나 고귀한 성품을 보여주었습니다.   4
반면 쾌락을 좇는 이는 무기력하고 나약해져서, 누군가가 쾌락의 두 종류를 구분해주지 않으면 추악한 일들에 빠지게 됩니다. 쾌락 중에는 자연스러운 본성의 욕망도 있지만, 채우면 채울수록 더욱 채워지지 않아 사람을 끝없는 벼랑으로 몰아가는 것도 있기 때문입니다.

---

14 '팀파눔'(tympanum)은 소아시아 프리기아에서 숭배된 대지의 여신 키벨레의 여제관들이 쓴 소고를 말하며, 이는 여성성의 상징이었다.

5　　자, 미덕을 앞세우십시오. 그러면 모든 발걸음이 안전할 것입니다. 과도한 쾌락은 해롭지만, 미덕 안에 머물면 지나침을 걱정할 필요가 없습니다. 미덕에는 절도가 있기 때문입니다. 과도하여 고통을 주는 것은 선이라 할 수 없습니다. 또한 이성적 존재인 인간이 쾌락이 아닌 이성을 따르는 것이 가장 자연스럽지 않겠습니까? 미덕과 쾌락의 이런 결합이 마음에 들고, 그로써 행복한 삶으로 나아가고 싶다면, 미덕을 앞세우고 쾌락은 몸의 그림자처럼 미덕을 따르게 하십시오. 미덕은 인간 영혼의 주인입니다. 그 미덕을 쾌락이라는 시녀에게 내주는 것은, 고귀함이라곤 찾아볼 수 없는 영혼이나 하는 짓입니다.

제14장

1　　미덕을 깃발 든 선봉으로 내세우십시오. 그래도 우리에게 쾌락은 있겠지만, 우리가 쾌락의 주인이자 감시자가 될 것입니다. 쾌락은 우리에게 청할 수는 있어도 강요하지는 못할 것입니다. 하지만 쾌락에게 주도권을 넘긴 자는 미덕과 쾌락 모두를 잃게 됩니다. 그들은 미덕을 잃을 뿐 아니라, 쾌락이 그들을 지배하게 되면서 쾌락이 부족하면 고통받고, 넘치면 질식하며, 버림받으면 비참해지고, 파묻히면 더욱 비참해집니다. 이는 마치 시르티스 해안[15]에서 좌초된 배의 선원

15　'시르티스'(Syrtis) 해안은 현재 리비아 북부 해안의 시르테만을 가리킨다. 고대 문헌들은 이곳이 모래톱이 많고 조류로 인한 소용돌이가 심해 항해가 매우 위험하다고 자주 언급한다.

들이 일부는 모래톱에 갇히고 일부는 거센 파도에 휘말리는 것과 같습니다.

이는 지나친 방종과 사물에 대한 맹목적 집착이 불러온 결과입니다. 선한 것 대신 악한 것을 추구하는 자에게는 목적 달성 자체가 위험하고 위태롭기 때문입니다. 맹수를 사냥하기도 어렵고 위험하지만, 잡아서 기르는 것도 까다롭고 불안한 일입니다. 맹수가 종종 주인을 해치기 때문입니다. 강렬한 쾌락도 이와 같습니다. 그것은 큰 재앙이 되어 쾌락을 붙잡으려 한 자들을 도리어 사로잡습니다. 누리는 쾌락이 크고 많을수록 그 사람은 더욱 보잘것없어지고 더 많은 주인을 섬기는 노예가 되지만, 대중은 그를 행복한 사람이라 부릅니다. 2

이 비유를 좀 더 이어가 보겠습니다. 맹수의 소굴을 찾아다니고, 덫을 놓아 포획하며, "사냥개들을 풀어 넓은 숲을 둘러싸고 맹수의 발자국을 쫓는"[16] 것을 큰 기쁨으로 여기는 사람은 더 중요한 일들과 의무를 저버립니다. 마찬가지로 쾌락을 쫓는 사람은 모든 것을 뒷전으로 미루고, 특히 자유를 소홀히 한 채 식욕과 욕망을 채우는 데만 몰두하며, 자신을 위해 쾌락을 사는 것이 아니라 자신을 쾌락에 팔아 넘깁니다. 3

---

[16] 호라티우스와 함께 로마의 최고 시인으로 꼽히는 베르길리우스(기원전 70-19년)의 『농경시』 1. 139-140에서 인용했다.

제15장

1. 누군가는 이렇게 말할지도 모릅니다. "하지만 미덕과 쾌락이 하나로 어우러져 도덕적 올바름과 즐거움이 결합된 상태가 바로 최고선 아닌가?" 이에 대한 나의 대답은 분명합니다. 비도덕적인 것은 결코 도덕의 일부가 될 수 없습니다. 더욱이 만약 최고선 속에 그보다 더 우월한 요소가 있거나 다른 무엇이 함께 있다면, 그것은 더 이상 진정한 최고선이라 할 수 없습니다.

2. 미덕에서 비롯되는 즐거움은 분명 선한 것이지만, 미덕이라는 온전한 선의 일부는 아닙니다. 이는 기쁨과 평온이 고귀한 삶에서 자연스럽게 따라오는 결과이긴 하나, 그 고귀함을 구성하는 본질적인 요소는 아닌 것과 같습니다. 이것은 선이기는 하나 최고선에서 파생된 부수적인 것일 뿐, 최고선을 완성하는 요소는 아닙니다.

3. 미덕과 쾌락은 근본적으로 동등하지 않은데도 이를 결합하려 하는 것은, 보잘것없는 쾌락으로 미덕의 강인함을 약화시키는 일이며, 그 어떤 것에도 얽매이지 않을 때만 진정한 힘을 발휘하는 자유를 구속하는 일입니다. 그 결과, 가장 비참한 노예 상태에 빠지고 운명의 도움을 갈구하게 됩니다. 그리고 불안과 의심, 초조함과 추락에 대한 두려움, 그리고 시간이라는 외적 조건에 삶을 의탁하는 나약한 존재가 될 뿐입니다.

4. 이는 미덕에게 굳건한 토대를 제공하는 것이 아니라, 불안정한 곳에 서 있으라 강요하는 것입니다. 우연한 사건들, 육체와 관련된 것, 육체에 영향을 미치는 것에 기대 사는 삶만큼 불안정한 것이 있겠습니까? 작은 쾌락이나 고통에도 흔들리는 사람이 어찌 신의 뜻에 따

르고, 모든 일을 긍정적으로 받아들이며, 자신의 운명을 너그럽게 해석할 수 있겠습니까? 쾌락에 의존하는 사람은 조국을 지키는 수호자도, 친구를 위해 싸우는 전사도 될 수 없습니다.

따라서 최고선은 어떤 외부의 힘도 침범할 수 없는 곳, 곧 고통도, 희망도, 두려움도 닿을 수 없고 오직 미덕만이 이를 수 있는 경지에 있어야 합니다. 그 길이 아무리 가파르더라도, 미덕의 발걸음 앞에서는 평탄해집니다. 미덕은 단지 시련을 견디는 것이 아니라, 그것을 기꺼이 받아들입니다. 시간 속에서 일어나는 모든 시련이 자연의 법칙임을 알기에, 충직한 병사가 사랑하는 지휘관을 위해 기꺼이 상처를 감수하듯, 미덕은 모든 고난 속에서도 꿋꿋이 제 길을 갑니다. 그리고 신을 따르라는 옛 가르침을 늘 가슴에 새깁니다. 5

반면 마지못해 끌려가며 명령을 수행하는 자는 누구나 불평하고 한탄하며 눈물짓습니다. 그런데도 자발적으로 따르기보다 끌려가기를 택하는 것은 참으로 어리석은 일입니다! 무언가를 잃거나 어려움을 겪었다고 괴로워하고, 질병이나 죽음이나 불구를 비롯해 인간이라면 누구나 겪을 수 있는 불행이 찾아왔다고 놀라고 분노하는 것은 너무나 어리석으며 인간의 본질을 모르는 처사입니다. 6

우주의 질서가 요구하는 것은 무엇이든 담대히 받아들여야 합니다. 우리는 모두 태어나면서 인간으로서 겪어야 할 일들을 감내하고, 피할 수 없는 일들에 당황하지 않겠다는 맹세를 했고 지금도 그 맹세에 묶여 있습니다. 우리는 신의 왕국에서 태어났기에, 신에게 복종하는 것이 곧 자유입니다. 7

제16장

1 그러므로 진정한 행복은 미덕에 있습니다. 이 미덕은 우리에게 무엇을 가르칩니까? 미덕이나 악덕과 무관한 것은 좋고 나쁨을 판단하지 말라 하고, 또한 좋은 일이든 나쁜 일이든 흔들리지 말고 가능한 한 신의 모습을 닮으라 합니다.

2 이렇게 할 때 미덕은 무엇을 약속합니까? 신과 같은 위대한 것입니다. 당신은 어떤 강요도 받지 않고, 부족함도 없으며, 자유롭고 안전하며 어떤 해도 입지 않을 것입니다. 어떤 시도도 좌절되지 않고 어떤 방해도 받지 않을 것입니다. 모든 일이 당신의 뜻대로 이루어지고, 어떤 역경도 없으며, 그 무엇도 당신의 의지를 거스르지 않을 것입니다.

3 "그렇다면 행복한 삶을 위해 미덕만으로 충분하다는 말인가?" 완전하고 신성한 미덕이 어찌 충분하지 않겠습니까? 오히려 넘치지 않겠습니까? 모든 욕망에서 자유로운 사람에게 무엇이 부족하겠으며, 자신 안에 모든 것을 가진 이에게 외적인 것이 무슨 필요가 있겠습니까? 하지만 미덕을 향해 나아가는 사람은, 비록 많은 진보를 이루었다 해도 아직 인간사와 씨름하는 중이므로, 인간의 속박에서 완전히 벗어날 때까지는 어느 정도 운명의 도움이 필요합니다. 그렇다면 미덕을 추구하는 이와 그렇지 않은 이는 어떻게 다릅니까? 모든 이가 쇠사슬에 묶여 있지만, 어떤 이는 묶인 채 사방으로 찢기고 있습니다. 반면 아직 쇠사슬을 완전히 벗어나지는 못했지만 그 속박을 이겨내며 더 높은 곳을 향해 나아가는 이는 아직 자유롭지는 않으나, 이미 자유를 맛보고 있는 것입니다.

제17장

    철학에 반감을 품은 자들 중 일부는 이렇게 비판합니다. "당신은 왜 실제로는 용감하게 살지 못하면서 말로만 용기를 떠드는 것인가? 왜 높은 사람들 앞에서는 조심스럽게 말하고, 돈을 필수품처럼 여기며, 손실에 흔들리고, 아내나 친구의 죽음에 눈물 흘리며, 평판을 걱정하고 비방에 상처받는 것인가? 1

    왜 필요 이상의 농지를 소유하는가? 왜 자신이 가르친 대로 검소하게 먹고 마시지 않는가? 왜 호화로운 가구들을 두는가? 왜 당신의 나이보다 오래된 포도주를 마시는가? 왜 황금을 쌓아두는가? 왜 그저 그늘만 드리우는 나무들을 심는가? 왜 당신의 아내는 거액의 보석을 걸치는가? 왜 자녀들은 값비싼 옷을 입는가? 왜 당신의 집에서는 격식을 차려 음식을 내고, 은그릇을 아무렇게나 두지 않고 정교하게 배치하며, 고기와 생선을 다루는 전문 요리사를 두는가?" 게다가 당신이 원한다면 이런 말도 더하십시오. "왜 해외에 땅을 소유하는가? 왜 셀 수도 없는 재산을 쌓아두는가? 왜 노예가 적으면 하찮게 여기고, 많으면 기억조차 못할 만큼 사치스럽고 부끄러운 삶을 사는가?" 2

    나중에 나는 당신의 이런 비난에 동의하고, 당신이 생각하는 것보다 더 날카롭게 나를 꾸짖을 것입니다. 하지만 지금은 이렇게 답하겠습니다. "나는 현자가 아닙니다. 당신의 반감을 더 키울 말이지만, 앞으로도 그럴 것입니다. 그러니 내게 가장 뛰어난 사람들처럼 되라고 강요하지 말고, 그저 악한 사람들보다는 더 나은 존재가 되라고 충고해 주십시오. 매일 나의 악덕 하나를 지우고 나의 잘못을 꾸짖는 것 3

으로 충분합니다.

4 나는 아직 완전한 정신의 경지에 이르지 못했고, 아마 앞으로도 그럴 수 없을 것입니다. 나는 통풍을 완치하기보다 증상을 줄이고 있으며, 발작의 빈도와 강도가 약해지는 것만으로도 만족합니다. 하지만 당신들이 도덕적 결함으로 인해 제대로 걷지도 못하는 것에 비하면, 나는 달리기 선수입니다. 물론 이는 온갖 악덕에 빠진 나 자신이 아니라, 미덕을 향해 어느 정도 나아간 이를 두고 하는 말입니다."

제18장

1 누군가는 이렇게 말합니다. "당신은 말과 행동이 다르다." 이 세상에서 가장 탁월한 이들을 가장 악의적으로 공격하는 자들이여, 플라톤도, 에피쿠로스도, 제논도 같은 비난을 받았습니다.[17] 그들은 모두 자신들의 현재 삶이 아니라 인간이 어떻게 살아야 하는지를 말했기 때문입니다. 나 역시 나 자신이 아닌 미덕에 관해 말하고 있으며, 악덕을 비난할 때도 먼저 나의 악덕을 꾸짖습니다. 지금은 내가 어떻게 살아야 하는지를 말하고 있고, 그렇게 살 수 있게 되면 그때 그대로 살아가겠습니다.

2 당신의 독기 어린 악의로도 내가 최선을 향해 나아가는 것을 막을 수는 없습니다. 당신들의 독설이 남을 해치려다 결국 자신마저 망칠

---

[17] 플라톤(기원전 427-347년)은 아카데메이아학파를, 에피쿠로스(기원전 341-271년)는 에피쿠로스학파를, 제논(기원전 333-264년)은 스토아학파를 각각 창시했다.

만큼 독하더라도, 나는 지금의 불완전한 삶에 머물지 않고, 이상적인 삶을 향해 나아가는 걸음을 멈추지 않을 것입니다. 비록 아직 미덕의 높은 경지에는 한참 못 미치더라도, 한걸음이라도 더 가까이 다가가려는 나의 의지는 결코 꺾이지 않을 것입니다.

당신의 악의가 루틸리우스[18]나 카토[19]조차 경건하지 않다고 한다 3 면, 어찌 내가 당신에게 인정받기를 바라겠습니까? 견유학파의 데메트리오스[20]를 충분히 가난하지 않다고 하는 이들 앞에서라면 자신의 부를 부끄러워할 이유가 있겠습니까? 데메트리오스는 자연적 욕구마저 거부할 만큼 엄격했고, 다른 견유학파들은 소유를 금지했지만 그는 소유하려는 욕망조차 금지했습니다. 그런데도 당신들은 그가 미덕에 관한 지혜가 아닌 가난한 삶을 주장했다며, 자기 가르침에 비해 충분히 가난하게 살지 않았다고 말합니다.

---

18 루틸리우스(기원전 약 158-78년)는 로마의 정치가이자 웅변가, 역사가로 가이우스 카이사르의 큰아버지다. 기원전 105년 집정관을 지냈으며, 아시아 속주 주민들을 로마 기사 계급의 착취에서 보호하려다 오히려 기원전 92년 그들에게 속주민 착취 혐의로 고발당했다. 거짓 고발이었지만 배심원이 모두 기사 계급이었기에 유죄 판결을 받고 추방되어 미틸레네와 스미르나에서 여생을 보냈다.
19 소 카토로 불린 마르쿠스 포르키우스 카토(기원전 95-46년)는 공화정 말기 로마의 전통과 공화정을 옹호한 원로원이자 대중연설가, 스토아학파 추종자였다. 기원전 63년 재무관으로 청렴결백한 인물로 평가받았으며, 내전이 벌어진 기원전 49년에는 벌족파 폼페이우스를 지지해 평민파 카이사르에 맞섰다. 폼페이우스가 패사한 뒤 메텔루스 스키피오와 함께 아프리카 우티카로 피신했으나, 기원전 46년 탑수스 전투의 패전 소식을 듣고 다른 이들을 탈출시킨 후 스스로 생을 마감했다.
20 데메트리오스는 코린토스 출신의 견유학파 철학자로, 칼리굴라, 네로, 베스파시아누스 황제 시대(기원후 37-71년)에 로마에서 활동했다. 스토아학파와 견유학파는 전자가 미덕 중심의 도덕 정립을, 후자가 사회 제도와 관습을 무시한 자연적 극기의 삶을 추구했다는 차이가 있으나, 외적 조건에 좌우되지 않는 금욕과 극기를 통해 자연과 일치한 삶을 살고자 했다는 점은 같았다.

제19장

1 사람들은 에피쿠로스학파의 디오도로스[21]가 얼마 전 자신의 목을 칼로 그어 생을 마감한 것이 에피쿠로스의 가르침과 무관하다고 합니다. 어떤 이들은 그의 행동을 정신 이상의 소치로, 또 어떤 이들은 무분별한 충동으로 보려 합니다. 하지만 디오도로스는 생을 마감하면서도 또렷한 정신으로 행복한 표정을 지으며 자신의 선택을 설명했고, 오랜 항해 끝에 마침내 항구에 닻을 내려 평안을 얻게 되었음을 찬양했으며, 당신들은 듣기 싫겠지만 결국 당신들도 그렇게 될 것이라 말했습니다. "나는 다 살았고, 운명이 정해준 길을 모두 달렸다."[22]

2 당신들은 남의 삶과 죽음에 대해 말이 많고, 뛰어난 업적으로 이름을 떨친 이들을 보면 낯선 이를 만난 강아지처럼 짖어댑니다. 마치 다른 이의 미덕이 자신들의 잘못을 드러내기라도 하는 듯, 아무도 훌륭해 보이지 않는 것이 자신에게 유리하다 여기기 때문입니다. 당신들은 그들을 시기하여 그 빛나는 모습을 자신의 추한 모습과 같은 수준으로 끌어내리려 하면서도, 그런 무모한 짓이 결국 자신만 해친다는 사실은 모릅니다. 미덕을 좇는 이들조차 때때로 탐욕과 정욕, 야망에 흔들린다면, 미덕이란 말만 들어도 전율하는 당신들은 얼마나 더 심하겠습니까?

---

21 디오도로스에 관해서는 알려진 바가 없다.
22 베르길리우스의 주저 중 하나인 『시선집』 4.653에서 인용했다. 『시선집』은 『농경시』, 『아이네이스』와 더불어 그의 주저 중 하나다.

당신들은 말과 행동이 일치하는 사람도, 자신이 말한 대로 사는 사람도 없다고 합니다. 미덕을 추구하는 이들이 말하는 바가 삶의 모든 역경에 맞서 굴하지 않고 이겨내는 위대한 과업임을 생각하면, 그들이 자신의 말대로 살지 못한다고 비난하는 것이 이상할 게 없습니다. 당신은 스스로 십자가에 못 박고서는 거기서 벗어날 생각조차 않고 그대로 삽니다. 반면 미덕을 좇는 이들은 십자가에서 벗어나려 애쓰다가도, 잘못을 저지를 때마다 스스로를 그곳에 매답니다. 이렇게 자신의 영혼을 돌아보는 이들은 욕망을 좇은 만큼 자신을 십자가에 매달아 찢습니다. 그들은 비방의 대상이 되고, 모욕을 받기 쉬운 처지에 있습니다. 남을 비난하기 바쁜 자들은 십자가에 매달린 채로도 비방하고 모욕하니, 이런 자들이 미덕을 추구하는 이들을 가만히 둘 리가 없습니다.

제20장

"철학자들은 말뿐이고 실천은 없다." 하지만 철학자들은 자신이 말한 것의 상당 부분을 실천하고, 올바른 정신이 지향하는 많은 가치들을 실제 삶에서 행합니다. 만약 그들의 언행이 완전히 일치한다면, 그들보다 더 행복한 이가 누가 있겠습니까? 설령 그렇지 못하더라도, 선한 말과 생각으로 마음이 가득 차 있는 것을 무시할 이유는 없습니다. 기대에 미치지 못하더라도 유익하고 건강한 것을 추구하는 일 자체는 칭찬받아 마땅합니다.

가파른 절벽을 오르다 정상에 이르지 못했다 한들, 그것이 무슨 문제가 되겠습니까? 진정한 용기가 있다면, 실패하더라도 위대한 일에 도전하는 이를 존경해야 합니다. 자신의 한계가 아닌 인간 본성의 한계에 맞춰 가장 높은 목표를 세우고, 위대한 영혼을 지닌 이들조차 이루기 어려운 꿈을 품는 사람이야말로 고귀합니다.

3 그런 사람은 이렇게 다짐합니다.

"나는 남의 죽음을 대하듯 담담하게 내 죽음을 맞이할 것이다. 아무리 고난이 닥쳐도 내 영혼으로 이 몸을 지탱하며 살아갈 것이다. 부의 유무에 관계없이 나는 부를 경멸할 것이며, 남의 부에 슬퍼하거나 내 부에 들뜨지도 않겠다. 행운이 오고 가는 것에 전혀 신경 쓰지 않을 것이다. 모든 땅을 내 것처럼, 내 땅을 모든 이의 것처럼 여길 것이다. 나는 타인을 위해 태어난 듯 살아갈 것이며, 그렇게 태어난 것을 자연에 감사할 것이다. 자연은 나를 만인에게, 만인을 나에게 주었으니, 이보다 더 완벽할 수 있겠는가?

4 소유물을 인색하게 움켜쥐지도 않을 것이며, 무분별하게 흩뜨리지도 않을 것이다. 진정 내 것이 아닌 것은 내 것이라 여기지 않을 것이며, 정말 내 것이라 할 수 있는 것만을 소중히 간직할 것이다. 내가 베푸는 호의는 그 횟수나 크기가 아닌 오직 받는 이의 가치로만 판단할 것이니, 합당한 이에게는 아무리 큰 호의라도 많다 여기지 않을 것이다. 모든 일을 평판이 아닌 양심을 따라 할 것이다. 홀로 있을 때도 많은 이가 지켜보는 듯 행동할 것이다.

5 먹고 마시는 것은 단순한 배고픔이나 갈증의 해소가 아닌, 자연스러운 욕구를 채우기 위함일 것이다. 친구에게는 기쁨을 주는 자가 되고, 적에게는 관대한 자가 될 것이다. 청을 듣기 전에 알아채 도와주고, 정당한 요청은 즉시 들어줄 것이다. 온 세상이 나의 조국이요, 신들이 그 통치자임을 알며, 그들이 내 위나 곁에서 나의 모든 행동을

지켜보는 감찰관임을 안다. 언젠가 자연이 생명을 돌려달라 하거나 이성이 떠나보내라 할 때, 나는 양심을 사랑하고 선을 추구했으며, 누구의 자유도, 내 자유도 침해하지 않았노라 증언하고 떠날 것이다."

이를 다짐하고 바라며 시도하는 이는 신들을 향해 나아갈 것이며, 설령 도달하지 못하더라도 그저 "위대한 일을 시도하다가 이루지 못한"[23] 것뿐입니다.

당신들이 덕을 미워하고 덕을 추구하는 이들을 싫어하는 것은 새삼스럽지 않습니다. 약한 눈을 가진 자가 태양을 두려워하고, 밤의 동물들이 밝은 낮을 싫어하듯, 해가 뜨면 놀라 굳어버려 제 은신처로 달아나 숨어버리기 때문입니다. 덕을 추구하는 이들을 향해 으르렁거리고, 불행한 혀로 선한 이들을 조롱하고 비난하며, 입을 크게 벌려 물어뜯으십시오. 그들에게 상처 하나 내지도 못한 채 당신의 이만 부러질 것입니다.

제21장

"철학을 공부한다는 사람이 왜 그토록 부유하게 사는가? 재물을 하찮다면서 왜 그것을 소유하고, 삶이 별것 아니라면서 왜 여전히 살

---

23 오비디우스(기원전 43-17년)의 『변신 이야기』 2.328에서 인용했다. 이 작품은 천지창조에서 시작해 신과 인간의 여러 사건, 특히 트로이아 전쟁과 아이네이아스의 로마 건국 신화를 다루고 가이우스 카이사르의 죽음과 승천으로 끝난다.

아가며, 건강을 무시한다면서 왜 그렇게나 건강을 챙기고 가장 좋은 상태를 바라게 되는가? 추방은 별것 아니라며 '거처를 바꾸는 게 뭐가 나쁜가'라고 하면서, 왜 가능하다면 조국에서 늙고 싶어 하는가? 오래 사는 것과 짧게 사는 것이 다를 바 없다 하면서, 왜 할 수만 있다면 오래 살고 고령에도 평화롭게 살고 싶어 하는가?"

2 철학자가 이런 것을 하찮게 여겨야 한다고 말하는 것은, 이것을 가지지 말라는 것이 아니라 가졌다가 잃을까 봐 염려하고 걱정하지 말라는 뜻입니다. 그래서 철학자는 이것을 굳이 멀리하지는 않지만, 떠나가도 담담히 받아들입니다. 운명이 재물을 가장 안전하게 맡길 수 있는 곳은, 그것을 맡았다가 언제든 흔쾌히 돌려줄 수 있는 사람이 아니겠습니까?

3 마르쿠스 카토[24]는 쿠리우스와 코룬카니우스[25]를, 그리고 작은 은화 몇 개만 가져도 감찰관에게 적발되어 처벌받던 그 시절을 칭송했지만, 정작 자신은 400만 세스테르티우스[26]의 재산을 가지고 있었습

---

24 소 카토인 마르쿠스 포르키우스 카토(기원전 95-46년)를 말한다. 공화정 말기에 로마의 전통과 공화정을 지킨 영향력 있는 원로원 의원이자 대중연설가, 스토아학파 추종자였다. 기원전 63년 재무관으로서 청렴결백하게 살았으며, 세네카도 앞서 그의 경건을 칭송했다.

25 쿠리우스(기원전 270년 사망)는 삼니움 전쟁과 피로스 전쟁의 명장이자 정치가로, 로마의 두 번째 상수도를 전리품으로 받은 재물로 건설했고 청백리였다. 삼니움인의 뇌물을 거절하며 황금을 소유하기보다 황금을 가진 자들을 다스리고 싶다고 했다. 쿠룬카니우스(기원전 241년 사망)는 기원전 280년 집정관을 지냈고, 평민 출신 최초의 대제관이자 로마법을 대중에게 처음 가르친 인물이었다. 세네카는 이 두 사람을 청백리의 표본으로 언급한다.

26 세르테르티우스(sestertius)는 로마 공화정의 은화로, '2와 2분의 1'을 뜻하며 나귀 두 마리 반의 가치를 지녀 이런 이름이 붙었다. 데나리우스(Denarius)라는 다른 은화는 나귀 열 마리의 가치였다.

니다. 그의 재산은 크라수스[27]보다는 적었으나 감찰관 카토[28]보다는 많았음이 분명합니다. 비교하자면, 크라수스의 부에는 미치지 못했지만 자신의 증조부는 훨씬 넘어섰습니다. 설령 더 많은 재산이 주어졌더라도, 그는 거부하지 않았을 것입니다.

현자는 운이 가져다준 선물마저 거절해야 한다고는 생각하지 않습니다. 그래서 부를 사랑하지는 않되 있는 편을 선호합니다. 부를 마음이 아닌 집에 들이고, 쫓아내지도 않으며 오히려 자신의 미덕을 위해 쓸 더 많은 자원으로 여기고 보관해둡니다. 4

제22장

영혼을 단련할 수 있는 기회는, 역설적이게도 가난보다는 부유함 속에서 더 많이 찾을 수 있습니다. 가난할 때는 가난에 굴하지 않는 단 하나의 미덕만을 기를 수 있지만, 부유할 때는 절제와 관대함, 검소함, 질서, 아량을 기를 수 있는 넓은 터전을 얻게 됩니다. 1

현자는 작은 키를 가졌더라도 열등감을 느끼지 않겠지만, 그래도 큰 키를 원할 것입니다. 강인한 육체보다 더 강한 무언가가 자신 안에 있음을 알기에, 몸이 허약하거나 한쪽 눈을 잃어도 당당하겠지만, 2

---

27 크라수스(기원전 115-53년)는 로마 공화정 말기의 정치가이자 장군으로, 폼페이우스, 카이사르와 함께 제1차 삼두정치를 이룬 거부였다.
28 마르쿠스 카토의 증조부인 '감찰관 카토'(기원전 234-149년)는 로마의 군인, 원로원의원, 역사가로서 헬레니즘화를 반대하고 전통을 지키려 했으며, 라틴어로 역사서를 쓴 최초의 인물이다.

그래도 강건한 몸을 바랄 것입니다. 병약함을 견뎌내겠지만, 건강하기를 원할 것입니다.

3   사소해 보이는 것들이 사라진다고 해서 핵심적 선이 무너지지는 않지만, 그 역시 완전한 행복을 이루는 데 작은 몫은 할 수 있습니다. 부는 현자에게 영향을 미쳐 기쁨을 줍니다. 마치 순풍이 선원을 즐겁게 하고, 추운 겨울의 맑은 날과 따뜻한 햇살이 사람을 기쁘게 하듯이 말입니다.

4   우리 학파의 현자들은 미덕만이 유일한 선이라 여기지만, 가치중립적인 사물들에도 상대적 유익함이 있다는 점을 부정하지는 않습니다. 어떤 것은 다른 것보다 더 바람직하고 더 유용하기에, 우리는 그에 따라 다른 가치를 부여합니다. 그런 점에서 부도 더 유익한 것들 중 하나로 볼 수 있으며, 따라서 부에 대해 오해해서는 안 됩니다.

5   당신은 말합니다. "그렇다면 부가 당신과 내게 같은 자리를 차지하는데, 왜 나를 비웃는가?" 부가 당신과 내게 같은 자리를 차지하지 않는다는 것을 알고 싶습니까? 내게서 부가 사라진다면 부만 사라질 뿐입니다. 그러나 당신에게서 부가 사라진다면, 당신은 충격에 휩싸여 마치 자신이 무너지고 아무것도 남지 않은 듯 느낄 것입니다. 부는 내게는 한 자리를 차지할 뿐이지만, 당신에게는 가장 중요한 자리를 차지하기 때문입니다. 결국 나는 부를 소유하지만, 당신은 부에게 소유당한 것입니다.

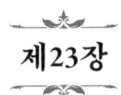

제23장

 그러므로 철학자들에게 돈을 가지지 말라 하지 마십시오. 지혜에 1
게 가난을 강요한 판결은 없었습니다. 철학자가 많은 재물을 가졌다
해도, 그것은 남에게서 빼앗은 것도, 피로 물든 것도, 불의로 얻은 것
도, 비열한 이득도 아닙니다. 이런 재물은 수입과 지출 모두가 도덕
적으로 올바르기에, 악의를 품은 자 외에는 누구도 불평할 수 없습니
다. 그런 부라면 원하는 만큼 모으십시오. 누구나 탐내고 갖고 싶어
하지만, 아무도 그것이 부정하게 얻어진 것이라 비난할 수 없는 재
산, 그것이야말로 올바른 부입니다.

 철학자는 행운이 준 재산을 마다하지 않으며, 정당하게 얻은 부를 2
부끄러워하거나 과시하지도 않습니다. 하지만 그가 집을 열어 재산
을 시민들에게 보이며 "각자 자기 것이라 여기는 것을 가져가시오"라
고 말할 수 있다면, 그때는 자랑해도 좋을 것입니다. 이런 말을 하고
도 재산이 그대로라면, 그야말로 위대한 인물이요 가장 훌륭한 부자
가 아니겠습니까? 모든 사람이 그의 재산을 낱낱이 살펴보았음에도
누구 하나 "이것은 내 것이다"라고 주장할 수 없다면, 그는 떳떳한 부
자임이 분명합니다.

 현자는 부당한 방법으로 얻은 재물은 한 푼도 들이지 않되, 행운이 3
나 미덕으로 얻은 것은 아무리 많아도 마다하지 않을 것입니다. 큰
재물이 왜 좋은 자리를 피해야 하겠습니까? 오히려 맞이하고 환대해
야 합니다. 현자는 그것을 과시하지도, 숨기지도 않을 것입니다. 과
시는 어리석고 무례한 영혼의 짓이요, 숨기는 것은 좋은 것도 품에
꼭 숨겨야 마음 놓는 소심한 영혼의 짓이기 때문입니다. 또한 앞서

말했듯 현자는 큰 부를 내쫓지도 않습니다.

4 현자가 큰 부를 향해 뭐라 말해야 하겠습니까? "너는 쓸모없다" 하거나 "나는 너를 쓸 줄 모른다" 해야 하겠습니까? 걸어갈 수 있어도 마차 타기를 더 바라듯, 가난하게 살 수 있어도 부유하기를 더 바랄 것입니다. 그래서 그는 재물을 가지되 언제든 날아갈 수 있는 가벼운 것으로 여기며, 그것이 자신이나 타인에게 무거운 짐이 되지 않게 할 것입니다.

5 현자는 선한 이들, 또는 선하게 만들 수 있는 이들에게 재물을 나눌 것입니다. 왜 귀를 쫑긋 세우고 돈주머니를 준비합니까? 현자는 수입과 지출을 헤아려야 함을 알기에, 깊이 생각하여 가장 적합한 이들을 골라 재물을 나눌 것입니다. 잘못된 선물은 부끄러운 손실임을 알기에, 그는 올바른 근거로 재물을 나눌 것입니다. 그는 돈주머니를 쉽게 열지만 새는 곳은 없어서, 많은 돈이 나가더라도 낭비는 없습니다.

제24장

1 나누어 주는 일이 쉽다고 생각한다면 큰 착각입니다. 충동적으로 마구잡이로 뿌리는 것이 아닌, 깊이 생각하여 나누어 주는 것은 무척 어려운 일입니다. 어떤 이에게 주는 것은 칭찬받을 만한 일이 되고, 어떤 이에게는 보답이 됩니다. 어떤 이에게는 도움이 되고, 어떤 이에게는 연민이 됩니다. 어떤 이에게 주는 것은 그가 가난에 휘둘리거나 점령당하지 않을 자격이 있기 때문입니다. 반면 어떤 이는 가난해

도 주지 않는데, 설령 준다 해도 곧 가난해질 것이기 때문입니다. 어떤 이에게는 그냥 두기만 하면 되고, 어떤 이에게는 강제로라도 쥐여 줘야 합니다. 나는 이런 일을 소홀히 할 수 없습니다. 재물을 나눌 때 나는 가장 꼼꼼하게 장부를 작성합니다.

당신은 묻습니다. "왜 그렇게까지 하는가? 돌려받을 생각으로 주는 것인가?" 그렇지 않습니다. 낭비하지 않기 위해서입니다. 선물은 되돌려달라고 요구해서는 안 되지만, 상대가 자발적으로 돌려준다면 기꺼이 받을 수 있습니다. 그러나 보물을 꼭 필요한 때 외에는 꺼낼 수 없게 땅속 깊이 묻어두듯, 선행 역시 깊이 묻어두어야 합니다. 2

어떻습니까? 부잣집에는 선행할 재물이 넘치지 않습니까? 토가를 입은 이들에게만 주라 하는 이가 누구입니까? 자연은 사람들에게 이롭게 하라 내게 명합니다. 그들이 노예든 자유민이든, 태생적 자유민이든 해방 노예든, 법적 자유민이든 동맹국 간에 인정된 자유민이든, 무슨 상관이 있겠습니까? 사람이 있는 곳이라면 어디든 선을 행할 기회가 있습니다. 그래서 집 문턱 안에서도 넉넉히 나눌 수 있습니다. 이를 너그러운 미덕이라 부를 수 있는 것은 자유민에게 주기 때문이 아니라 후한 마음으로 주기 때문입니다. 현자는 도덕적으로 추하고 부끄러운 자에게는 주지 않으며, 재물이 바닥날 만큼 주는 잘못도 범하지 않습니다. 그렇기에 그는 도움이 필요한 사람을 만날 때마다, 넘치는 그릇에서 흘러나오듯 자연스럽게 베풉니다. 3

그러니 지혜를 간절히 추구하는 이들이 도덕적으로 바르고 용감하게, 기개를 담아 던지는 말을 곡해하지 마십시오. 무엇보다 먼저 명심해야 할 것은, 지혜를 추구하는 사람과 이미 지혜에 이른 사람은 다르다는 사실입니다. 지혜를 추구하는 이는 말합니다. "나는 가장 선한 것을 말하지만, 아직 수많은 악들 속에서 뒹굽니다. 하지만 당 4

신에게는 내가 말한 최고의 기준대로 살라고 강요할 권리가 없습니다. 나는 그 위대한 모범을 좇아 나를 빚어가고자 최선을 다하고 있습니다. 내가 발전하여 그 경지에 이르렀을 때, 내게 언행일치를 요구하십시오." 반면 인간의 최고선에 도달한 이는 다르게 말하고 행동합니다.

"당신에게는 아직 당신보다 나은 자를 판단할 권리가 없습니다. 이제 나는 악한 자들에게 불쾌한 존재가 되었습니다. 그것이 바로 내가 옳은 길에 있다는 증거입니다.

5 나는 지금 내 생각을 밝히려 합니다. 이는 불평이 아니라, 나의 신념을 설명하는 것입니다. 내가 무엇을 공언하며, 각각의 것에 어떤 가치를 두는지 잘 들으십시오.

나는 부가 선이라는 주장에 동의하지 않습니다. 부가 참된 선이라면 사람을 선하게 만들 수 있어야 하지만, 현실에서는 악한 이들도 얼마든지 부를 가질 수 있습니다. 그래서 나는 부를 선이라 부르지 않습니다. 하지만 부는 가질 만한 것이고 유용하며 삶에 큰 편의를 준다는 것은 인정합니다.

제25장

1 우리 둘 다 부가 가질 만한 것이라는 데는 동의하면서도, 왜 내가 부를 선에 포함시키지 않고 당신들과는 다른 지위를 부여하는지 들어보시오. 내게 가장 부유한 집을 주어 금과 은으로 된 온갖 집기가 있는 곳에서 살게 하더라도, 나는 그것 때문에 내 자신이 대단한 사

람이라 여기지 않을 것입니다. 그것은 내게 있으나 내 밖의 것입니다. 나를 수블리키우스 다리[29]로 데려다 빈민들 가운데 던져놓으십시오. 내가 손을 내밀어 구걸하는 그들 중 하나가 되더라도, 나는 내 자신을 멸시하지 않을 것입니다. 영원히 살 수 없는 우리에게, 빵 한 조각이 있다고 해서 무슨 큰 차이가 있겠습니까? 그렇다면 어찌할까요? 그렇더라도 나는 다리 밑보다는 저 화려한 저택에서 사는 것을 더 선호합니다.

2 화려하고 우아하며 세련된 살림살이가 있는 곳에서 나를 살게 해 보십시오. 부드러운 옷을 입고 손님들을 위해 자주색 양탄자를 깔더라도, 나는 여기서 조금도 더 행복해지지 않을 것입니다. 잠자리 이불과 요를 바꾸어보십시오. 피곤한 머리를 볏짚 한 줌 위에 눕히거나, 낡은 천의 꿰맨 틈새로 속재료가 삐죽 튀어나온 원형경기장 좌석에 누워도, 나는 결코 더 비참해졌다고 느끼지 않을 것입니다. 그렇다면 어찌할까요? 그렇더라도 나는 어깨가 드러나는 옷을 입고 판결받기보다는, 자주색 테두리의 관복을 입고 법정에서 내 생각을 개진하는 것을 더 선호합니다.

3 모든 날이 내 바람대로 흐르고, 즐거운 일들이 끊임없이 이어진다 해도 나는 그것으로 기뻐하지 않을 것입니다. 이런 좋은 시절이 정반대의 혹독한 시절로 바뀌어, 내 영혼이 상실과 비통함과 온갖 사건 사고로 두들겨 맞아 불평하지 않는 날이 없다 해도, 나는 나를 가장 비참한 자라 한탄하지 않을 것이며 어느 날도 저주하지 않을 것입니

---

29 수블리키우스 다리(Sublicius Pons)는 안쿠스 마르티우스가 로마의 티베르강에 못을 사용하지 않고 세운 나무다리다. '말뚝으로 이루어진'이란 뜻의 이 다리는, 역사가 타키투스(약 55-117년)의 『역사』에 따르면 세네카 사후 얼마 뒤 홍수로 유실되었다.

다. 나는 암울한 날이 올 것을 예상했고, 그래서 미리 대비했기 때문입니다. 그렇다면 어찌할까요? 그렇더라도 나는 고통을 참아내는 삶보다는 즐거움을 절제하는 삶을 더 선호합니다."

4 소크라테스라면 이렇게 말할 것입니다. "나를 이 세계 모든 민족의 정복자로 만들고, 리베르[30]의 화려한 전차에 태워 해 뜨는 곳에서 테바이[31]까지 개선 행진을 하게 하며, 모든 왕이 내게 판결을 구하고 어디서나 신으로 숭배하게 해보십시오. 그래도 나는 무엇보다 먼저 내가 인간임을 생각할 것입니다. 그런 후 내가 이토록 높은 정상에 오르자마자 곧바로 상황을 급반전시켜 곤두박질치게 하십시오. 이번에는 포로가 된 나를 음식을 나르는 허름한 손수레에 태워, 오만하고 포악한 정복자의 개선 행렬을 장식하게 하십시오. 하지만 다른 이의 허름한 손수레에 실려 끌려가도, 나는 화려한 전차에 올라 당당히 서서 개선 행진할 때보다 더 초라하다 느끼지 않을 것입니다. 그렇다면 어찌할까요? 그렇더라도 나는 사로잡혀 포로가 되기보다는 승리하여 정복자가 되는 것을 더 선호합니다.

5 나는 운명이라는 제국 전체를 가벼이 여깁니다. 하지만 선택권이 주어진다면 더 나은 쪽을 택할 것입니다. 내게 어떤 일이 닥치든 그것을 유익하게 바꿔낼 자신은 있지만, 가능하다면 더 가볍고 즐겁고,

---

30 '리베르'(Liber)는 로마 신화에서 동식물의 번식과 성장을 주관하는 전원의 신이자, 근심을 덜어주는 술의 신 바쿠스의 다른 이름으로 그리스의 디오니소스와 같은 신이다. 라틴어에서 '리베르'는 "자유로운, 구속받지 않는, 거침없는" 등을 뜻한다.

31 디오니소스(리베르)는 제우스와 곡물의 여신 데메테르(또는 그 딸 페르세포네) 사이에서 태어났으나 티탄 신족에게 찢겨 죽는다. 제우스는 그의 심장 조각을 그리스 보이오티아의 테바이 왕국을 세운 카드모스의 딸 세멜레의 음료에 넣었고, 이를 마신 세멜레가 리베르를 잉태했다. 이렇게 리베르는 다시 태어나 테바이가 그의 고향이 되었다.

감당하기 덜 고된 일이 일어나기를 선호합니다. 당신도 알듯 힘든 노력 없이는 미덕이 있을 수 없지만, 어떤 미덕은 박차를 가할 필요가 있고 어떤 미덕은 재갈을 물릴 필요가 있기 때문입니다.

내리막에서는 조심히 속도를 줄이고, 오르막에서는 더 힘껏 밀어 6
줘야 하듯, 어떤 미덕은 내리막길에 있고 어떤 미덕은 오르막길에 있습니다. 인내와 용기와 끈기, 그리고 역경에 맞서는 모든 미덕은 오르막길에서 운명과 맞서 싸우며 발휘되는 미덕이니 이를 누가 의심하겠습니까?

그렇다면 후히 베푸는 것, 절제, 온화함 같은 미덕들이 내리막길에 7
속한다는 것도 자명하지 않습니까? 후자의 미덕들에서는 영혼이 미끄러지지 않도록 억제해야 하고, 전자의 미덕들에서는 있는 힘껏 격려하고 독려해야 합니다. 그러므로 가난에 맞서 용감히 싸울 수 있게 하는 미덕이 있고, 부에 맞서 자신의 무게를 억제하며 조심스럽게 발걸음을 내딛게 하는 미덕이 있습니다.

이렇게 미덕에도 두 갈래가 있으니, 나는 피와 땀으로 단련하는 미 8
덕보다 조용히 평정을 익혀가는 미덕을 더 소중히 여깁니다."

결론적으로 이 현자는 이렇게 말합니다. "나는 내가 말하는 대로 살아갑니다. 하지만 여러분은 배운 대로 살아가지 않습니다. 여러분의 귀에는 내 말소리만 들릴 뿐, 그 말의 뜻은 묻지도 따지지도 않는 것입니다."

제26장

1. "그렇다면 어리석은 나나 지혜로운 당신이나 모두 부를 갖고 싶어 하는데, 둘 사이에 무슨 차이가 있다는 것입니까?" 아주 큰 차이가 있습니다. 부는 현자에게는 노예이나 어리석은 자에게는 지배자이기 때문입니다. 현자는 부에 아무것도 내어주지 않지만, 여러분은 모든 것을 내어줍니다. 여러분은 마치 누군가가 영원히 부자로 살게 해준다는 듯 부에 안주하고 집착하지만 현자는 부유할 때일수록 자신이 가난해질 수 있음을 생각합니다.

2. 장군이라면 누구나 영원한 평화를 믿지 않기에 전쟁이 아직 일어나지 않았더라도 언젠가 일어날 것을 예상하고 대비합니다. 하지만 여러분은 자신의 아름다운 저택을 보며 마치 그것이 불타거나 무너지는 일이 없을 것처럼 여겨 오만방자합니다. 여러분은 마치 자신의 부가 대단해서 어떤 위험도 극복하며, 운명마저 그 부를 삼킬 수 없다고 여기면서 어리석은 모습을 드러냅니다.

3. 여러분은 부를 느긋하게 누리기만 할 뿐, 그에 따르는 위험은 미리 내다보지 못합니다. 이는 마치 대부분의 야만인이 적에게 포위당하고도 공성 무기가 무엇인지조차 몰라, 멀리서 성을 공격할 준비를 하는 적군의 움직임을 눈앞에 두고도 멍하니 바라보기만 하는 것과 같습니다. 여러분은 부에 안주한 나머지 곧 사방에서 들이닥칠 재앙들이 그 소중한 부를 값비싼 전리품으로 만들어갈 것을 생각지 않습니다. 그러나 현자는 자신의 부를 모두 빼앗겨도 진정 자신의 것은 조금도 잃지 않습니다. 현자는 미래를 걱정하지 않고 현재 속에서 행복하게 살기 때문입니다.

저 소크라테스와 그처럼 인간사를 능숙하게 다룰 줄 아는 모든 이 4
는 이렇게 말합니다. "내가 가장 확신하는 것은 너희 의견에 맞춰 내
삶의 방향을 정해서는 안 된다는 점이다. 너희는 평소처럼 사방에서
나를 비난하라. 나는 그것을 비난이 아닌 불쌍한 아이들의 투정으로
여길 뿐이다."

이는 지혜에 이른 자의 선언입니다. 악에서 벗어난 그의 영혼은 타 5
인을 미워하기보다, 그들을 치유하고자 하는 마음으로 훈계합니다.
그리고 이렇게 덧붙입니다.

"내가 너희의 의견과 평가에 반응하는 것은 나 자신을 위한 것이
아니라, 전적으로 너희를 위한 일이다. 미덕을 비웃고 공격하는 행위
는, 결국 너희가 스스로 선해질 가능성을 스스로 포기하는 것이기 때
문이다. 신들의 제단을 허물어도 신들을 해칠 수 없듯, 너희는 어떤
방식으로도 나를 해칠 수 없다. 직접적인 해는 미미할 수 있어도, 너
희 마음속의 의도와 계획이 악하다는 사실은 부정할 수 없다.

위대한 최고신 유피테르가 시인들의 조롱을 견뎌내듯, 나 역시 너 6
희의 터무니없는 말들을 견딘다. 시인들은 유피테르에게 날개를 달
고 뿔을 붙이며, 밤새 간통을 일삼고, 신들에게는 포악하게, 인간에
게는 불의하게 행하는 자로 묘사한다. 자유민과 혈족을 납치하고, 친
부를 살해한 뒤 아버지의 왕국마저 빼앗은 자로 그려내기까지 한
다.[32] 이렇게 시인들은 신들이 그런 잘못을 저지른다고 믿게 해 자신

---

[32] 로마의 유피테르(Jupiter)는 그리스의 제우스(Ζεύς)다. 제우스는 스파르타의 왕 틴
다레오스의 왕비 레다를 유혹할 때는 백조로, 페니키아의 아게노르 왕의 공주 에
우로파를 납치할 때는 황소로 변신했으며, 헤라와의 아들인 불과 대장간의 신 헤
파이스토스를 땅으로 던지기도 했다. 제2대 주신 크로노스의 아들이었던 그는 아
버지를 죽이고 제3대 최고신이 되어 올림포스 12신 시대를 열었다.

들이 그런 잘못을 저질러도 부끄러워하지 않게 했다.

7 너희가 나를 두고 하는 말들은 내게 해가 되지 않지만, 너희를 위해 충고하노라. 미덕을 우러러보고, 자신이 추구해온 것이 위대하며 그 위대함이 세월이 흐를수록 더욱 분명해진다고 외치는 이들을 믿어라. 미덕을 신으로, 미덕을 가르치는 이들을 신의 제관으로 여겨 공경하고, 신성한 글이 언급될 때마다 경건히 '침묵하라'(faveo). 대다수가 생각하는 것과 달리 '파베오'는 호의를 뜻하는 '파보르'(favor)에서 나온 말이 아니라, 제의가 불길한 소리에 방해받지 않고 정해진 격식대로 치러지도록 침묵을 명하는 말이다. 이 명령을 가장 잘 지켜야 할 이들이 바로 너희다. 미덕으로부터 신탁이 주어질 때마다 너희는 입을 다물고 그것을 듣는 데 집중해야 하기 때문이다.

8 누군가 놋쇠방울[33]을 흔들어 부딪히며 신의 권위를 빙자해 거짓 신탁을 만들거나, 자신의 피부를 난자하는 기술로 팔과 어깨를 살짝 베어 피투성이가 되거나, 어떤 여자가 무릎으로 기어가며 비명을 지르거나, 아마포 옷을 입은 노인이 대낮에 월계수 가지와 등불을 들고 신들 중 하나가 진노했다 외치면, 너희는 앞다투어 모여들어 그의 말을 경청하고 그를 신이 보낸 사람이라 단정하며 서로의 이성을 마비시켜 우매함에 동조한다."

---

33 놋쇠방울(sistrum)은 고대 이집트에서 이시스 여신 축제 때 제관들이 흔들어 소리를 내던 도구다.

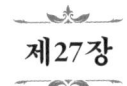

제27장

보십시오. 소크라테스는 감옥에 갇힘으로써[34] 오히려 정화되어 세 1
상의 모든 원로원보다 더 고귀해진 감옥에서 이렇게 외칩니다.

"신들과 사람들을 미워하고 미덕을 깎아내리며 악의로 신성한 것 2
들을 모독하다니, 이게 과연 제정신이며, 이게 인간다운 짓이란 말인
가? 선을 찬미할 수 있다면 찬미하고, 그것조차 할 수 없다면 차라리
입을 다물라. 그런 추악한 방종이 즐겁다면 너희끼리나 하라. 그래야
너희가 하늘을 거역해 날뛰어도 그것이 신성모독이 아닌 너희끼리
힘만 빼는 짓이라고 내가 말해줄 수 있을 테니.

오래전 아리스토파네스가 나를 조롱거리로 삼았고[35] 모든 희극 시
인이 독기 어린 농담을 퍼부었다. 하지만 그들이 나의 미덕을 공격한
탓에 오히려 그 미덕은 빛났다. 세상에 드러나 시험받는 것이 미덕에
는 좋은 일이다. 미덕을 공격하여 그 힘을 실감한 자들보다 미덕의
위대함을 더 잘 아는 이도 없다. 부싯돌을 깨뜨리려 한 자만이 그 단
단함을 실감할 수 있다.

나는 얕은 바다에 홀로 솟은 바위와 같다. 파도가 사방에서 밀려와 3

---

34 플라톤의 『소크라테스의 변명』에 따르면, 소크라테스는 신들의 존재를 부정했다
는 불경죄와, 문답법으로 청년들에게 기존 사회 관습과 가르침을 의심하게 만들
어 타락시켰다는 풍기문란죄로 기소되었다. 그는 신화 속 잡신들을 부정하고 자
신의 마음과 양심이 들려주는 신을 믿었으며, 문답법으로 기존의 거짓을 밝히고
진실을 드러내면서 아테네의 유력인사들을 논박했다.

35 아리스토파네스(기원전 약 445-385년)는 그리스 최고의 희극 시인으로, 신식 철학과
소피스트, 신식 교육, 전쟁과 선동 정치를 비판했으며, 기원전 423년 『구름』에서
소크라테스를 풍자했다.

끊임없이 때리나 바위는 꿈쩍도 않고, 무수한 세월 동안 반복해 공격해도 끄떡없다. 내게 달려들고 공격하라. 나는 견뎌냄으로써 너희를 이기리라. 견고하여 깨뜨릴 수 없는 것을 공격하는 자는 누구든 자신의 힘으로 자기 자신을 해치게 된다. 그러니 너희 창이 꽂힐 만한 다른 무르고 만만한 대상을 찾아보아라.

4 하지만 너희에게 남의 잘못을 찾아내고 판결할 여유가 있겠는가? '왜 이 철학자는 넓은 저택에 사는가? 왜 저 사람은 진수성찬을 차려 먹는가?' 너희 몸은 종기로 뒤덮였는데 남의 몸에 난 뾰루지를 신경 쓰는가? 그것은 마치 온몸이 끔찍한 옴으로 뒤덮인 자가 남의 아름다운 몸에 난 점과 사마귀를 비웃는 것과 같다.

5 플라톤은 돈을 요구했고 아리스토텔레스는 돈을 받았으며 데모크리토스는 돈을 하찮게 여겼고 에피쿠로스는 돈을 탕진했다 비난하라.[36] 나에 대해서는 알키비아데스와 파이드로스를 망쳐놓았다 비난하라.[37] 그러나 분명한 것은, 너희가 그렇게 비난하는 이들을 조금이라도 닮는다면, 그것만으로도 가장 행복한 자들이 되리라는 사실

---

[36] 플라톤은 시라쿠사의 참주 디오니시오스 2세(기원전 약 395-343년)를 가르칠 때 보수를 요구했고 학비를 내지 않는 제자들을 거절했다고 한다. 아리스토텔레스는 알렉산드로스 대왕(기원전 356-323년)을 3년간 가르치며 마케도니아에서 보수를 받았다. 원자론을 체계화하고 에피쿠로스에게 큰 영향을 준 데모크리토스(기원전 약 460-370년)는 상속받은 막대한 재산으로 이집트와 동방을 여행하며 연구하고 저술했으나, 자신의 토지는 돌보지 않았다.

[37] 알키비아데스(기원전 약 450-404년)는 아테네의 정치가이자 장군으로, 방탕한 생활로 유명했다. 소크라테스는 그를 제자로 받아들여 품행을 교정하려 했으나 실패했고, 도리어 사람들은 알키비아데스의 방탕함이 소크라테스의 가르침 때문이라 여겼다. 또한 아테네 귀족이자 소크라테스의 제자였던 파이드로스(기원전 약 444-393년)는 펠로폰네소스 전쟁 중이던 기원전 415년, 엘레우시스의 비밀의식을 방해한 죄로 고발되어 아테네를 떠나야 했다.

이다.

그러니 너희의 악들을 살피는 것이 낫지 않겠는가? 그 악들 중 어 6
떤 것은 밖으로 돌아다니고 어떤 것은 내부에서 불타오르며 사방에
서 너희에게 치명상을 입히고 있지 않은가? 너희는 자신의 처지도
제대로 알지 못하면서도 더 나은 이들을 모욕하는 데 시간을 쓰니,
인류가 이토록 미숙하다는 것이 한심하구나.

제28장

너희는 이를 모르기에 마치 자신과는 무관한 듯 표정 짓고 있으나, 1
이는 마치 수많은 이들이 원형경기장이나 극장에 앉아 있어 이미 자
기 집에서 사람이 죽었는데도 그 불행을 알지 못하는 것과 같다. 하
지만 나는 높은 곳에서 보기에, 태풍이 곧 너희에게 불어닥쳐 폭우를
퍼붓고, 이미 가까이 와서 잠시 후면 너희와 너희 소유를 휩쓸어갈
것을 안다.

그러니 어떠한가? 너희는 거의 알아채지 못하지만, 지금도 그 태
풍은 너희의 영혼이 도망치든 맞서든, 그것을 휘감아 뒤흔들고 빙글
빙글 돌려 어떤 때는 하늘 높이 끌어올리고 어떤 때는 가장 낮은 곳
으로 내동댕이치고 있지 않은가? ……"38

---

38 이후의 본문은 전해지지 않는다.

제3편
은둔에 대하여

제1장

…… 그들은 입을 모아 우리에게 악덕을 부추깁니다.[1] 우리가 은둔 1
을 택하는 것은 단순히 몸과 마음의 건강을 위해서만이 아닙니다. 은
둔하는 삶 자체가 우리에게 이로움을 주기에, 홀로 있더라도 우리는
더 나은 사람이 될 것입니다. 그러니 가장 훌륭한 이들[2]이 은둔한 곳
을 찾아가, 우리 삶의 본보기가 될 스승을 따를 수 있다면 얼마나 큰
유익이 되겠습니까? 이는 은둔하는 삶이 아니고서는 불가능한 일입
니다. 그리고 은둔을 결심한 후에도, 우리의 의지가 약해질 때 누군
가가 "백성을 위해 일하라"며 개입하면 결심이 흔들리게 됩니다. 그
런 외부의 방해가 없을 때만 우리는 온전히 은둔의 결심을 지켜낼 수
있습니다. 은둔의 삶 속에서만 우리는 사방으로 찢겨나간 삶을 하나
로 수렴시켜, 일관된 방향으로 나아갈 수 있게 됩니다.[3]

　모든 나쁜 상태 중에서 가장 심각한 것은 우리가 저지르는 악덕이 2

1　이 구절 앞의 본문은 현재 전해지지 않는다.
2　세네카가 염두에 둔 것은 주로 스토아학파의 철학자들과 위대한 저술가들이다.
3　이 단락에는 '은둔'과 관련된 두 핵심 용어가 등장한다. '세케데레'(secedere)는 "물러
　나다, 은퇴하다"를 뜻하는 동사이고, '오티움'(otium)은 "일상에서 벗어난 자유로운
　상태, 여가"를 의미하는 명사다. '오티움'은 본래 여가를 뜻하지만, 여기서는 주로
　공적 의무에서 벗어나 사적인 삶을 사는 것을 의미하므로 '은둔'으로 번역했다. 따
　라서 은둔은 타인과의 교류 여부와 관계없이, 공적 의무에서 벗어난 삶을 가리킨
　다. 이런 맥락에서 일부 영역본은 '오티움'을 "사적인 삶"(private life)으로 옮기기도
　한다.

계속 바뀌는 것입니다. 그러면 우리가 이미 잘 아는 하나의 악덕에 머무르는 것조차 불가능해집니다. 하나의 악덕에서 맛보던 쾌락은 곧 다른 악덕으로 옮겨가고, 우리의 생각은 왜곡되고 갈피를 잡지 못해 스스로를 괴롭힙니다. 생각이 수시로 바뀌어 이 악덕을 붙잡았다가 저 악덕으로 옮겨가고, 어떤 악덕을 쫓다가 중간에 그만두었다가 다시 돌아가기를 반복하면서 우리는 욕망과 후회 사이를 오갑니다.

3 우리는 온전히 타인의 판단에만 의존해 살아가기에, 진정 칭송받고 추구할 만한 것을 최고로 여기지 않고 다수가 추구하고 칭송하는 것을 최고로 여깁니다. 우리는 길의 좋고 나쁨을 그 자체로 평가하지 않고, 그 길을 밟은 이들의 수로 가치를 매깁니다. 하지만 많은 이들이 그 길을 따랐지만, 돌아와 그것이 옳은 길이었다고 말하며 증거로 남긴 이는 없습니다.

4 당신은 내게 이렇게 말합니다. "세네카여, 대체 무슨 말을 하는 것인가? 당신은 자신이 속한 학파를 버리려 하는가? 당신네 스토아학파 사람들은 분명히 이렇게 말해왔다. '우리는 삶을 마치는 순간까지 계속 활동할 것이다. 우리는 공동선을 위해 일하고 개개인을 돕되, 나이 들어서도 적들에게조차 도움의 손길을 멈추지 않을 것이다. 우리는 나이를 핑계로 군역을 피하지 않는다. 어떤 뛰어난 시인이 말했듯 우리는 백발이 되어서도 투구를 벗지 않는다.[4] 우리에게는 죽기 전까지 여가란 없으며, 죽음조차도 여가일 수 없다.' 왜 당신은 제논[5]

---

4 고대 로마의 최고 시인 베르길리우스(기원전 70-19년)가 트로이아 전쟁에서 트로이아군의 영웅으로 이탈리아로 건너와 로마 건설의 토대를 놓은 아이네이아스(라틴명 아이네아스)에 관해 쓴 대서사시 『아에네이스』 제9권 612행에 나오는 구절이다.

5 제논(기원전 약 335-263년)은 고대 그리스의 철학자로 스토아학파를 창시했다. 그는 욕망의 절제와 인내를 통해 평정심 속에서 자연과 조화를 이루는 삶을 살 것을 가

의 진영에 있으면서 에피쿠로스의 가르침을 말하는가? 당신이 속한 학파가 마음에 들지 않는다면, 배신하기보다는 떠나는 편이 나을 텐데, 왜 그러지 않는가?"

지금 내가 당신에게 할 수 있는 대답은 이것뿐입니다. "당신은 내가 스승들의 발자취를 따르기만 하기보다, 그들을 뛰어넘길 바라지 않는가? 그렇다면 내가 하고자 하는 것은 무엇인가? 나는 그들이 나를 보내려는 곳이 아니라 그들이 나를 인도하는 곳으로 갈 것이다."⁶

제2장

이제 내가 스토아학파의 가르침에서 벗어나지 않았음을 증명하겠습니다. 그들은 가르침과 삶이 일치했기에, 내가 그들의 가르침이 아닌 삶을 본받아왔다면, 그것이 곧 가르침을 따른 충분한 증거가 될 것입니다. 나는 이를 두 부분으로 나누어 말하고자 합니다.

첫째, 사람은 어린 시절부터 진리를 탐구하는 일에 온전히 몰두하

르쳤다. 또한 그의 철학은 윤리학이 중심이어서, 신적 이성인 로고스를 따라 이타적인 삶을 살 것을 가르쳤다. 반면 에피쿠로스학파의 시조인 에피쿠로스는 공적 활동이 인생의 목표인 평정심을 통한 쾌락을 방해할 뿐이라며 이를 철저히 금지하고, 은둔 생활을 적극 권장했다.

6 마지막 문장에서 세네카는 '미토'(mitto, 보내다)와 '두코'(duco, 인도하다)라는 두 동사로 단어유희를 보여준다. '미토'는 그들의 말을 문자 그대로 듣고 수동적으로 따르는 것을, '두코'는 그들이 한 말의 진정한 의도를 파악해 능동적으로 행동하는 것을 뜻한다. 라틴어 원문은 "논 쿠오 미세린트 메 일리, 세드 쿠오 둑세린트, 이보"(Non quo miserint me illi, sed quo duxerint, ibo)이다.

여, 올바른 삶의 방식을 찾고 이를 묵묵히 실천해 나가야 합니다.

2   둘째, 사람이 군역을 마치고 노년에 접어들면 다른 일에 마음을 쏟는 것이 지극히 합당하다는 것입니다. 이는 베스타 여신[7]을 섬기는 여제관들이 복무 연한에 따라 제의와 관련된 각각의 직무를 배우고, 모든 직무를 익힌 뒤에는 다른 이들을 가르치는 관습과 같습니다.

제3장

1   나는 스토아학파의 누구라도 내 말에 동의할 것임을 보여주겠습니다. 나는 제논과 크리시포스[8]의 말을 거스르지 않겠다고 맹세한 적이 없습니다. 또한 한 사람의 말만 따르는 것은 논의가 아닌 당파를 만드는 것이기에, 이 문제의 본질상 그들이 나를 보내는 곳이 아닌 인도하는 곳으로 가겠다는 내 말이 정당함을 말해줍니다.

---

7   베스타 여신은 로마 신화에서 화로의 여신으로, 그리스 신화에서 화로의 여신 헤스티아와 같은 신이다. 고대 로마인들은 화로를 집 중앙에 두었고, 가족들은 화로 주위에 둘러앉아 식사를 했다. 따라서 화로의 여신 베스타는 곳간의 신 페나테스와 함께 가정의 수호자로 여겨졌다. 그리고 로마에서는 국가를 가족의 확장으로 보았기에, 베스타 여신은 국가의 수호신으로도 숭배되었다.

8   크리시포스(기원전 약 279-206년)는 고대 그리스의 철학자로, 스토아학파 시조 제논의 제자 클레안테스에게 배운 뒤 기원전 230년경 제3대 학장이 되었다. 스토아 철학을 처음으로 체계화한 철학자다. 『고대 그리스 철학자들의 생활과 견해와 저작 목록』(10권)을 쓴 고대 그리스의 철학사가 디오게네스 라에르티오스(3세기경 활동)는 스토아학파를 다룬 제7권 183에서 "크리시포스가 없었다면, 스토아학파도 없었을 것이다"라고 평했다. 그래서 세네카는 여기서 제논과 함께 크리시포스를 언급한다.

그들의 모든 가르침이 진리를 명백히 드러내어 지금까지 변함없이 유지되고, 우리가 그것을 조금도 수정할 필요 없이 따를 수 있다면 얼마나 좋겠습니까! 그러나 실제로 우리는, 우리에게 진리를 가르친 그들과 함께 여전히 진리를 찾아가는 과정에 있습니다.

이 문제에 관해서는, 다른 대부분의 쟁점에서 서로 대립해온 에피쿠로스학파와 스토아학파조차 서로 다른 길을 통해 우리를 같은 결론, 즉 은둔으로 이끕니다. 에피쿠로스는 "현자는 불가피한 경우가 아니면 공적인 일에 관여하지 않는다"고 말하고, 제논은 "현자는 불가피한 경우가 아니면 공적인 일에 관여한다"고 말합니다. 2

전자는 은둔을 삶의 목적으로 추구하고, 후자는 특별한 이유가 있 3
을 때 은둔을 추구합니다. 하지만 은둔의 이유는 다양합니다. 국가가 손쓸 수 없이 부패했거나 악한 자들이 장악했다면, 현자는 헛된 일에 힘을 쓰지도, 무익한 일에 매달리지도 않을 것입니다. 현자의 영향력이나 힘이 미약해서 국가가 그를 필요로 하지 않거나, 건강상 국사를 돌볼 수 없다면, 파손된 배를 바다에 띄우지 않고 불구자를 징집하지 않듯이, 현자는 자신이 설 자리가 아님을 알기에 공적인 일에 관여하지 않을 것입니다.

그러므로 현자는 어떤 폭풍도 겪기 전, 모든 것이 온전할 때 안전 4
한 곳으로 물러나 훌륭한 학문에 정진하며 모든 시간을 바쳐 미덕을 수행합니다. 미덕을 실천하는 것은 가장 한가로운 시간을 보내는 이들도 얼마든지 할 수 있는 일이기 때문입니다.

사람이라면 가능한 한 많은 이에게 유익을 주어야 하고, 그럴 수 5
없다면 소수에게, 그마저도 불가능하다면 가까운 이들에게, 그것조차 여의치 않다면 자기 자신에게라도 유익을 주어야 합니다. 타인에게 도움을 주는 것이 곧 공적인 일입니다. 더 나쁜 사람이 되는 것은 자신만 해치는 것이 아닙니다. 자신이 더 좋은 사람이 되었더라면 도움을 받았을 많은 이들에게도 해를 끼치는 것입니다. 마찬가지로 선한 사람으로 인정받는 이는, 타인을 돕고자 하는 준비된 마음만으로도 이미 세상에 기여하고 있는 것입니다.

제4장

1   두 개의 국가를 가정해봅시다. 하나는 신들과 사람들이 함께 어우러져 살아가는 진정한 국가로, 우리가 세계의 이곳저곳에서 보는 그런 국가가 아니라 태양 아래 모든 이에게 시민권이 주어진 거대한 국가입니다. 다른 하나는 우리가 태어난 곳에 따라 소속이 결정되는 국가로, 이는 아테네인의 국가이거나 카르타고인의 국가, 혹은 특정 집단만을 구성원으로 삼는 여느 도시국가들을 말합니다. 어떤 이들은 동시에 큰 국가와 작은 국가를 위해 일하고, 어떤 이들은 오직 작은 국가만을, 또 어떤 이들은 오직 큰 국가만을 위해 일합니다.

2   우리는 은둔할 때 이 큰 국가를 위해 헌신할 수 있습니다. 아니, 오히려 은둔할 때 더 잘 헌신할 수 있을 것입니다. 그때 우리는 묻습니다. 미덕이란 무엇인가? 하나인가, 다수인가? 인간을 선하게 만드는 것이 자연적 본성인가, 아니면 인위적 기술인가? 바다와 대지, 그리고 그 안의 모든 것을 담은 이 세계는 하나인가, 아니면 신이 같은 종류의 여러 세계를 이곳저곳에 흩어놓았는가? 만물을 이루는 물질은 모두 연속적이고 충만한가, 아니면 단단한 것들과 허공이 뒤섞여 있는가? 신의 거처는 어디인가? 신은 자신의 작품인 우주를 지켜보기

만 하는가, 아니면 직접 다스리는가? 신은 우주의 경계 밖에 있는가, 아니면 만유에 내재하는가? 그리고 우주는 불멸하는가, 아니면 생성과 소멸을 반복하는 존재들 중 하나인가?⁹

　이런 것을 묻고 탐구하는 것은 우리가 은둔할 때 더 잘할 수 있습니다. 이를 관조하는 사람은 신에게 무엇을 기여하는 것일까요? 그는 신의 위대한 작품을 침묵 속에 묻어두지 않고, 그것을 세상에 드러내는 증인이 되는 것입니다.

제5장

　우리¹⁰는 최고의 선이 자연에 따르는 삶이라고 말합니다. 자연은 　1
우리를 낳아 사물에 대한 관조와 실천이라는 두 가지 일을 하게 했고, 이는 내가 앞서 말한 것¹¹을 입증합니다. 모르는 것을 알고자 하

9　여기서 세네카는 헬레니즘 시대 여러 철학파 사이에서 논의된 도덕철학과 자연철학의 주요 쟁점들을 나열한다. 특히 자연철학에서는 스토아학파와 에피쿠로스학파 간 핵심 논쟁을 제시한다. 신의 이성인 로고스를 강조한 스토아학파는 신이 하나의 세계를 창조하고 그 안에 내재하여 섭리로 이끈다고 보았고, 원자론적 우주관을 지닌 에피쿠로스학파는 세계가 원자의 자연적 운동으로 생겨나고 소멸하며, 이로 인해 다수의 세계가 생겨났다가 사라진다고 가르쳤다.

10　여기서 '우리'는 스토아학파를 지칭한다. 고대 그리스와 로마 철학에서 '최고선'(summum bonum, '수뭄 보눔')은 도덕적으로 가장 선한 것일 뿐 아니라 모든 면에서 가장 좋은 것을 뜻하며, 인생의 목적인 행복을 가리키기도 한다. 스토아학파는 자연을 따라 사는 삶이 가장 행복한 삶이자 인생의 목적이라고 가르쳤다.

11　세네카는 은둔이 더 큰 국가에 헌신하는 길이라고 한 뒤, 도덕철학과 자연철학의 질문들을 관조하는 일이 곧 신에게 기여하는 일이라 보았다.

는 우리의 욕망이 얼마나 큰지, 또 어떤 이야기를 들을 때마다 그런 앎에 대한 갈망이 어떻게 피어나는지를 생각해보면 이미 자명한 일이 아니겠습니까?

2   어떤 이들은 멀리 숨겨진 것을 밝혀내기 위해, 오직 그 하나의 보상을 바라며 먼 항해의 고난을 견딥니다. 볼 만한 구경거리에 사람들이 모여드는 것도, 닫히고 막힌 곳을 탐사하게 되는 것도, 비밀스러운 것을 찾아나서는 것도, 고서들을 펼쳐 읽는 것도, 이방 민족들의 풍습에 귀 기울이게 되는 것도 모두 같은 이유입니다.

3   자연은 우리에게 호기심이라는 본능을 주었고, 자신의 솜씨와 아름다움을 알리고, 그 위대한 장관을 지켜볼 관객으로 우리를 세상에 내놓았습니다. 그토록 장엄하고 고귀하며, 정교하고 찬란하며, 모든 면에서 완벽하게 아름다운 자연이 홀로 적막 속에 방치된다면, 자연이 쏟아부은 노력이 헛될 것이기 때문입니다.

4   자연이 우리에게 바란 것이 단순히 자연을 보는 것이 아니라 자세히 살펴보게 하는 것이었음을 알고 싶다면, 자연이 우리에게 준 위치를 보십시오. 자연은 우리를 한가운데 두어 모든 것을 조망하고 자세히 볼 수 있게 했습니다. 자연은 우리를 똑바로 서게 했을 뿐 아니라 관조하기에 적합하게 만들었습니다. 별들이 뜨고 지는 모든 과정을 추적해보고 얼굴을 돌려 모든 것을 볼 수 있도록, 머리를 몸의 가장 높은 곳에 두고 유연한 목 위에 놓았습니다. 다음으로 자연은 낮에 여섯 성좌, 밤에 여섯 성좌를 배열해[12] 자신의 모든 것을 드러내 보여

---

12 황도대를 가리킨다. 태양은 황도를 따라 움직이고 태양계의 다른 천체들도 황도를 중심으로 움직이는데, 이 띠를 황도대라 부른다. 황도대에는 12개의 성좌(12궁)가 있어 지구 어디서든 낮에 여섯 성좌, 밤에 여섯 성좌를 볼 수 있다.

주었습니다. 그리고 이를 우리 눈앞에 보여줌으로써 다른 것을 탐구하고자 하는 욕망도 일으켰습니다.

우리는 만물을 다 볼 수도, 있는 그대로 볼 수도 없습니다. 하지만 5 우리가 보는 현상이 탐구의 실마리가 되어, 눈앞의 사실로부터 보이지 않는 진실을 찾아갈 수 있습니다. 이를 통해 이 세계보다도 더 오래된 근원적 물음들의 답을 찾아갈 수 있는 것입니다. 저 별들은 어디서 왔으며, 우주가 개별 부분으로 나뉘기 전에는 어떤 상태였고, 서로 뒤엉켜 우주를 이룬 것이 어떤 원리로 분리되었으며, 누가 각 사물에 위치를 정해주었는지, 각각의 본성으로 무거운 것은 아래로 가벼운 것은 위로 가는 것인지, 아니면 사물의 의지나 무게와 관계없이 더 높은 힘이 각 사물에 법칙을 정해주는 것인지, 대부분이 동의하듯 별들을 이루는 것 중 일부, 즉 일종의 불꽃이 낯선 곳인 대지에 떨어져 자리 잡은 것이 사람들이기에 인간이 신적 영혼의 일부라는 말이 사실인 것인지도 질문하게 됩니다.

우리의 사고는 하늘의 성채를 뚫고 들어가 눈에 보이는 것을 아는 6 것만으로는 만족하지 않습니다. "나는 이 세계 너머에 무엇이 있는지 탐구할 것이다. 그곳에 무한한 공간이 펼쳐져 있는가, 아니면 이쪽저쪽으로 경계 지어진 곳인가? 그곳은 어떤 모습인가? 형태나 질서가 전혀 없는 곳인가, 모든 부분이 같은 공간을 차지하는 곳인가, 아니면 잘 가꾸어지고 구획된 곳인가? 이 세계와 붙어 있는가, 아니면 멀리 떨어져 허공에서 회전하는가? 이미 태어난 것들과 앞으로 태어날 모든 것을 이루는 물질은 개별 원자들로 존재하는가, 아니면 연속적으로 이어진 하나의 전체로 존재하는가? 원소들은 서로 대립하는가, 아니면 대립하지 않고 다양성 속에서 조화롭게 활동하는가?"라고 누군가는 말합니다.

7   인간이 이런 것을 탐구하려고 태어났다면, 주어진 모든 시간을 여기에 쓴다 해도 그리 많지 않다는 것을 생각해보십시오. 쓸데없는 것에 시간을 빼앗기지 않고, 부주의로 시간을 잃지 않으며, 극도로 아껴 조금도 놓치지 않고, 인간의 수명을 끝까지 누리며, 자연이 준 시간을 운명이 조금도 앗아가지 못하게 한다 해도, 불멸의 것을 탐구하기엔 필멸의 인간에게 주어진 시간이 너무나 짧습니다.

8   그러므로 내가 나를 온전히 자연에게 바치고 자연을 공경하고 숭배한다면, 나는 자연을 따라 살아가고 있는 것입니다. 자연이 내게 바라는 것은 행동으로 실천하는 것과 은둔하는 삶 속에서 관조하는 것, 이 두 가지입니다. 그래서 나는 이 둘을 합니다. 실천 없는 관조는 존재하지 않기 때문입니다.

제6장

1   당신은 이렇게 말합니다. "하지만 당신은 쾌락을 얻으려는 목적으로 관조에 접근하기에, 실천이란 결과 없이 끊임없이 관조만을 추구하는 것이 아닌가 하는 점이 문제다. 관조는 그 자체로 매력이 있기 때문이다." 이에 대한 나의 대답은 이렇습니다. 당신이 시민으로서 어떤 마음으로 공적인 삶을 살아가고 있는지, 곧 끊임없이 일하고 활동하느라 인간사를 넘어 신적인 것들을 바라볼 여유조차 갖지 못하는 것은 아닌지, 그 또한 문제라는 것입니다.

2   미덕에 대한 사랑 없이 부를 추구하고, 인성을 닦지 않은 채 일에만 몰두하는 것은 바람직하지 않습니다. 이것은 서로 뒤섞여 하나로 결

합해야 하기 때문입니다. 마찬가지로 실천 없는 은둔 속의 미덕, 배운 것을 실천으로 보여주지 않는 것은 불완전하고 나태한 선입니다.

미덕은 실천을 통해 자신의 진전과 성취를 검증해야 하고, 단지 해 3
야 할 일을 생각하는 데 그치지 않고 언젠가는 직접 행해야 하며, 마음속 생각을 현실로 옮겨야 한다는 것을 누가 부정하겠습니까? 하지만 현자가 실천을 피하려는 것이 아니라, 실천하려 해도 현실적 여건이 허락하지 않는 것이라면, 당신도 현자의 은둔을 인정하지 않겠습니까?

현자가 어떤 마음으로 은둔하겠습니까? 은둔해 있으면서도 후세 4
에 유익한 일을 할 수 있다는 것을 알기 때문이 아니겠습니까? 제논과 크리시포스가 군대를 지휘하거나 공직을 수행하거나 법률을 만드는 일을 했더라도, 그들이 은둔해서 한 일보다 더 훌륭한 일을 해내지는 못했을 것이라고 우리는 분명히 말할 수 있습니다. 그들의 은둔한 삶은 한 국가가 아닌 온 인류를 위한 것이었기 때문입니다. 그런데도 훌륭한 이들이 그렇게 은둔하는 것이 부적절할 이유가 무엇이겠습니까? 은둔은 그들이 소수만을 모아 가르치는 것이 아니라 모든 민족의 모든 사람을 가르치는 길이 됩니다. 현재를 사는 이들뿐 아니라 장래에 태어날 이들까지 가르쳐서 후대의 삶에 질서를 부여합니다.

요약하면, 내가 묻고 싶은 것은 이렇습니다. 클레안테스,[13] 크리시 5
포스, 제논이 과연 자신들의 가르침대로 살았는가 하는 것입니다. 틀림없이 당신은 그들이 인간이라면 이렇게 살아야 한다고 말한 대

---

[13] 세네카는 아테네 스토아학파의 제1대부터 제3대 학장을 역순으로 언급한다. 클레안테스(기원전 331-232)는 19년간 스토아학파 시조 제논의 수제자였다. 그는 우주를 생물로 보고, 신은 그 영혼, 태양은 그 심장이라 가르쳤다.

로 살았다고 대답할 것입니다. 하지만 그들 중 누구도 국가를 경영하지는 않았습니다. 당신은 "보통 국사를 다루려면 행운이나 높은 신분이 필요한데, 그들에겐 그런 것이 주어지지 않았을 뿐이다"[14]라고 말합니다. 그럼에도 그들은 나태한 삶을 살지 않았습니다. 그들은 자신들의 은둔하는 삶을 통해 이리저리 땀 흘리며 뛰어다니는 삶보다 사람들에게 더 큰 유익을 줄 수 있는 방법을 찾아냈습니다. 그래서 사람들은 그들이 공적인 일은 전혀 하지 않았음에도 많은 일을 했다고 생각합니다.

제7장

I   또한 세 종류의 삶이 있고, 사람들은 이 중 어느 것이 가장 좋은 삶인지를 묻습니다. 하나는 쾌락에 전념하는 삶이고, 다른 하나는 관조에 전념하는 삶이며, 세 번째는 실천에 전념하는 삶입니다.[15] 우리는 먼저, 우리와 다른 가르침을 따르는 이들에 대한 반감이나, 지금껏

---

14 제논은 키프로스의 키티움 출신이고, 클레안테스는 소아시아 아소스 출신이며, 크리시포스는 킬리키아의 솔리 출신으로, 모두 아테네 태생의 시민이 아닌 거류민이었다. 거류민에게는 아테네의 공직과 공적 생활에 참여할 자격이 주어지지 않았다.

15 세 종류의 삶을 구분한 것은 아리스토텔레스의 『니코마코스 윤리학』(1095b 15-19)에서 비롯되는데, 그는 관조하는 삶, 철학하는 삶이 인생의 목적이라고 말한다. 구체적으로 보면, 관조에 전념하는 삶을 추구한 것은 아카데메이아학파(플라톤)와 소요학파(아리스토텔레스)였고, 쾌락에 전념하는 삶을 추구한 것은 에피쿠로스학파이며, 실천에 전념하는 삶을 추구한 것은 스토아학파였다.

쌓아온 논쟁과 증오를 제쳐두고, 이 세 가지 삶이 이름은 다르지만 결국 모두 하나로 수렴된다는 사실을 알아야 합니다. 쾌락을 내세우는 이도 관조를 부정하지 않고, 관조를 중시하는 이도 쾌락을 부정하지 않으며, 실천하는 삶에 집중하는 이도 관조를 부정하지 않습니다.

당신은 이렇게 말합니다. "목적으로 추구하는 것과 그 목적을 추구하며 부수적으로 행하는 것에는 큰 차이가 있다." 설령 그렇다 하더라도, 어느 하나만 존재하고 다른 것들은 전혀 존재하지 않는 것은 분명 아닙니다. 즉, 관조를 추구하는 이도 실천을 전혀 하지 않는 것이 아니며, 실천을 추구하는 이도 관조를 등한시하지 않습니다. 또한 우리가 부정적으로 보는 쾌락을 추구하는 이들조차 쓸모없는 쾌락은 인정하지 않고, 이성에 의해 보장되는 쾌락만을 긍정합니다. 그러기에 쾌락을 내세우는 학파 역시 실천을 수행합니다. 2

어찌 실천을 하지 않을 수 있겠습니까? 에피쿠로스 자신도 어떤 쾌락을 받아들였다가 곧 후회하게 되거나, 큰 고통을 피하고자 작은 고통을 받아들여야 할 때는, 쾌락을 물리치고 고통을 받아들이겠다고 말하지 않습니까? 3

내가 이렇게 말하는 목적이 무엇이겠습니까? 이는 모든 사람이 관조를 즐기지만, 다른 이들은 관조 자체를 목적으로 삼는 반면, 우리에게 관조란 마지막 종착지가 아닌 거쳐 가는 과정임을 분명히 하고자 함입니다. 4

제8장

1   또한 나는 크리시포스의 모범을 따라 은둔하는 삶이 허용된다는 점을 덧붙이고자 합니다. 지금 나는 은둔의 삶을 감내해야 한다고 말하는 것이 아니라 은둔의 삶을 선택할 권리가 우리에게 있다고 하는 것입니다. 우리 학파는 국가의 상태에 상관없이 현자가 무조건 출사해야 한다고 가르치지 않습니다. 현자가 은둔할 수밖에 없었던 것이 출사할 만한 국가가 없어서라면, 그 이유가 국가가 현자를 외면했든, 현자가 국가를 떠났든 본질에 있어 무슨 차이가 있겠습니까? 하지만 지긋지긋하고 끈질기게 캐묻는 이들[16]은 어느 시대에서나 자신들이 출사할 국가를 찾지 못할 것입니다.

2   내가 묻는 것은 현자가 어떤 국가에 출사해야 하느냐는 것입니다. 아테네인의 국가에 출사해야 합니까? 그곳에서 소크라테스는 유죄 판결을 받았고,[17] 아리스토텔레스는 자신도 유죄 판결을 받을 것을 우려해 피신하지 않았습니까?[18] 그곳은 시기와 증오가 미덕을 억누

---

16 세계와 인생의 근본 질문들을 끈질기게 탐구하고 추구하는 이들은 철학자들이다.

17 소크라테스(기원전 470-399년)는 한편으로는 문답법으로 진리를 찾고자 꼬치꼬치 캐물어 이런 풍조를 젊은이들에게 퍼뜨려 풍속을 해쳤다는 죄목으로, 다른 한편으로는 대중이 섬기는 신화 속 신들이 아닌 자신의 마음속에서 음성으로 진리를 이끄는 신만을 받들어 섬겼기에 신들을 믿지 않았다는 불경죄로 고발되어 사형 선고를 받고 독약을 마시고 죽었다.

18 아리스토텔레스(기원전 384-322년)는 마케도니아 왕 알렉산드로스의 스승이었다. 알렉산드로스가 죽은 뒤 아테네에서 반마케도니아 운동이 다시 일어나 기원전 322년에 불경죄로 고발되자, 그는 소크라테스 사건을 떠올리며 "아테네인이 또다시 철학에 죄를 짓는 것을 허용하지 않겠다"고 말한 뒤, 외가의 영지가 있는 에우보이아섬의 칼키스로 피신했다고 한다.

르고 압도한 곳이 아닙니까? 당신은 현자가 그런 국가에는 출사하지 않을 것이라고 말할 것입니다. 그렇다면 현자는 카르타고인들의 국가에 출사해야 하겠습니까? 그곳에서는 반란과 폭동이 끊이지 않고, 모든 귀족이 대중의 자유를 적대시하며, 공평과 선은 가장 가치 없는 것이고, 적에게는 비인간적인 잔인함을 보이고 자국민에게조차 적대적입니다. 현자는 그런 국가를 멀리할 것입니다.

   내가 모든 국가를 하나하나 열거한다 해도 현자를 받아들일 국가, 또는 현자가 받아들일 국가를 찾을 수 없을 것입니다. 우리가 그런 그런 국가를 발견하지 못한다면 은둔은 모든 이에게 필수불가결한 것이 됩니다. 은둔보다 더 나은 것이 어디에도 없기 때문입니다. 3

   만일 어떤 이가 항해하며 사는 것이 최고의 삶이라 말하고서, 바다에서는 난파가 빈번하고 예상치 못한 폭풍이 조타수를 반대 방향으로 몰아가는 일이 잦기 때문에 항해해서는 안 된다고 내게 말한다면, 나는 그가 항해하는 삶을 찬양하면서도 정작 내가 배를 띄우는 것은 금지하는 것이라고 생각할 것입니다. ······[19] 4

---

19 이후의 본문은 실전되어 전해지지 않는다.

제4편
섭리에 대하여

제1장

루킬리우스여,[1] 당신은 이 세계가 섭리[2]로 움직인다면 어떻게 선   1
한 사람들에게 이토록 나쁜 일이 많이 일어날 수 있느냐고 물었습니
다. 이 질문은 섭리가 우주를 지배하고 신이 우리 가운데 있다는 것
을 증명하는 과정에서 다루는 것이 더 적절할 것입니다. 하지만 당신
은 전체 논의는 그대로 두고 한 부분만 떼어내어 해결하기를 바라니,
여기서 나는 신들을 변호하는 그리 어렵지 않은 일을 하려 합니다.

이제 굳이 논증하지 않아도 분명한 사실은 이렇습니다. 이토록 거   2
대한 세계가 감독자 없이 유지될 수 없으며, 천체들의 모이고 흩어지
는 질서정연한 움직임 또한 단순한 우연의 결과일 수는 없습니다. 우
연에 의해 움직이는 것은 흔히 혼돈에 빠져 서로 격렬히 부딪치지만,
영원한 법칙의 명령에 따라 움직이는 것은 거침없이 나아가 땅과 바

---

1 루킬리우스는 세네카의 서신과 『자연학 문제들』의 수신자다. 나폴리만의 한 도시 출신 기사 계급으로 시칠리아 행정장관을 지냈다. 에피쿠로스학파에 경도되어 있었고 산문과 시를 썼다. 세네카가 섭리 문제에서 그를 수신자로 삼은 것은 신의 섭리를 부정한 에피쿠로스학파를 반박하려는 의도로 보인다.

2 섭리(providentia, '프로비덴티아')는 "미리 내다보는 것"을 뜻하며, 자연계를 지배하는 원리와 법칙을 의미한다. 일반적으로는 유물론적 세계관의 자연법칙과 대비되어, 초자연적 절대자의 의지로 우주와 인간의 운명이 미리 정해진 것을 가리킨다. 세네카는 이 절대자가 반드시 신이라 하지는 않는다. "어떻게 선한 사람에게 나쁜 일이 많이 일어나는가"라는 루킬리우스의 질문은 이런 대비를 잘 보여준다. 루킬리우스는 우주와 인간의 운명이 신적 섭리에 따라 질서 있게 움직인다고 믿었지만, 그럼에도 "어째서 선한 이들이 불행을 겪는가?"라는 의문을 품었다.

다의 무수한 것과 하늘 곳곳에 질서정연하게 빛나는 셀 수 없는 찬란한 빛들을 만들어냅니다.

또한 그런 질서는 제멋대로 떠도는 물질에서 생길 수 없고, 우연한 결합만으로는 이런 놀라운 질서를 만들어낼 수 없습니다. 엄청난 무게로 한자리에 머물며 자기 주위를 빠르게 도는 천체들을 바라보는 이 대지도, 비가 되어 골짜기로 쏟아져 땅을 적시고 강이 되어 흘러들어도 늘어나지 않는 바다도, 작은 씨앗 하나가 큰 작물로 자라나는 경이로운 현상도, 이 모든 것이 우연의 산물일 수 없다는 것은 이미 자명합니다.

3 질서 없이 무작위로 일어나는 듯한 것, 가령 비와 구름, 갑작스러운 벼락, 산꼭대기를 뚫고 나오는 화염, 땅을 뒤흔드는 지진, 우주의 불안정한 요소들이 대지 주위에서 일으키는 다른 현상들도 아무리 갑작스럽더라도 원인 없이 우연히 일어나는 것이 아닙니다. 이것도 바다 한가운데 있는 온천이나 드넓은 바다에 솟아난 새로운 섬처럼 뜻밖의 곳에서 발견되어 경이로움을 자아내는 것과 마찬가지로 저마다 원인이 있습니다.

4 바다에서 썰물로 해변이 드러났다가 얼마 지나지 않아 다시 물에 잠기는 것을 본 사람이라면, 어떤 숨은 변동의 법칙에 따라 바닷물이 때로는 수축되어 물러나고 때로는 다시 힘차게 밀려와 제자리를 찾는다고 믿을 것입니다. 대양은 달이라는 천체의 지배를 받아, 달이 끌어당기는 정도에 비례해 약간의 오차는 있지만 정해진 때에 높아지거나 낮아지기 때문입니다. 하지만 당신은 섭리의 존재를 의심하는 것이 아니라 섭리에 불평하는 것이니,[3] 이 문제는 적절한 때까지

---

3 에피쿠로스학파는 자연계의 원리와 법칙 자체를 부정한 것이 아니라, 신의 의지에 의한 운명의 결정을 부정했는데, 세네카는 이를 이런 식으로 표현했다.

미뤄둡시다.

 이제 나는, 신들과 당신을 화해시키고자 합니다. 특히, 신들이 가 5
장 선한 이들을 가장 잘 대한다는 사실을 바로잡아 말하고자 합니다.
선한 것이 선한 것에 의해 해를 입는다는 것은 사물의 본성에 어긋나
기 때문이며, 선한 사람과 신들 사이에는 미덕을 기반으로 한 우정[4]
이 있기 때문입니다. 여기서 말하는 '우정'이란 단순한 감정이 아니
라, 필연성과 유사성에서 비롯된 관계입니다. 선한 사람은 오직 시간
안에 존재한다는 점만 제외하면 신과 다르지 않습니다. 선한 사람은
신의 제자이자 열렬한 모방자이며 진정한 자손입니다. 그래서 위대
한 부모인 신은 미덕과 관련해 선한 사람을 나약하게 다루지 않고,
엄격한 아버지처럼 더욱 철저히 단련하는 것입니다.

 그러므로 신이 자신의 자손으로 받아들인 선한 이들은 땀 흘리며 6
험한 길을 오르는 반면, 악한 이들은 온갖 쾌락에 빠져 방탕하게 삽
니다. 이는 마치 우리가 어린 노예들은 방종하게 내버려두지만 자식
들에게는 더 엄격한 훈육을 시키는 것과 같습니다. 신 역시 선한 사
람들을 단순히 즐기는 대상으로 여기지 않고, 시험하고 단련시켜 신
에게 걸맞은 자로 준비시킵니다.

---

4 라틴어의 우정(amicitia, '아미키티아')은 '사랑하다'를 뜻하는 '아모'(amo)에서 파생한
   말로, 그리스어 '필리아'(φιλία)에 해당한다. '필리아'는 단순한 친구 간의 우정이 아
   닌 근본적으로 자식에 대한 부모의 사랑을 뜻하므로 '사랑, 우애, 우정' 등으로 번
   역된다. 여기서는 '우정'으로 옮겼으나 부모의 자식 사랑으로 이해해야 한다. 로마
   인들이 중시한 '아미키티아'도 좁은 의미의 우정이 아닌 이런 넓은 의미로 이해해
   야 한다.

제2장

1 "왜 선한 사람들에게 나쁜 일이 많이 일어나는가?" 선한 사람에게는 결코 나쁜 일이 일어날 수 없습니다. 서로 반대되는 것은 섞이지 않기 때문입니다. 무수한 강물과 하늘의 폭우, 수많은 약효 있는 샘물이 바다로 흘러들어도 바닷물의 맛을 바꾸거나 희석하지 못하듯, 역경의 공격도 용기 있는 사람의 마음을 조금도 바꾸지 못합니다. 용기 있는 사람은 자신을 그대로 지킨 채, 자신에게 일어나는 모든 일에 자기 색을 입힙니다. 그는 외부의 어떤 것보다 더 강하기 때문입니다.

2 나는 용기 있는 사람이 외부의 일을 느끼지 못한다는 것이 아니라 그것을 이긴다고 말하는 것입니다. 평소에는 침착하고 차분하지만, 무언가 공격해오면 결연히 맞섭니다. 그는 모든 역경을 훈련이라 여깁니다. 도덕적으로 올바른 것을 추구하는 사람이라면, 위험을 무릅쓰고서라도 정의를 이루고 의무를 다하려 하지 않겠습니까? 그런 사람에게는 오히려 아무것도 하지 않고 손 놓고 있는 것이 형벌일 것입니다.

3 잘 알려져 있듯, 체력을 단련하는 레슬링 선수들은 가장 강한 상대와 겨루기를 원하고, 시합을 준비할 때 연습 상대에게 온 힘을 다해 싸워줄 것을 요구합니다. 그들은 피를 흘리고 쓰러지는 것도 견디며, 맞수가 될 만한 사람 하나가 없으면 여러 명과 대결합니다. 맞수가 없다면 그들의 용맹은 시들해지고 맙니다.

4 이처럼 어떤 사람의 강함은 얼마나 견딜 수 있는지를 보여줄 때 드러납니다. 선한 사람들도 그래야 한다는 것을 알아야 합니다. 그들은 힘들고 어려운 일을 두려워하거나 자신의 운명을 원망하지 말고, 자기에게 일어나는 모든 일을 유익한 관점에서 보고 좋은 쪽으로 바꾸어야

합니다. 중요한 것은 무엇을 겪느냐가 아니라 어떻게 겪느냐입니다.

당신은 아버지와 어머니가 자식을 사랑하는 방식이 다르다는 것을 모르십니까? 아버지는 자녀를 일찍 깨워 일하게 하고, 휴일에도 게으름 피우지 못하게 하며, 땀을 흘리고 때로는 눈물도 흘리게 합니다. 반면 어머니는 자식을 따뜻한 품에 안아주고, 늘 그늘에서 쉬게 하며, 잠시라도 우울해하거나 눈물 흘리거나 고생하지 않게 하려 합니다.

신은 선한 이들을 더욱 굳세게 사랑하기에, "고생과 고통, 시련을 겪으며 진정한 강자가 되어야 한다"고 말씀합니다. 아무 일도 하지 않고 먹기만 해 살이 찐 사람은 정작 힘이 없어, 힘든 일은커녕 자기 몸을 움직이는 것조차 버거워합니다. 마찬가지로 역경 없이 순탄히 살아온 사람은 단 한 번의 타격에도 쉽게 무너집니다. 그러나 끊임없이 불운과 싸워온 사람은 시련 속에서 단련되어, 불행이 닥쳐도 쉽게 무너지지 않으며, 설령 쓰러지더라도 무릎 꿇은 채로 끝까지 싸워냅니다.

신이 선한 이들을 더욱 깊이 사랑하시기에, 그들을 가장 고귀하고 훌륭한 존재로 빚기 위해 끊임없이 역경을 주셨다 한들, 어찌 놀랄 일이겠습니까? 설령 신이 때때로 위대한 이들이 재앙과 씨름하는 모습을 보고 싶어 한다 해도, 그것은 내게 전혀 놀랍지 않습니다.

우리는 종종 한 청년이 맹렬히 달려드는 사나운 짐승에 맞서 사냥용 창을 들고 침착하게 상대하거나, 달려드는 사자 앞에서 두려움 없이 맞서는 광경을 보며 기뻐합니다. 그가 도덕적으로 올바른 것을 지키려 그렇게 행동할수록, 그 광경은 우리에게 더 큰 기쁨을 줍니다. 물론 사람들이 즐기려고 벌이는 경박하고 치기 어린 오락용 시합은 신들의 눈길을 끌지 못합니다.

하지만 신이 자신이 창조한 것을 볼 때, 신의 눈길을 사로잡을 만한 광경이 여기 있습니다. 신과 견줄 만한 이 사람, 스스로 불운에 도전해 맞선 용기 있는 이 사람을 보십시오. 내가 보기에 유피테르[5]는 이 땅을 아무리 둘러봐도, 자신의 당파가 여러 번 무너져 공화정이 폐허가 되었는데도 그 가운데서 꿋꿋이 서 있는 카토[6]의 모습보다 더 아름다운 광경을 찾지 못할 것입니다.

10   카토는 이렇게 말했습니다. "모든 것이 일인의 지배 아래 들어가 육지는 군단이, 바다는 함대가 감시하고, 카이사르의 병사들이 성문을 지키고 있어도, 카토에게는 빠져나갈 길이 있으니, 그는 한 손으로 자유로 가는 넓은 길을 열 것이다. 내전 중에도 깨끗하게 지켜온 이 칼은 조국에 자유를 주지 못했지만, 이제 마침내 훌륭하고 고귀한 일을 이루어 카토에게 자유를 줄 것이다. 영혼아, 오랫동안 생각해온 일을 시작하여 인간사에서 벗어나라. 페트레이우스와 유바[7]는 이미 서로의 손에 죽었다. 그들의 선택은 용감하고 고귀했지만, 나 카토의 위대함에는 걸맞지 않는다. 카토에게는 죽여달라고 구걸하는 것이 살려달라고 구걸하는 것만큼이나 부끄러운 일이기 때문이다."

11   자신을 가장 장렬하게 해방시킨 저 사람이, 다른 이들의 안전을 생각해 도망가는 자들이 잘 빠져나가도록 돕고, 마지막 밤에도 공부한 뒤에, 자신의 신성한 가슴에 칼을 꽂아 내장을 헤집어서, 칼로도 더

---

5   유피테르는 로마 신화의 최고신으로, 그리스 신화의 제우스에 해당한다.

6   카토는 소 카토라 불리는 마르쿠스 포르키우스 카토(기원전 95-46년)를 가리킨다. 공화정 말기 로마의 전통과 공화정을 옹호한 영향력 있는 원로원 의원이자 유명한 대중연설가, 스토아학파 추종자였다. 기원전 63년 재무관이 되어 청렴한 재정 운영으로 칭송받았다. 기원전 49년 내전에서 벌족파 폼페이우스 편에 서서 평민파 카이사르에 맞섰으나, 폼페이우스가 패하자 자결했다.

7   페트레이우스와 유바는 기원전 46년 아프리카 탑수스 전투에서 메텔루스 스키피오 편으로 싸우다 카이사르에게 패한 뒤 서로를 찔러 자결했다.

럽힐 수 없는 지극히 거룩한 저 영혼을 손으로 꺼내는 것을 신들이 크나큰 기쁨으로 지켜보았을 것이 분명합니다.

나는 카토의 상처가 충분히 결정적이지도, 치명적이지도 않았던 12 이유가 따로 있었다고 봅니다. 불멸의 신들은 카토의 그런 행동을 한 번 보는 것으로는 만족할 수 없었습니다. 그래서 그의 미덕을 붙잡아두었다가 다시 불러내어 더 어려운 상황에서 드러나게 했습니다. 처음 죽으려다 실패한 뒤 다시 죽음을 시도하는 데는 더 큰 용기가 필요하기 때문입니다. 자신의 수양아들이 그토록 영예롭고 두고두고 기억될 만한 죽음으로 세상을 떠나는 것을 신들이 어찌 기쁘게 바라보지 않았겠습니까? 죽음을 두려워하는 자들마저 찬탄할 만한 그런 죽음이 있으니, 그처럼 죽은 이들은 그 죽음으로 신들의 경지에 이르게 됩니다.

제3장

논의를 진행하다 보면, 나쁘게만 보이던 일들이 실은 그렇지 않다 1 는 사실이 드러날 것입니다. 지금 제가 말씀드리고 싶은 것은, 당신이 가혹한 일이나 역경, 끔찍한 일이라 부르는 것이 사실은 그 일을 겪는 당사자에게 이롭고, 나아가 신들이 개개인보다 더 큰 관심을 두는 인류 전체에도 유익하다는 점입니다. 선한 사람들은 이런 시련이 자신에게 일어나기를 바라며, 그것을 피하려 하는 자들이야말로 오히려 시련을 겪어야 마땅합니다. 또한 이런 일들은 운명이 정한 것이며, 만물을 다스리는 신의 법칙에 따라 선한 이들에게도 일어나는 것입니다. 그래서 저는 선한 사람들이 겪는 그런 일들을 불쌍히 여기지 말라고 당신을 설득하려 합니다. 겉으로는 그들이 불쌍해 보일 수 있겠지만, 실상 그들은 결코 불쌍한 존재가 아닙니다.

2   제가 지금까지 말씀드린 것 중 가장 난해한 것은 첫 번째로 말씀드린 것, 즉 우리가 끔찍해하고 두려워하는 일들이 실은 그것을 겪는 이들에게 이롭다는 말일 것입니다. 당신은 이렇게 반문하실 것입니다. "추방당하고, 궁핍해지고, 처자식을 잃고, 모욕을 당하고, 불구가 되는 것이 당사자에게 이롭다는 말인가?" 이를 믿지 못하는 사람이라면, 칼과 불로 병을 치료하고 단식으로 병을 고친다는 것도 믿지 못할 것입니다.

하지만 병든 사람의 뼈를 깎아내거나 절단하고, 피를 뽑거나, 때로는 사지를 제거해야 몸 전체가 썩어 죽는 것을 막을 수 있다는 사실을 떠올려 보십시오. 이 사실을 받아들일 수 있다면, 고통스럽고 힘든 일들도 결국 그것을 겪는 사람에게 이로울 수 있다는 점 역시 인정할 수 있습니다. 반면에 맹세컨대 사람들이 칭찬하고 추구하는 것은, 위에 부담을 주는 과식이나 술에 취하는 것처럼 쾌락으로 사람을 죽이는 것과 같아서, 그것을 즐기는 이들에게 해롭기만 합니다.

3   제 친구 데메트리오스[8]가 남긴 수많은 명언 중에서, 마치 방금 들은 것처럼 그 음성이 아직도 제 귀에 울리는 말이 있습니다. 그는 이렇게 말했습니다. "내가 보기에는 역경을 한 번도 겪어보지 않은 사람보다 더 불행한 사람은 없는 것 같다." 그런 사람은 자신을 시험해

---

[8] 데메트리오스는 코린토스 출신의 견유학파 철학자로 칼리굴라, 네로, 베스파시아누스 황제 시대(기원후 37-71년)에 로마에서 활동했다. 스토아학파가 미덕을 중심으로 도덕을 정립하려 한 반면, 견유학파는 사회 제도와 관습을 벗어난 자연적 극기를 추구했다. 비록 방법은 달랐지만, 두 학파 모두 외적 조건에 흔들리지 않는 금욕과 극기를 통해 자연과 조화를 이루는 삶을 목표로 삼았다.

볼 귀중한 기회를 가져본 적이 없기 때문입니다. 그는 모든 일이 자신이 바라는 대로, 아니 바라지 않아도 저절로 순조롭게 이루어졌겠지만, 사실 신들에게 좋지 않은 평가를 받은 것입니다. 즉, 신들은 그를 운명을 이겨낼 만한 사람으로 여기지 않은 것입니다. 운명은 그런 겁쟁이를 보면 이렇게 말하며 피해 갑니다. "왜 내가 저런 자를 상대로 삼아야 하지? 그는 즉시 무기를 내려놓을 텐데, 그를 상대하는 데 내 온 힘을 쏟을 필요도 없다. 내가 살짝 위협만 해도 그는 도망칠 것이고, 내 얼굴조차 감히 쳐다보지 못할 것이다. 승리가 뻔한 상대와 맞붙는 것은 창피한 일이니, 나와 제대로 싸울 수 있는 다른 이를 찾아야겠다."

검투사는 자신보다 약한 상대와 싸우는 것을 수치스럽게 여기며, 위험 없는 승리에는 영광도 없다는 것을 압니다. 운명 역시 마찬가지여서, 자신과 대등하게 맞설 가장 용맹한 이들을 찾고, 그렇지 못한 자들은 경멸하며 지나칩니다. 4

운명은 자신의 힘을 보이고자 불굴의 용기로 결코 물러서지 않을 이들을 찾아갑니다. 운명은 무키우스를 불로,[9] 파브리키우스를 가난으로,[10] 루틸리우스를 유배로,[11] 레굴루스를 고문으로,[12] 소크라테스를 독약으로, 카토를 죽음으로 시험했습니다. 위대한 본보기는 시련 없이는 나타나지 않습니다.

스스로 오른손을 적의 불꽃 속에 넣어 자신의 실수를 벌한 무키우스가 불행했습니까? 칼을 든 손으로는 적군의 왕을 이기지 못했으나, 그 손을 불태워 왕을 물리친 그가 불행했습니까? 그의 손이 연인의 따스한 품속에 있었다면, 그가 더 행복했을까요? 5

관직에서 물러나 자신의 밭을 일군 파브리키우스가 불행했습니까? 피로스 왕과 싸운 것만큼이나 치열하게 가난과 맞선 그가 불행 6

했습니까? 개선장군이었으나 늙어서는 화롯가에서 풀뿌리와 산나물로 끼니를 잇고 밭의 잡초를 뽑으며 살아간 그가 불행했습니까? 그렇다면 어떻습니까? 먼 바다의 물고기와 이국의 새로 배를 채우고, 탈이 난 배를 동서 바다의 조개로 달래며, 수많은 사냥꾼이 목숨 바쳐 잡은 진귀한 짐승 곁에 과일을 산더미처럼 쌓아놓은 삶을 살았다면, 그가 더 행복했겠습니까?

7 루틸리우스를 단죄한 자들이 대대로 명분을 내세운다 해서, 루틸리우스가 불행했습니까? 귀환을 바라기보다 조국을 떠나 있는 것을

---

9 무키우스 스카이볼라는 고대 로마의 전설적인 영웅이다. 기원전 508년 로마와 클루시움의 전쟁 때 원로원의 승인을 받아 적진에 잠입해 클루시움의 왕 라르스 포르세나를 암살하려다 실패했다. 붙잡힌 그는 자신이 왕을 암살하려는 300명의 로마 청년 중 하나일 뿐이며, 그들 모두가 목숨을 초개같이 여긴다고 말하며 오른손을 불 속에 넣어 새카맣게 타들어가도 움직이지 않았다. 이로써 '스카이볼라'(Scaevola, 왼손잡이)라는 별칭을 얻었고, 충격을 받은 포르세나는 그를 로마로 돌려보내고 화친을 청했다.

10 파브리키우스는 기원전 282년과 278년에 두 차례 집정관을 지낸 인물로, 청렴결백의 상징이었다. 에페이로스의 피로스 왕에게 패한 로마가 그를 강화 사절로 보냈는데, 피로스는 그의 강직한 태도에 감동하여 로마군 포로들을 몸값 없이 풀어주었다. 키케로를 비롯한 많은 이들이 그의 청렴을 칭송했고, 단테는 『신곡』에서 그를 탐욕에 맞선 미덕의 인물로 그렸다. 그의 미덕은 깊이 뿌리내려, 극심한 가난 속에서 살다가 너무도 빈곤하게 죽어 국가가 장례를 치러주었다.

11 제2편의 주석 18을 참고하라.

12 레굴루스는 로마의 장군으로, 기원전 267년과 256년에 집정관을 역임했다. 제1차 포에니 전쟁에서 기원전 256년 에크노무스 해전에서 승리했으나, 이듬해 아프리카 카르타고 진군 중 바그라다스강 전투에서 패해 포로가 되었다. 이후 포로 교환 협상을 위해 로마로 보내지면서, 반드시 다시 돌아오겠다고 맹세했다. 로마에 도착한 그는 원로원에서 카르타고 포로의 송환에 반대하는 의견을 밝혔고, 가족과 친구들의 간곡한 만류에도 불구하고, 적에게 한 맹세를 저버려 신의를 잃느니 차라리 죽음을 택하겠다며 자진해 카르타고로 돌아갔다.

담담히 받아들인 그가 불행했습니까? 독재관 술라[13]를 돕기를 거부한 유일한 사람으로서, 귀환 명령을 받고도 돌아오지 않고 오히려 더 멀리 달아난 그가 불행했습니까? 그는 이렇게 말했습니다. "당신의 호의로 로마에 돌아갈 자들은 곧 보게 될 것이다. 광장을 붉게 물들인 수많은 피를, 술라의 명으로 재판도 없이 죽어 세르빌리우스 호수에 버려진 원로원 의원들의 머리를, 도시를 휘젓고 다니는 암살자들의 무리를, 안전을 약속받고도 한자리에서 학살당한 수천 명의 로마 시민을. 이제는 추방조차 불가능해진 그들은 이 모든 참상을 목격하게 될 것이다."

그렇다면 어떻습니까? 칼로 길을 열어 광장으로 내려가 전임 집정관들의 잘린 머리를 자신 앞에 늘어놓고, 그들을 죽인 자들에게 공금으로 상금을 주라 재무관에게 명령한 루키우스 술라가 행복했습니까?[14] 그는 코르넬리우스 법[15]을 발의한 자였으면서도, 이 모든 일을 저질렀습니다!

이제 레굴루스를 보십시오. 그를 신의와 인내의 표상으로 만든 그 불운이 그에게 무슨 해를 끼쳤습니까? 못이 그의 살을 뚫었고, 지친

8

9

---

13 술라(기원전 138-78년)는 로마 공화정의 몰락을 초래한 장군이자 정치가다. 기원전 91년 동맹시 전쟁을 진압하고 88년에 집정관이 되었으나, 호민관 술피키우스 루푸스와 마리우스에게 쫓겨난다. 이후 군대를 이끌고 로마로 돌아와 평민파인 루푸스와 그 일파를 잔인하게 숙청한다. 또한, 미트라테스 원정 중 마리우스가 그를 반역자로 몰자, 다시 로마로 돌아와 대대적인 숙청을 단행한다. 술라와 평민파 지도자 마리우스 사이에서 벌어진 세 차례 내전(기원전 88-87년, 83-72년, 82-81년) 동안 그는 잔혹한 악명을 떨쳤다.
14 그의 이름은 루키우스 코르넬리우스 술라 펠릭스(Lucius Cornelius Sulla Felix)로, '펠릭스'는 '행복하다'는 뜻의 별칭이다.
15 코르넬리우스 법은 술라가 발의한 법으로, 살인죄를 엄중히 다스리는 내용을 담고 있다.

몸을 어디에 기대든 구멍이 났으며, 눈을 강제로 벌려 잠들지도 못했습니다. 하지만 고통이 깊어질수록 그의 영광은 더욱 빛났습니다. 당신은 그가 미덕을 그토록 소중히 여긴 것을 후회하지는 않았는지 알고 싶습니까? 그를 다시 회복시켜 원로원으로 보내보십시오. 그는 이전과 똑같은 견해를 밝히고 같은 선택을 할 것입니다.[16]

10   그렇다면 마이케나스[17]가 더 행복했다고 생각하십니까? 그는 욕정에 휘둘려 안절부절못했고, 제멋대로인 아내가 매일 잠자리를 거부하는 것을 한탄하며, 멀리서 들려오는 부드러운 음악에 의지해 잠을 청했습니다. 그는 술에 취해야 잠들 수 있었고, 물소리를 들어야 마음이 안정되었으며, 수많은 쾌락에 기대어야 근심을 떨쳐낼 수 있었습니다. 그래서 레굴루스가 고문대 위에서 잠들지 못했듯, 그도 부드러운 침상에서 잠들지 못했을 것입니다.

정의를 위해 고난을 감수한 레굴루스는 그 고통 속에서도 대의를 생각하며 위안을 얻었지만, 반면, 쾌락에 지쳐 병든 마이케나스는, 지나친 행복이 오히려 자신을 괴롭게 한다는 사실 때문에 고통 그 자체보다 '왜 괴로운지'에 더 깊은 괴로움을 느꼈을 것입니다.

11   인류가 악덕에 완전히 사로잡힌 것은 아니어서, 운명을 선택할 수 있다면 마이케나스보다는 레굴루스로 태어나길 원하는 이가 더 많으

---

16 즉, 그는 원로원에서 카르타고 포로 송환이 국익을 해친다는 의견을 밝혔을 것이고, 친지들의 만류에도 적과의 맹세를 저버리느니 차라리 돌아가 죽기를 택할 것이라는 뜻이다.

17 거부로도 이름난 마이케나스(기원전 약 70-8년)는 훗날 아우구스투스 황제가 된 옥타비아누스의 친구이자 정치 고문이었고, 호라티우스와 베르길리우스 등 유명 문인들의 후원자였다. 그의 아내 테렌티아는 아름답지만 성격이 까다로웠다고 한다.

리라는 것은 분명합니다. 혹여 누군가 레굴루스보다 마이케나스로 태어나고 싶다고 말한다면, 그가 밝히든 밝히지 않든 실은 테렌티아로 태어나고 싶어 그런 말을 한 것임이 틀림없습니다.

죽는 순간까지 죽음을 논하면서, 국가가 내린 독약을 마치 영생의 약인 듯 마신 소크라테스가 불행했다고 보십니까? 한기가 그의 혈관으로 천천히 스며들어 피를 얼어붙게 하고 마침내 맥박을 멈추게 했다고 해서, 그가 불행을 겪은 것입니까?[18]   12

사람들은 보석 잔에 술을 마시는 자들, 거세당한 미소년이 눈으로 희석해 금잔에 따르는 술을 마시는 자들보다 소크라테스를 훨씬 더 부러워하지 않습니까? 그들은 마신 것을 모두 토해내며 괴로워하면서 자신의 쓴 담즙을 되풀이해 맛보겠지만, 소크라테스는 흔쾌히 그리고 기꺼이 독약을 들이켰습니다.   13

카토에 관해서는 충분히 말했고, 자연이 온갖 시련을 동원하여 시험하고자 선택한 인물이 최고의 행복에 이르렀으리라는 것은 모두가 인정할 것입니다. 자연은 이렇게 말했을 것입니다. "권력자들의 적의는 견디기 힘든 일이다. 그러니 폼페이우스, 카이사르, 크라수스[19]가   14

---

18 플라톤의 대화편 『파이돈』에는 소크라테스가 감옥에서 사약을 받는 날, 여러 사람과 함께 죽음을 토론하고 독약을 마시며 천천히 죽어가는 모습이 그려져 있다. 소크라테스는 독약을 마시고 죽는 것이 불멸의 삶으로 나아가는 것이니 슬퍼하지 말라 하고, 이런 약을 만든 의술의 신 아스클레피오스에게 감사를 표했다.

19 이 세 사람은 제1차 삼두정치를 이끈 정치 지도자들이다. 폼페이우스는 원로원 중심의 벌족파, 카이사르는 대중의 지지를 받는 평민파, 크라수스는 당대 최고의 거부였다. 기원전 60년경 시작된 제1차 삼두정치로 이들이 실권을 잡으며 원로원은 수세에 몰렸다. 카토는 대표적 벌족파이자 원로원 세력이었다. 크라수스가 죽은 뒤 폼페이우스는 원로원 세력을 모아 카이사르에 맞섰으나 패배했다. 이로써 공화정의 몰락이 가속화되었고, 율리우스 카이사르의 암살 후 제2차 삼두정치를 거쳐 옥타비아누스가 초대 황제가 되었다.

한꺼번에 그와 맞서게 하리라. 선거에서 자신보다 못한 자에게 지는 것은 견디기 힘든 일이다. 그러니 그가 바티니우스[20]에게 지게 하리라. 내전에 휘말리는 것은 견디기 힘든 일이다. 그러니 그가 세상 곳곳을 누비며 정의를 위해 불운과 맞서 싸우게 하리라. 스스로 목숨을 끊는 것은 견디기 힘든 일이다. 그러니 그로 하여금 자결하게 하리라. 내가 이런 일들을 벌여 얻고자 하는 바는 무엇인가? 그것은 내가 카토에게 어울린다고 여긴 이 모든 일이 결코 나쁜 일이 아님을 모든 이에게 알리기 위함이다."

제4장

1 재능이 평범한 이들도 얼마든 성공할 수 있습니다. 하지만 필멸의 인간을 덮치는 재앙과 공포를 굴복시켜 다스리는 것은 오직 위대한 인물만이 할 수 있습니다. 늘 정신적 고통 없이 살아간다면 인간에게 주어진 세계의 반쪽을 모르고 사는 것과 같습니다.

2 당신이 아무리 위대하더라도, 운명이 당신의 미덕을 증명할 시험을 주지 않는다면, 내가 어찌 당신의 위대함을 알 수 있겠습니까? 올림피아 경기에서 당신 혼자만 참가했다면, 월계관을 썼더라도 그것은 진정한 승리가 아닙니다. 내가 당신을 축하한다 해도, 그것은 진

---

20 카토는 기원전 55년 정무관 선거에서 카이사르의 지지자 바티니우스에게 패했다. 바티니우스는 공화정 말기의 정치가로, 가이우스 카이사르의 지원으로 기원전 59년에 호민관이 되었고, 기원전 47년에는 카이사르에 의해 집정관이 되었다.

정한 용기를 인정해서가 아니라 그저 집정관직이나 정무관직에 오른 것처럼 빈 자리를 차지한 명예 때문일 것입니다.

힘겨운 일을 통해 정신력을 보일 기회를 얻지 못한 선한 이에게도 같은 말을 할 수 있습니다. "당신은 한 번도 불행을 겪지 않았기에 불행한 것입니다. 역경 없는 삶을 살아왔기에, 당신조차도 자신이 무엇을 할 수 있는지 모르기 때문입니다." 자신을 시험해보아야만 자신을 알 수 있습니다. 시험 없이는 자신의 능력을 알 수 없습니다. 그래서 어떤 이들은 찾아오지 않는 역경과 고난 속으로 스스로 들어가, 어둠에 묻힐 뻔했던 자신의 미덕을 빛낼 기회를 찾았습니다. 3

용맹한 군사들이 전쟁을 반기듯, 위대한 이들은 언제든 역경을 반깁니다. 검투사 트리움푸스는 티베리우스 황제[21] 시대에 경기가 줄어드는 것을 보고 "좋은 시절이 가버렸구나"라고 탄식했다고 합니다. 미덕은 위험을 열망하고, 그것을 견뎌내야 할 것이 아닌 이루어낼 목표로 여깁니다. 견디는 것마저도 영광의 한 부분이기 때문입니다. 전사들은 부상을 영광으로 여기고, 대의를 위해 흘린 피를 자랑스레 보입니다. 전쟁에서 무사히 돌아온 이들도 잘 싸운 것은 마찬가지이나, 부상을 입고 돌아온 이들이 더 큰 존경을 받습니다. 4

신은 가장 고귀해지기를 바라는 이들을 배려하여, 그들에게 기개와 용기를 보일 기회를 주고자 어려움을 겪게 합니다. 폭풍우 속에서 훌륭한 조타수가 드러나고, 전쟁터에서 훌륭한 군사가 드러납니다. 5

당신이 부귀영화를 누리고 있다면, 당신이 가난에 어떻게 맞설지

---

21 티베리우스 황제(재위 14-37년)는 로마 제국의 2대 황제로, 공화정과 민주주의를 존중했고 사치와 향락을 억제했으며, 현실적이고 합리적인 정책으로 국가 재정을 풍요롭게 했다.

내가 어찌 알겠습니까? 당신이 늘 박수갈채와 대중의 호의만 받아왔다면, 불명예와 비난, 대중의 미움 앞에서 얼마나 흔들림 없는 항상심으로[22] 맞설지 내가 어찌 알겠습니까? 당신이 자녀를 한 명도 잃지 않았다면, 자녀를 잃었을 때 얼마나 한결같은 마음을 지킬지 내가 어찌 알겠습니까? 나는 당신이 남을 위로하는 것을 들었지만, 당신이 스스로 위로하며 괴로워하지 않는 모습을 보아야만 당신이 어떤 사람인지 알 수 있을 것입니다.

6　불멸의 신들이 정신에 가하는 박차 같은 것을 지나치게 두려워하지 마십시오. 재앙은 미덕을 드러낼 기회입니다. 지나친 행복에 무감각해진 이들은 잔잔한 바다에서 무기력하게 떠다니는 자들과 같아서, 차라리 그들을 불행한 이들이라 불러야 마땅합니다. 그들에게는 모든 일이 낯설고 버겁게만 느껴질 뿐입니다.

7　가혹한 일은 경험 없는 이들을 더 세게 조이고, 부드러운 목에는 멍에가 무겁습니다. 신병은 부상의 가능성만 생각해도 창백해지지만, 노병은 피 흘린 후의 승리를 아는 터라 자신의 피를 담대히 바라봅니다. 신은 인정하고 사랑하는 이들을 단련하고 시험하며 훈련하지만, 아끼고 총애하는 듯 보이는 이들은 오히려 장차 올 불행 앞에 취약하도록 내버려둡니다. 예외는 없습니다. 오래 행운을 누린 이에게도 불행의 몫은 찾아옵니다. 오랫동안 불행을 겪지 않은 것처럼 보

22　'콘스탄티아'(constantia)는 스토아학파가 가장 중시한 미덕 가운데 하나로, 한국어로는 '항상심'이나 '부동심'으로 번역된다. 이는 어떤 운명 앞에서도 태산처럼 굳건하여 결코 흔들리지 않는 마음을 뜻한다. 또한 다음 문장에 등장하는 '아이쿠우스 아니무스'(aequus animus)는 '한결같은 마음'으로 옮긴 표현인데, 세네카가 자주 사용한 개념이다. '아이쿠우스 아니무스' 역시 '콘스탄티아'와 맥을 같이하지만, '굳건함'보다는 '흔들림 없이 고르고 평온한 마음가짐'을 강조하는 데 차이가 있다.

이는 것은 단지 미뤄진 것뿐입니다. 왜 신은 가장 선한 이들에게 병고와 슬픔, 그 밖의 불행을 겪게 하는 것일까요?

그것은 군대에서 가장 위험한 임무를 가장 용맹한 이들에게 맡기는 것과 같습니다. 지휘관은 가장 뛰어난 자들을 뽑아 밤중에 적을 기습하게 하거나, 길을 살피게 하거나, 적의 방어진을 무너뜨리게 합니다. 이런 임무를 맡은 이들 중 누구도 "장군이 나를 미워했다"고 말하지 않고, 모두가 "장군이 나를 신임했다"고 합니다. 마찬가지로 비겁자들이라면 절망했을 시련을 맡은 이들도 이렇게 말해야 합니다. "신은 우리가 인간의 한계에 도전할 만한 자격이 있다고 보았다."

향락을 피하고, 정신을 나약하게 만드는 행복도 피하십시오. 인간의 소임을 일깨워주는 일이 없다면, 정신은 마치 영원한 취중에 빠진 듯 무감각한 상태로 살아가게 됩니다. 늘 창문을 막아 바람을 들이지 않고, 계속 찜질로 발을 따뜻하게 하며, 마루 밑과 벽을 통해 더운 바람을 순환시켜 거실을 따뜻하게 유지하는 사람은 미약한 바람결에도 목숨이 위태로워지고 맙니다.

모든 지나침은 해롭지만, 그중에서도 지나친 행복이 가장 위험합니다. 그것은 정신을 어지럽혀 망상을 일으키고, 짙은 안개처럼 덮쳐와 참과 거짓조차 구분할 수 없게 만듭니다. 끝없는 행복 속에서 파멸하느니 차라리 미덕으로 불행을 견디는 편이 낫지 않겠습니까? 포식으로 죽느니 굶어 죽는 편이 낫습니다.

신들은 스승이 제자를 대하듯 선한 이들을 대합니다. 기대가 클수록 더 많은 것을 요구하는 법입니다. 라케다이몬인들[23]이 많은 이들 앞에서 자식을 채찍질하여 그 본성을 시험한 것이 미워서였다고 생각하십니까? 아버지들은 자식에게 용기 있게 견디라 격려했고, 자식이 초주검이 되어도 계속해서 상처 위에 상처를 더할 것을 요구했습니다.

12   신이 고귀한 정신을 혹독히 시험한다 해서, 그것이 이상할 일이겠습니까? 부드러운 것으로는 결코 미덕을 입증할 수 없습니다. 운명이 우리를 채찍질해 갈기갈기 찢더라도, 견디십시오! 그것은 고통이 아닌 싸움이며, 더 자주 싸울수록 우리는 더욱 강해집니다. 우리 몸도 가장 자주 쓰는 부분이 가장 단단해지듯, 운명과 맞서 강해지려면 우리를 운명에 맡겨야 합니다. 그러면 우리는 점차 운명과 맞설 수 있는 자가 되어 가고, 위험과 자주 마주하다 보면 위험도 무덤덤해집니다.

13   그래서 바다와 싸우는 선원들의 몸은 강인하고, 농부들의 손은 단단하며, 창을 던지는 군사들의 팔은 튼튼하고, 달리기 선수의 다리는 민첩합니다. 각자가 가장 부지런히 단련한 부분이 가장 강해지는 법입니다. 시련을 견디다 보면, 우리 정신은 그것을 아무렇지 않게 여기게 됩니다. 헐벗은 부족들이 결핍 속에서 버티다 보면 놀라울 만큼 강해지는 것을 보십시오. 그러면 인내가 우리에게 무엇을 가져다주는지 알게 될 것입니다.

14   로마의 평화[24]가 미치지 못하는 모든 부족을 보십시오. 게르마니아인[25]과 히스트리인[26]처럼 변방에 사는 자들, 그리고 그 근처를 떠돌며 로마를 습격하는 유목민들을 말입니다. 그들은 긴 겨울과 음울한 하늘 아래 살며, 척박한 땅에서 간신히 농사를 짓고, 짚과 나뭇가지로 비를 피하며, 얼어붙은 늪 위에서 뛰어다니며 사냥해 끼니를 잇

---

23 라케다이몬(Lacedaemon)은 그리스어 '라케다이몬'(Λακεδαίμων)의 음역으로, 우리에게 '스파르타'로 알려진 고대 그리스 도시국가를 가리킨다. 라케다이몬은 이 도시의 건설자다. 펠로폰네소스 반도의 스파르타는 폐쇄적 체제, 엄격한 군사교육, 강력한 군대로 유명했는데, 이런 군국주의적 체제를 세운 이는 전설적 입법자 리쿠르고스(기원전 약 800-730년)다.

습니다.

그들이 당신에게는 불행해 보입니까? 몸에 밴 것은 결코 불행이 15
아닙니다. 처음에는 어쩔 수 없이 시작했더라도, 하다 보면 그것이
즐거워지기 때문입니다. 그들에게는 집도 거처도 없고, 오직 종일 뛰
어다닌 지친 몸을 눕힐 곳만 있을 뿐입니다. 먹을 것이라곤 손수 마
련한 보잘것없는 것뿐이요, 날씨는 혹독하며, 입을 것도 변변찮습니
다. 당신에게 재앙으로 보이는 이것이 그곳 모든 부족의 삶입니다!
그런데 신들이 가장 사랑하는 이들을 더 강하게 만들고자 시련을 주
는 것을 이상히 여길 이유가 어디 있겠습니까?

나무는 비바람을 자주 맞아야 단단해지고 강해집니다. 거센 바람 16
을 견뎌내며 더욱 깊이 뿌리를 내리기 때문입니다. 햇볕 좋은 골짜기
의 나무는 쉽게 꺾입니다. 그러므로 두렵고 끔찍한 일들 속에서 오래
견디고, 나쁜 일이 될 수 없는 것을 평온히 이겨내어 두려움을 초월
한 자가 되는 것은 선한 이들에게 유익합니다.

---

24 '팍스 로마나'(pax Romana, 여기서는 Romana pax)는 로마 제국의 초대 황제 아우구스
투스 즉위(기원전 27년)부터 스토아 철학자였던 마르쿠스 아우렐리우스 황제의 서
거(180년)까지, 약 200년간 이어진 로마 제국의 태평성대를 일컫는다.
25 게르마니아인은 스칸디나비아반도 남부에서 북독일에 이르는 지역이 근거지였으
나, 점차 흑해 연안에서 라인강 유역까지 퍼져 나갔고, 민족 대이동기에 유럽 각지
에 왕국을 세워 독일, 네덜란드, 영국과 북유럽 여러 나라의 토대를 이루었다.
26 히스트리인(Histri)은 고대 일리리아로 불린 발칸 반도 서부 지역의 민족이다. 로
마 공화정 말기와 아우구스투스 시대에 정복되어 로마의 일리리쿰 속주가 되었으
며, 현재는 이스트리아반도로 불린다.

제5장

1   가장 선한 사람이 군복무를 하고 어려운 일을 맡는 것은 결국 모두에게 도움이 된다는 점을 덧붙여야 합니다. 현자와 신은 사람들에게 한 가지 진실을 알려주고자 합니다. 사람들이 갖고 싶어 하거나 두려워하는 것은 그 자체로는 좋지도 나쁘지도 않다는 것입니다. 만약 신이 오직 선한 이들에게만 주는 것이 있다면 그것이야말로 진정 좋은 것이며, 오직 악한 이들에게만 주는 것이 있다면 그것이야말로 진정 나쁜 것임이 분명합니다.

2   눈을 잃어 마땅한 자들만이 시력을 잃는다면, 실명은 저주받은 징벌일 것입니다. 하지만 그렇지 않기에 아피우스[27]와 메텔루스[28]도 얼마든 시력을 잃을 수 있습니다. 부도 좋은 것이 아닙니다. 그래서 포주 엘리우스도 부자가 될 수 있습니다. 사람들이 돈을 신전뿐 아니라 유곽에도 바치기 때문입니다. 신은 가장 추악한 자들에게 돈을 주고 가장 선한 자들에게서는 돈을 거두어가는데, 이것이 사람들의 탐욕을 드러내는 가장 좋은 방법이기 때문입니다.

3   당신은 이렇게 말합니다. "하지만 선한 사람은 불구가 되거나 적의

---

[27] 아피우스 클라우디우스 카이쿠스는 로마 공화정기의 저명한 정치가로, 기원전 312년 감찰관 시절 로마의 최초 대로인 '비아 아피아'(Via Appia, 아피우스의 길)와 중요 수로인 '아쿠아 아피아'(Aqua Appia, 아피우스의 수로)를 건설했다. 그의 별칭 '카이쿠스'(Caecus)는 맹인이란 뜻이다.

[28] 루키우스 카이킬리우스 메텔루스(기원전 약 290-221년)는 기원전 251년 집정관으로서 파노르무스 전투에서 카르타고군을 격파해 제1포에니 전쟁의 승리를 이끌고 시칠리아에 대한 로마의 지배를 확립한 인물이다. 그의 씨족명 '카이킬리우스'는 그의 조상들이 맹인이었음을 보여준다.

창에 찔리거나 포로가 되어 결박당하는데, 나쁜 자들은 멀쩡한 몸으로 으스대며 활보하는 것은 불공평하다." 그렇다면 이것은 어떻습니까? 용사들은 무장하고 군영에서 밤을 새우며 상처를 동여맨 채 진지를 지키는데, 난봉꾼들은 도시에서 편히 지내는 것은 불공평하지 않습니까? 고귀한 여인들은 신들께 제사 지내려 밤중에 일어나는데, 방탕한 여자들은 깊은 잠에 빠져 있는 것은 불공평하지 않습니까?

어려운 일은 가장 선한 이들을 부릅니다. 원로원은 자주 하루 종일 나랏일을 논의하지만, 바로 그때 하찮은 자들은 광장[29]에서 놀거나 술집에 처박혀 있거나 어울려 시간을 보냅니다. 국가의 큰일에서도 마찬가지입니다. 선한 이들은 고된 임무를 맡아 자신의 힘을 다하고 또 소진되어가지만 스스로 그렇게 합니다. 그들은 운명에 끌려가지 않고 운명을 따르며 보조를 맞춥니다. 만약 운명이 정한 길을 그들이 미리 알았다면, 앞서서 그렇게 했을 것입니다. 4

나는 가장 용감했던 데메트리오스[30]의 기개 넘치는 목소리를 들었고, 지금도 기억합니다. "불멸의 신들이여, 제가 당신들께 단 하나 불평할 것이 있다면, 당신들의 뜻을 미리 알려주시지 않았다는 점뿐입니다. 미리 알았더라면, 부르시기도 전에 저는 이미 이 자리에 와 있었을 것입니다. 제 자식들을 데려가고 싶으십니까? 저는 당신들께 바치려고 길렀습니다. 제 몸의 어느 부분을 원하십니까? 가져가십시 5

---

29 원문은 '광장'으로만 기록했다. 마르스 광장(Campus martius)은 티베리스 강변의 운동장으로, 로마 시민이 승마와 각종 경기, 훈련, 산책을 즐기던 곳이다. 약 4평방킬로미터의 이곳에서 벌어지는 활동과 사회적 분위기는 로마 문화의 중요한 부분이었다.

30 데메트리오스는 코린토스 출신의 견유학파 철학자로, 칼리굴라, 네로, 베스파시아누스 황제 시대(기원후 37-71년)에 로마에서 활동했다.

오. 보잘것없지만 바치겠습니다. 곧 나머지 전부도 드리겠습니다. 제 목숨을 원하십니까? 당신들이 주신 것을 가져가시는데 주저할 이유가 있겠습니까? 무엇을 원하시든 기꺼이 드리겠습니다.

6 그러니 무엇이 문제겠습니까? 저는 빼앗기기보다 기꺼이 드리는 쪽을 택했습니다. 힘들이지 않고 가져가실 수 있으니 빼앗을 필요가 있겠습니까? 그러나 저에게서 아무것도 빼앗아가지 못할 것입니다. 주지 않으려 버티는 자에게서만 빼앗을 수 있기 때문입니다."

나는 어떤 일에서도 강요받지 않고 내가 원치 않는 일을 겪지도 않습니다. 나는 신들의 노예가 아니라 그들의 뜻에 동의하여 행동할 뿐입니다. 모든 일이 영원 전에 정해진 법칙을 따른다는 것을 알기에, 나는 더욱 신들의 뜻을 따릅니다.

7 운명은 우리를 이끌며, 우리 각자의 남은 시간은 태어나는 순간에 이미 정해져 있습니다. 하나의 원인이 사건을 일으키고, 그 사건은 또 다른 사건의 원인이 됩니다. 이렇게 개인의 일이든 공적인 일이든 모두 원인들의 긴 사슬에 묶여 있습니다. 그러므로 모든 일을 담대히 견뎌내야 합니다. 우리가 생각하듯 우연히 갑자기 일어나는 일은 없으며, 모든 일은 정해진 질서 속에서 순차적으로 일어나기 때문입니다. 기쁨이든 눈물이든 모든 일은 이미 오래전에 정해져 있습니다. 개개인의 삶은 서로 크게 달라 보이지만 결국은 하나로 모입니다. 우리는 사라질 것을 받았고, 우리도 사라질 것입니다. 그런데 무엇 때문에 화를 내겠습니까?

8 무엇을 불평할 필요가 있겠습니까? 우리를 화나고 불평하게 만드는 일들은 어차피 겪게 될 운명이었습니다. 자연이 자신의 것을 마음대로 쓰게 하십시오. 우리 것은 아무것도 없어지지 않는다는 것을 알고, 모든 일을 기쁨과 용기로 해나가야 합니다.

선한 사람이란 어떤 이입니까? 자신을 운명에 맡기는 사람입니다.

우리가 우주와 함께 흘러간다는 것은 큰 위안입니다. 우리에게 그렇게 살고 죽으라 명한 존재가 무엇이든, 그 존재는 같은 필연성으로 신들마저 구속합니다. 그 존재는 인간의 일이든 신의 일이든 모두를 피할 수 없는 길로 이끕니다. 만물의 창조자이자 지배자인 그 존재는 운명을 정했지만, 자신도 그것을 따릅니다. 한 번 명령한 뒤로는 항상 그 운명에 따르는 것입니다.

"하지만 신은 왜 운명을 나눌 때 너무나 불공평하게 선한 이들에게만 가난과 상처와 잔혹한 죽음을 주었는가?" 장인이라 해도 재료의 본성을 바꿀 수는 없어서 그대로 받아들여야 합니다. 어떤 재료들은 다른 것과 떼려야 뗄 수 없이 붙어 있어 나눌 수가 없습니다. 9

태어날 때부터 무기력하여 늘 잠에 빠지려 하거나 깨어 있어도 잠든 듯한 이들은 활기 없는 물질에 둘러싸인 이들입니다. 이들을 참된 인간으로 만들려면 더 강한 운명이 필요합니다. 그의 길은 순탄치 않을 것입니다. 그는 오르막과 내리막을 오르내려야 하고, 그의 배는 거친 바다에서 폭풍을 뚫고 나아가야 합니다. 운명의 거센 흐름 속에서 방향을 잡아야 합니다. 힘겨운 일들이 많이 닥치겠지만, 스스로 그것을 다스리고 평탄하게 만들어야 합니다.

불이 금을 단련하듯, 시련은 용기 있는 자를 단련합니다. 미덕이 얼마나 높이 올라가야 하는지 보십시오. 그러면 미덕이 안전한 길을 택하지 않음을 알게 될 것입니다. 10

    새벽의 열기 찬 말들도 겨우 오르는
    가파른 첫 길이요, 하늘 한가운데서는
    가장 높이 올라 바다와 땅을 내려다보니
    두려움에 사로잡혀 가슴이 떨리노라

마지막 길은 낭떠러지 같아 극도로 조심해야 하고
깊은 바다 밑 테티스[31]도 내가 떨어질까 걱정하네.[32]

11   이 말을 들은 고귀한 젊은이가 말합니다. "그 길이 제 마음에 듭니다. 오르겠습니다. 떨어진다 해도 그만한 가치가 있습니다." 아버지는 아들의 담대한 마음을 두렵게 하려 계속해서 위험을 얘기합니다.

길을 한 치의 오차도 없이 간다 해도
날카로운 황소의 뿔과 궁수의 활과
사나운 사자의 입을 지나야 하리라.[33]

이 말에 젊은이가 대답했습니다. "제게 마차를 준비해주십시오. 저를 두렵게 하시려 한 말씀이 오히려 제 의지를 북돋웁니다. 태양신도 두려워하는 그곳에 서고 싶습니다." 비천한 자는 안전한 길을 가지만, 미덕은 높은 곳으로 갑니다.

---

31 테티스는 그리스 신화에 나오는 바다의 요정으로, 인간 펠레우스와 혼인해 트로이아 전쟁의 영웅 아킬레우스를 낳았다.
32 오비디우스의 『변신 이야기』 2.63 이하의 내용이다. 태양신 포이보스(또는 헬리오스)가 아들 파에톤에게 태양 마차를 타는 것의 위험을 경고하는 장면이다. 하지만 파에톤은 끝내 태양마차를 타다가 천마들을 제어하지 못해 세상에 재앙을 일으켰고, 제우스가 벼락으로 태양마차를 부숴버렸다.
33 오비디우스의 『변신 이야기』 2.79 이하의 내용이다. '황소의 뿔'은 황도 12궁의 황소자리를 가리키며, 달러드는 황소의 뿔 모양인 V자 형태다. '궁수의 활'은 궁수자리, '사자의 입'은 사자자리를 지칭한다.

제6장

"왜 신은 선한 이들에게 나쁜 일이 일어나게 내버려두는가?" 사실 신은 그렇게 하지 않습니다. 신은 선한 이들에게서 모든 악, 즉 범죄와 악행, 사악한 생각과 욕심, 맹목적 욕정, 남의 것을 탐하는 마음과 같은 모든 악을 없애주었습니다. 신은 악한 것으로부터 선한 이들을 지키고 구합니다. 그런데도 선한 이들이 져야 할 짐까지 덜어달라 조르는 이는 무슨 생각입니까? 하지만 정작 선한 이들은 신이 그런 것까지 걱정하지 않도록 배려합니다. 그들은 외적인 것을 하찮게 여기기 때문입니다.

데모크리토스[34]는 부가 선한 마음의 짐이 된다고 보아 그것을 버렸습니다. 그렇다면 선한 이가 스스로 원한 일을 신이 허락하는 것이 어째서 이상하겠습니까? 선한 이들은 자식을 잃기도 하고, 때로는 직접 죽이기도 합니다. 그들은 추방당하기도 하고, 때로는 스스로 조국을 떠나 돌아오지 않기도 합니다. 그들은 살해당하기도 하고, 때로는 스스로 목숨을 끊기도 합니다. 왜 이런 어려움을 겪습니까? 다른 이들에게 고난을 견디는 법을 가르치기 위해서입니다.

그들은 본보기가 되고자 태어났습니다. 그러므로 생각해보십시오. 신은 이렇게 말할 것입니다.

---

34 데모크리토스(기원전 약 460-370년)는 트라키아 지방 압데라 출신으로, 고대 그리스의 소크라테스 이전 주요 철학자 중 한 사람이다. 그는 원자론적 우주관을 체계화했으며, 사람의 영혼과 지성 역시 원자로 이루어진 섬세한 물질이라고 보았다. 그는 원자로 구성된 혼의 안정되고 명랑한 상태인 쾌활함, 즉 행복을 인간 삶의 궁극적 목적으로 여겼다. 이러한 가르침으로 인해 '웃는 철학자'라 불렸다.

"올바른 길을 택한 너희가 나를 원망할 까닭이 있겠느냐? 나는 다른 이들에게는 겉만 번지르르한 것을 주어 그들의 공허한 마음을 달콤한 환상으로 속여왔다. 그들을 금과 은과 상아로 꾸며주었으나, 그 안에는 진정 좋은 것이 없다.

4 네가 행복해 보이는 자들의 속내를 들여다보면, 그들은 겉만 번지르르한 저택의 벽처럼 불쌍하고 추하며 더럽다. 그런 행복은 참되지도 견고하지도 않다. 그것은 얇디얇은 껍데기에 불과하다. 그래서 그들은 그 껍데기를 유지하며 자신을 내보일 수 있는 동안만 빛나고, 남을 속일 수 있다. 그러나 무언가의 충격으로 껍데기가 벗겨지고 속살이 드러나면, 그제야 남의 광채로 자신을 가려왔던 추한 본모습이 만천하에 드러난다.

5 반면 내가 너희에게 준 좋은 것은 견고하고 영원하여, 누군가 그것을 끊임없이 뒤집어 살펴볼수록 더욱 좋고 위대함이 드러난다. 나는 너희가 두려운 것을 하찮게 여기고 욕망을 혐오할 수 있게 했다. 너희의 좋은 것은 내면을 향하고 있어 겉으로는 빛나지 않는다. 우주도 마찬가지로 외적인 것은 하찮게 여기고 자신을 보며 기뻐한다. 나는 모든 좋은 것을 안에 두었다. 행운이 필요 없다는 것이 너희의 행운이다.

6 '하지만 우리에게는 슬프고 두렵고 견디기 힘든 일들이 많이 일어납니다.' 나는 너희를 그런 일에서 빼낼 수는 없어서, 대신 모든 일에 맞설 수 있도록 너희 정신을 강하게 했다. 그러니 용감히 이 모든 것을 견뎌내라. 이 점에서 너희는 신보다 낫다. 신은 나쁜 일을 겪지 않지만, 너희는 그것을 이겨내기 때문이다. 가난을 두려워 말라. 태어날 때보다 더 가난할 때는 없다. 고통을 두려워 말라. 그것은 풀리거나, 너를 풀어줄 것이다.[35] 죽음을 두려워 말라. 그것은 모든 것을 끝

내거나, 너를 다른 곳으로 데려갈 것이다. 운명을 두려워 말라. 나는 운명에게 너희의 정신을 죽일 무기를 주지 않았다.

무엇보다 내가 가장 신경 쓴 것은 아무것도 너희의 의지에 반해 너희를 붙잡아두지 못하게 하는 것이었다. 출구는 늘 열려 있다. 싸우기 싫다면 언제든 떠날 수 있다. 그래서 나는 필요한 모든 것 중에서 죽음을 가장 쉽게 만들어놓았다. 목숨을 내리막길에 두었다. 삶이 너무 길게 느껴지면 잠시만 생각해보라. 자유로 가는 짧고도 쉬운 길이 있음을 알게 될 것이다. 나는 너희가 이 세상에 올 때는 오래 기다리게 했으나, 떠날 때는 즉시 떠날 수 있게 했다. 만약 네가 천천히 태어난 것처럼 천천히 죽게 했다면, 운명은 너희를 더 강하게 지배했을 것이다. 7

언제 어디서든 운명의 명령을 거부하고 그것이 정한 바를 던져버리기가 얼마나 쉬운지 배울 수 있다. 제단에서 삶을 위해 기도하는 순간에도 죽음을 분명히 배울 수 있다. 거대한 황소도 작은 상처 하나에 무너지고, 강한 짐승도 사람 손에 단 한 번에 쓰러진다. 작은 칼로 목덜미를 그어 머리와 몸통을 잇는 관절을 자르면 거대한 짐승이 쓰러진다. 8

목숨은 깊숙이 숨어 있지 않아서, 칼로 깊이 찔러 꺼낼 필요도 없고 내장을 파헤쳐 찾을 필요도 없다. 죽음은 가까이 있다. 나는 특정한 곳을 찔러야만 죽게 하지 않았다. 어디를 찔러도 죽을 수 있다. 우리가 죽음이라 부르는 것, 즉 숨이 끊어지는 순간은 너무나 빨라서 9

---

35 고통은 스스로 사라지거나 나아가 다른 문제까지 해결해준다는 의미다. 원문의 "솔베투르 아우투 솔베트"(solvetur aut solvet)에서 '솔보'(solvo)는 "느슨하게 하다, 묶인 것을 풀다"를 뜻하며, '솔베투르'는 수동형, '솔베트'는 능동형이다.

그 순간을 알 수도 없다. 목을 매든, 물에 빠져 숨이 막히든, 머리가 땅에 부딪혀 깨지든, 연기를 마시든, 죽음은 순식간에 지나간다. 이토록 순식간인 것을 그리도 오랫동안 두려워한다니 부끄럽지 않은가?"

제5편
마르키아에게 보내는 위로

제1장

　마르키아여,[1] 당신은 여성다운 연약함조차 보이지 않았고, 그 어떤 악덕과도 거리를 둔 삶을 살아왔기에, 고대의 이상적 인간상을 몸소 보여준 인물임을 내가 알지 못했다면, 당신의 깊은 슬픔 앞에 감히 위로의 말을 꺼낼 엄두조차 내지 못했을 것입니다. 그것은 강한 남성조차도 빠져나오기를 주저할 만큼 깊은 슬픔이며 이토록 가혹한 시기에, 이토록 적의에 찬 재판관으로부터, 이토록 냉혹한 선고를 받은 운명으로부터 당신을 구해낼 수 있다는 희망조차 품지 못했을 것입니다. 하지만 큰 시련 속에서도 드러난 당신의 강인한 정신력과 검증된 미덕이 내게 확신을 주었습니다.

　당신이 아버지를 어떻게 사랑했는지는 잘 알려져 있습니다. 아버지가 자녀들보다 오래 살기를 원치 않았다는 사실만 제외하면, 그대는 아버지를 자녀들 못지않게 깊이 사랑했습니다. 아니, 어쩌면, 내가 짐작하건대, 당신은 아버지가 자식들보다 더 오래 살기를 바랐을지도 모릅니다. 지극한 효심은 때로 이룰 수 없는 것조차 바라게 만들기 때문입니다. 당신은 아버지 아울루스 크레무티우스 코르두스[2]의

1　마르키아는 역사가 아울루스 크레무티우스 코르두스의 딸이자, 아우구스투스 황제의 황후 리비아와 가까운 친구였다. 아들 메틸리우스를 잃은 비극은 마르키아의 삶에 지울 수 없는 상처를 남겼다. 깊은 상실의 고통에 오랫동안 잠겨 있던 그녀의 모습은 세네카가 위로의 글을 쓰게 된 계기가 되었다.

자결을 온 힘을 다해 막으려 했습니다. 세야누스[3]의 추종자들에게 둘러싸인 아버지에게 자결만이 굴욕을 피하는 유일한 길이라는 것이 분명해진 후에도, 당신은 그 결심을 쉽게 받아들이지 않았습니다. 하지만 결국 그대는 뜻을 접고, 눈물을 감추지 못하면서도 깊은 슬픔을 꾹꾹 눌러 삼켰습니다. 부모를 위해 아무것도 할 수 없었던 암울한 시대, 그저 불효를 피하는 것만으로도 효도로 여겨질 수밖에 없던 시절에, 당신은 그렇게 부모에 대한 도리를 다했습니다.

3   시대가 바뀌고 기회가 찾아왔을 때, 그대는 재능 때문에 박해받고 죽음을 택해야 했던 아버지를 진정한 의미의 죽음에서 구해냈습니다. 사람들이 다시 아버지의 재능을 접할 수 있게 함으로써, 그 용기 있는 분이 자신의 피로 써내려간 책들을 다시 국가의 기념비로 되살린 것입니다. 대부분의 책이 불타 사라진 상황에서, 당신은 로마 연구에 크나큰 공헌을 했습니다. 또한 당신은 후세를 위해서도 공헌했습니다. 당신의 아버지가 목숨을 걸고 써내려간, 당대의 진실을 담은 기록들을 후대 사람들이 읽을 수 있게 했기 때문입니다. 로마의 역사

---

2   아버지 아울루스 코르두스는 뛰어난 로마의 역사가였다. 그의 저술 중 공화정 말기의 내전과 아우구스투스(기원전 63년-기원후 14년) 시대를 다룬 일부 단편이 현재까지 전해진다. 열렬한 공화정 지지자였던 그는 키케로와 브루투스를 로마의 마지막 위대한 인물로 칭송하고, 공화정을 무너뜨린 아우구스투스와 같은 인물들을 신랄하게 비판했다. 이러한 그의 소신은 결국 25년, 세야누스에 의한 반역죄 고발로 이어졌고, 원로원이 그의 저작들을 불태우라 명령하자 그는 자결을 선택했다.

3   세야누스(기원전 약 20년-기원후 31년)는 제2대 황제 티베리우스 치하에서 막강한 권력을 쥐었던 근위대장이었다. 14년 근위대장에 오른 후, 그는 여러 개혁을 통해 근위대를 국가 권력의 중심으로 끌어올렸다. 20년대에 들어서며 황제에 대한 영향력을 확대하고 정적들을 제거하며 권력을 강화했는데, 아울루스 코르두스의 비극적 최후도 이 과정에서 일어났다. 26년, 티베리우스 황제는 세야누스를 집정관으로 임명하고 카프리섬으로 은거했으나, 결국 31년 세야누스는 반역죄로 체포되어 처형당했다.

를 아는 것이 여전히 가치 있는 일인 한, 선조들의 위대한 업적을 기리고자 하는 이들이 살아 있는 한, 그리고 진정한 로마인이란 어떤 사람이며, 모두가 세야누스 앞에 무릎 꿇던 그 시대에 홀로 굴복하지 않는다는 것이 어떤 의미인지, 정신과 영혼과 행동이 자유로운 사람은 어떤 존재인지를 알고자 하는 이들이 있는 한, 당신의 아버지는 기억 속에서 영원히 살아 있을 것입니다.

맹세컨대 당신이 대중연설과 자유라는 두 가지 숭고한 가치를 지키다 망각 속에 버려진 그분을 되살리지 않았다면,[4] 국가는 큰 손실을 입었을 것입니다. 이제 그분은 사람들의 손에서 손으로 전해지며 읽히고, 사람들의 가슴속에 살아 숨 쉬어, 아무리 긴 세월이 흘러도 잊히지 않을 것입니다. 반면 저 살인자들은 그들의 범죄만이 기억될 뿐, 그마저도 곧 사라져 아무도 입에 올리지 않게 될 것입니다.

이러한 일들을 통해 당신의 위대한 영혼을 본 나는, 더 이상 당신을 여성이라는 이유만으로, 혹은 오랜 세월 얼굴에 드리운 슬픔이라는 겉모습만으로 판단하지 않게 되었습니다. 그래서 나는 당신에게 몰래 다가가 슬픔을 훔쳐내려는 것이 아님을 분명히 하고 싶습니다. 오히려 나는, 오래된 상처 또한 치유될 수 있다는 것을 보여주고자 합니다. 그러기 위해 과거의 불행을 다시 꺼내어, 당신이 그에 상응하는 깊은 상처와 마주할 수 있도록 하려는 것입니다.

다른 이들은 당신을 부드럽게 달래려 하겠지만, 나는 당신의 슬픔

---

[4] 마르키아는 아버지의 죽음 이후 수년이 지나, 불태워진 그의 저작들을 다시 세상에 내놓는 용기 있는 선택을 했다. 로마의 대표적 전기작가 수에토니우스(약 69-122년)는 열두 황제의 전기인 『황제전』에서 아울루스 코르두스의 저작이 칼리굴라 황제 시대에 다시 빛을 보게 되었다고 기록하고 있다.

과 정면으로 맞서 싸우려 합니다. 사실 당신의 지친 눈에서 흘러내리는 눈물은 이제 그리움보다는 습관이 되어버렸습니다. 할 수만 있다면 나는 당신의 동의를 얻어 당신에게 맞는 치료법으로 그 눈물을 멈추게 하고 싶습니다. 하지만 당신이 내 제안을 거부하고 오히려 그 비통함을 마치 죽은 아들을 대신하는 것처럼 붙들고 놓지 않으려 한다면, 나는 당신의 의지에 반하더라도 그렇게 할 것입니다.

6 이대로라면 그 비통함이 언제 끝나겠습니까? 지금까지의 모든 시도는 허사였습니다. 친구들의 위로도, 당신과 가까운 영향력 있는 이들의 말도 소용이 없었습니다. 당신의 아버지가 남기신 귀중한 유산인 책들을 읽는 것도 잠시나마 위안이 되었겠지만 당신의 닫힌 귀에는 닿지 못했습니다. 자연이 준 치료제인 시간은 어떤 큰 슬픔도 고통도 잠재우는 법인데, 유독 당신에게만은 그 효력을 잃었습니다.

7 3년이라는 세월이 흘렀지만,[5] 첫 충격의 강도는 조금도 줄지 않았습니다. 당신의 비통함은 시간이 흐를수록 더욱 깊어지고 강렬해져, 마침내 그것은 당신 삶의 일부가 되어버렸습니다. 이제는 오히려 이 비통함을 내려놓는 것이 죽은 이에 대한 배신처럼, 도덕적 결함처럼 여겨지는 지경에 이르렀습니다. 모든 악덕이 그렇듯, 처음 싹틀 때 억누르지 않으면 깊이 뿌리를 내립니다. 마찬가지로 슬픔에 잠기고, 자신을 비참한 존재로 여기며, 내면의 분노로 스스로를 괴롭히는 감정은 나날의 자책 속에서 점점 더 깊어지고, 마침내 그 고통 자체가 불행한 영혼을 사로잡는 뒤틀린 쾌락으로 바뀌고 맙니다.

---

[5] 이 글이 쓰인 40년경을 기준으로 보면, 마르키아의 삶은 25년 아버지의 죽음과 37년경 아들의 죽음이라는 두 개의 깊은 상처로 얼룩져 있었다. 세네카가 언급한 '3년'이란 바로 이 아들을 잃은 후의 시간을 가리킨다.

그렇기에 당신의 슬픔은 초기에 치료했어야 했습니다. 막 시작되 8
었을 때였다면 가벼운 치료만으로도 그 기세를 꺾을 수 있었을 것입
니다. 하지만 오래된 병과 맞서려면 더욱 강력한 처방이 필요합니다.
새로 난 상처는 피가 흐르더라도 치료하기 쉽지만, 곪아서 심각한 종
기가 된 후에는 불로 지지고 손가락으로 파내어 깊숙이 치료해야만
합니다. 이제 와서 당신의 단단하게 굳어버린 슬픔과 고통에 부드럽
고 조심스럽게 다가갈 수는 없습니다. 이제는 그것을 부숴야만 합
니다.

제2장

나는 사람을 가르칠 때 보통 교훈으로 시작하여 본보기로 마무리 1
한다는 것을 잘 알고 있습니다. 하지만 때로는 이런 관행을 바꾸는
것이 더 효과적일 수 있습니다. 사람의 성정이 각기 다르기 때문입니
다. 어떤 이들은 이성적 논리에 이끌리니 그들에게는 그런 방식으로
다가가야 하지만, 또 다른 이들에게는 위대한 인물들의 놀라운 행적
을 보여줌으로써 그들의 마음을 흔들어놓아야 합니다. 존경받는 이
들의 비범한 행적 앞에서 깊은 감동을 느끼게 해야 합니다.

그래서 나는 당신과 같은 시대를 살았고 같은 여성으로서 상반된 2
모습을 보여준 두 인물을 본보기로 들려주고자 합니다. 한 사람은 자
신을 온전히 슬픔과 고통에 내맡긴 여인이고, 다른 한 사람은 비슷
한, 아니 오히려 더 큰 불행을 겪고도 그것이 자신을 압도하도록 내
버려두지 않고 신속히 마음의 평정을 되찾은 여인입니다.

3   첫 번째는 아우구스투스의 누나 옥타비아[6]이고, 두 번째는 그의 아내 리비아[7]입니다. 두 사람 모두 장차 황제가 될 것이 분명했던 젊은 아들을 잃었습니다. 옥타비아의 아들 마르켈루스[8]는 외삼촌이자 장인이었던 아우구스투스의 깊은 신뢰를 받으며, 제국의 미래를 이끌 후계자로 기대를 모은 인물이었습니다. 그는 총명하고 재능이 뛰어났을 뿐 아니라, 그 나이와 신분, 부유함에 비해 놀라울 만큼 검소하고 절제력 있는 사람이었습니다 어려운 일을 잘 견디고 쾌락을 멀리했으며, 외삼촌이 어떤 짐을 지우더라도 기꺼이 감당하고자 했습니다. 아우구스투스는 아무리 무거운 것을 올려놓아도 무너지지 않을 단단한 토대를 잘 선택한 것이었습니다.

---

6 옥타비아(기원전 약 66-11년)는 아우구스투스 황제의 누나로, 로마 역사에서 가장 주목할 만한 여성 중 한 명이다. 그녀는 로마의 전통적 여성상을 충실히 구현하면서도, 타고난 충절과 고귀한 품격, 깊은 인간성으로 시대를 초월한 존경을 받았다.

7 리비아(기원전 59년-기원후 29년)는 원로원 의원 마르쿠스 리비우스 드루수스의 딸로 태어나, 훗날 로마 제국의 실질적인 초대 황후가 된 인물이다. 기원전 38년 옥타비아누스(후의 아우구스투스)와의 결혼으로 시작된 그녀의 여정은, 남편이 아우구스투스라는 칭호를 받은 기원전 27년부터 그가 세상을 떠난 기원후 14년까지 황실의 중심에 있었다. 가부장제가 엄격했던 로마에서 이례적으로, 그녀는 황제의 자문역으로서 국정에 깊이 관여했다. 아우구스투스와의 사이에 자녀는 없었지만, 전 남편과의 사이에서 낳은 두 아들 티베리우스와 드루수스가 있었다. 장자 티베리우스는 후일 제2대 황제가 되었고, 차남 드루수스(기원전 38-9년)는 뛰어난 장수였으나, 게르마니아 원정 중 불행한 낙마 사고로 인한 감염으로 젊은 나이에 생을 마감했다.

8 마르켈루스(기원전 42-23년)는 옥타비아의 아들이자 아우구스투스의 조카였다. 그는 황제의 전폭적인 신임과 총애를 받아 일찍부터 후계자로 내정되어 있었다. 그는 로마의 마지막 이베리아반도 정복 전쟁이었던 칸타브리아 전쟁(기원전 29-19년)에서 아우구스투스 휘하에서 복무했는데, 이때 후일 제2대 황제가 될 티베리우스와 함께했다. 기원전 25년에 로마로 귀환한 그는 아우구스투스의 딸 율리아와 혼인했다. 그러나 기원전 23년, 로마를 휩쓴 전염병에 감염되어 세상을 떠났다.

하지만 옥타비아는 평생 자신의 신세를 한탄하고 통곡하는 데 몰 4
두했습니다. 그 어떤 유익한 조언도 받아들이지 않았고, 자신의 슬픔
을 조금이라도 덜어줄 만한 것은 철저히 거부했습니다. 오직 슬픔이
라는 한 가지에만 매달려, 온 마음을 거기에 빼앗겼습니다. 그녀의
남은 생애는 마치 끝없는 장례식과도 같았습니다. 일어설 의지를 보
이기는커녕 위로조차 받아들이지 않았고, 눈물을 그치면 아들을 두
번 잃는 것이라고 여겼습니다.

그녀는 사랑하는 아들의 초상화나 조각상조차 거부했고, 누구든 5
그의 이름을 입에 올리는 것을 금했습니다. 모든 어머니를 미워했고,
특히 리비아에 대해서는 극도의 분노를 품었습니다. 자신에게 약속
되었던 행복이 리비아의 아들에게로 넘어갔다고 여겼기 때문입니다.
친동생 아우구스투스마저 멀리하고 오직 어둠과 고독으로 파고들었
습니다. 아들을 기리는 시와 문학 작품들을 모두 거부했고, 어떤 위
로의 말도 듣지 않았습니다. 공식 행사에도 모습을 보이지 않았고,
동생의 찬란한 영광도 꺼리며 자기 자신을 깊이 가두어버렸습니다.
살아 있는 다른 자식들과 손주들 곁에 있으면서도 상복을 벗지 않았
고, 가족들을 외면하고 무시함으로써 산 자들과도 이별한 듯한 삶을
살았습니다.

제3장

1   리비아도 자신의 아들 드루수스9를 잃었습니다. 드루수스는 당시에 이미 위대한 장군이었고, 앞으로 위대한 황제가 될 운명을 타고난 인물이었습니다. 그는 게르마니아의 깊숙한 지역까지 진군해, 로마의 존재조차 알려지지 않았던 그 땅에 제국의 깃발을 최초로 세웠습니다. 이 원정 중에 그는 병을 얻어 죽었는데, 그가 병석에 눕자 적들조차 자신들에게 유리한 상황을 이용하지 않고 오히려 휴전을 제안하여 그에 대한 경의를 표했습니다. 그가 국가를 위해 일하다 죽음을 맞이하자, 로마 시민과 속주민 그리고 이탈리아 전역에서 거대한 애도의 물결이 일었습니다. 로마까지 이어진 장례 행렬에는 자치도시들과 식민도시들에서 수많은 사람이 쏟아져 나와, 마치 개선 행진을 보는 듯했습니다.

2   그의 어머니는 아들과의 마지막 입맞춤도, 마지막 작별인사도 나누지 못했습니다. 그녀는 긴 여정 동안 아들의 유해를 따르며, 이탈리아 전역에서 피어오르는 화장용 장작더미를 볼 때마다 마치 다시 한번 아들을 잃는 것처럼 가슴이 찢어졌습니다. 하지만 아들의 유해를 무덤에 안치하자마자, 그녀는 아들과 함께 깊은 비통함도 내려놓

---

9   드루수스(기원전 38-9년)는 황비 리비아(기원전 59년-기원후 29년)가 아우구스투스와 재혼하기 전, 전남편인 원로원 의원 티베리우스 클라우디우스 네로(기원전 약 82-33년)와의 사이에서 낳은 둘째 아들이자 아우구스투스의 양아들이었다. 그는 뛰어난 장군으로서 로마 역사상 처음으로 라인강을 건너 게르마니아 정복을 본격적으로 시작했고, 최초로 엘베강까지 진격한 로마 장군이었다. 기원전 14년에 시작된 게르마니아 원정에서 그는 눈부신 승리를 거듭했으나, 기원전 9년 불행한 낙마 사고로 인한 감염증으로 생을 마감했다.

았습니다. 그녀는 슬픔에 사로잡혀 황제에게 짐이 되거나, 살아 있는 또 다른 아들을 외면하지 않았습니다. 오히려 아들 드루수스를 사랑하는 마음으로 늘 그의 이름을 부르며 살았습니다. 사적인 자리든 공적인 자리든, 어디서나 아들을 언급했고 아들에 관한 이야기를 나누는 것을 기쁘게 받아들였습니다. 추억을 떠올리면 슬픔만이 떠오르는 사람은 그 기억을 간직하고 되새기기 어렵지만, 그녀는 아들을 추억하며 살아갔습니다.

그러므로 당신이 생각하기에 이 두 본보기 중에서 더 칭찬할 만한 것을 선택하십시오. 만약 전자를 따르고자 한다면, 그것은 살아 있는 사람들과의 삶을 거부하는 것과 같습니다. 그것은 당신의 다른 자식들과 가족들, 심지어 당신이 잃고 비통해하는 그 아들마저 외면하는 길입니다. 다른 어머니들은 당신을 떠올릴 때마다 비탄과 슬픔을 느끼게 될 것입니다. 또한 그것은 당신에게 허락된 정당한 기쁨마저 당신의 운명에 어울리지 않는다며 내팽개치는 것과 같습니다. 당신은 이 세상에서 살아가는 것을 혐오하게 될 것이며, 아직 죽을 때가 되지 않았음에도 지금 당장 죽지 못하는 것을 원망하게 될 것입니다. 이는 살고자 하지도 않고 죽을 수도 없는 상태를 보여주는 것으로, 더 올바른 길을 추구한다고 알려진 당신의 고귀한 영혼에는 가장 어울리지 않는, 가장 추하고 부끄러운 일입니다. 3

반면 더 절제되고 온화한 저 위대한 여인의 본보기를 택한다면, 당신은 괴로움 속에서 힘들게 살아가지 않아도 되고, 자학으로 자신을 소진하지도 않게 될 것입니다. 자신을 벌하여 불행으로 내몰고 자신의 불행을 키워가는 것이야말로 얼마나 끔찍하고 정신 나간 짓입니까! 당신은 일생 지켜온 성실하고 올바르며 절제된 태도를 이 일에서도 보여주게 될 것입니다. 슬퍼할 때도 지켜야 할 선이 있기 때문 4

입니다. 당신의 아들은, 그의 이름을 입에 올리고 그를 떠올리는 순간마다 당신에게 기쁨을 안겨줄 만한 자격이 충분한 청년이었습니다. 그러므로 당신의 아들이 생전처럼 지금도 밝고 즐거운 마음으로 어머니를 찾아올 수 있게 해드리는 것이야말로, 당신의 아들을 더 나은 자리에 두는 길입니다.

제4장

1   나는 당신에게 어머니가 아들의 장례식 날조차 눈물을 참아야 한다는 식의, 인간 본연의 감정을 억누르라는 엄격한 가르침을 전하려는 것이 아닙니다. 다만 당신과 내가 함께 중재자를 찾아가, 비통함이 아무리 크더라도 그것을 영원히 지속하는 것이 과연 올바른 길인지를 묻고자 하는 것입니다.

2   나는 당신이 친우였던 율리아 아우구스타[10]의 본보기를 더 선호할

---

10 드루수스의 어머니이자 아우구스투스의 황비였던 리비아 드루실라(기원전 59년-기원전 29년)는 아우구스투스의 유언에 따라 14년에 율리아 가문에 정식으로 입양되어 '율리아'라는 성을 받았다. 이후 기원후 42년, 클라우디우스 황제에 의해 신으로 추존되며 '아우구스타'라는 칭호를 얻어 '율리아 아우구스타'로 불리게 되었다. 율리아 가문은 고대 로마의 가장 영향력 있는 귀족 가문 중 하나로, 공화정 말기에 독재관이 된 가이우스 율리우스 카이사르(기원전 100-44년)와 그의 양자 옥타비우스(후일의 아우구스투스, 기원전 63년-기원후 14년)를 통해 황실 가문이 된다. 독재관(Dictator)은 고대 로마 공화정에서 국가의 위기 상황에 대비해 원로원이 임명한 비상 통치직으로, 임기는 6개월이며 절대적인 군사·행정 권한을 부여받았다. 그러나 카이사르는 이 직위를 종신직으로 전환함으로써 사실상 군주제의 기반을 마련했다.

것이라 믿습니다. 그녀는 자신의 경험을 바탕으로 당신에게 조언하고 있습니다. 그녀는 아들의 부고를 듣고 비통함이 극에 달했을 때, 남편의 벗인 철학자 아레우스[11]에게서 위안을 얻었고, 그의 도움이 매우 컸다고 털어놓았습니다. 물론 그녀의 슬픔으로 인해 로마인들이 괴로워하는 것을 원치 않았던 이들, 또 제국의 큰 기둥을 잃고 흔들렸으나 사적인 비통함에 머물 수 없었던 아우구스투스, 그리고 온 세상이 눈물로 치른 그 비통한 장례식에서 지극한 효심으로 어머니의 상실이 더 크게 느껴지지 않도록 애썼던 티베리우스도 그녀를 위로했지만, 철학자 아레우스의 위안이 가장 큰 힘이 되었습니다.

내 생각에 아레우스는 자신의 신념을 지키는 이 여인에게 이렇게 3
말문을 열었을 것입니다.

"율리아여, 이날까지 당신의 남편은 저에게 공식적으로 알려진 사실들을 넘어 두 분만의 깊은 속내까지도 모두 나누어 주셨습니다. 덕분에 저는 당신이 얼마나 신중하게 처신해 왔는지, 또 크고 작은 국정 현안에 대해 솔직하게 의견을 밝히면서도 단 한 번도 비난받을 만한 행동을 하지 않으셨다는 것을 잘 알고 있습니다.

제가 보기에 높은 자리에 있는 이가 보일 수 있는 가장 고귀한 덕 4
목은, 타인의 과오는 관대히 용서하면서도 스스로는 용서를 구할 일을 저지르지 않는 것입니다. 그러므로 이번 일에서도 당신은 지금까지 지켜온 길을 따라, 훗날 돌아보았을 때 하지 말았어야 했다거나 그런 식으로 해선 안 되었다고 후회할 만한 일을 남겨서는 안 됩니다.

---

[11] 여기서 '아레우스'(Areus)라 불리는 아리우스 디디무스(그리스식 이름으로는 '아레이오스 디디모스', 기원전 1세기 활동)는 스토아학파의 철학자로, 아우구스투스의 스승이었다. 그는 스토아학파와 소요학파의 핵심 가르침을 정리한 편람들을 남겼다.

제5장

1. 또한 간곡히 당부드리고 싶은 것이 있습니다. 당신이 슬픔에 너무 깊이 빠져 친구들을 난처하게 하지 않았으면 합니다. 당신도 아시다시피, 당신의 친구들은 모두 당신 앞에서 어떻게 행동해야 할지 몰라 망설이고 있습니다. 그들은 당신 앞에서 드루수스에 대해 이야기를 꺼내야 할지 말아야 할지 알지 못합니다. 그토록 뛰어났던 젊은이를 마치 잊은 듯 침묵하는 것이 그에 대한 불의가 될지, 아니면 그를 언급하는 것이 당신의 마음에 상처를 주어 불의가 될지 판단하지 못하고 있습니다.

2. 우리는 당신 앞을 떠나 따로 모여 그의 언행을 이야기하며 그를 기리고 추모합니다. 그는 그런 추모를 받을 자격이 충분한 사람이었기 때문입니다. 하지만 당신 앞에서는 그에 대해 완전히 침묵합니다. 그래서 당신은 사람들의 입에서 흘러나오는 아들에 대한 찬사를 들으며 누릴 수 있었던 가장 큰 기쁨을 스스로 놓치고 있습니다. 당신은 목숨을 바쳐서라도 당신의 아들을 향한 찬사가 영원히 이어지기를 바랄 것이라고 저는 확신합니다.

3. 그러므로 사람들이 당신의 아들에 대해 이야기할 수 있게 할 뿐 아니라, 한 걸음 더 나아가 그런 분위기를 적극적으로 만들어주고, 사람들이 당신 아들의 이름을 부르며 추모하는 말들에 귀를 기울이십시오. 다른 이들은 이런 상황에서 위로의 말을 듣는 것조차 자신의 불행의 일부라 여기기도 하지만, 당신은 위로의 말을 고통스러운 것으로 여기지 마십시오.

4. 지금 당신은 완전히 반대 방향을 향해 누워, 운명이 준 좋은 것은

잊은 채 나쁜 것만을 바라보고 있습니다. 아들과 나눈 정겨운 대화와 즐거운 시간들, 어린 시절 그가 보여준 사랑스러운 재롱들, 그가 이룬 학업의 성취는 돌아보지 않고, 오직 그의 마지막 모습만을 응시하고 있습니다. 그것만으로도 충분히 가슴 아픈데, 마치 부족하다는 듯이 거기에 다른 온갖 비극적인 상상을 덧붙이고 있습니다. 세상의 어머니들 중에서 가장 불행한 어머니가 되고자 하는, 그 왜곡된 집착을 내려놓으시기를 간곡히 청합니다.

바다가 잔잔하고 순풍이 불 때는 조타수의 진정한 실력이 드러나지 않듯이, 인생이 순탄하여 모든 일이 뜻대로 될 때 용기를 내는 것은 그리 대단한 일이 아닙니다. 맞바람이 불어야만 진정 용기 있는 이의 참모습이 드러난다는 것을 기억하여 주십시오. 5

그러므로 좌절하여 주저앉지 마시고, 오히려 당당히 서서 의연하게 걸음을 내디디십시오. 처음에는 큰 충격에 놀랐겠지만, 하늘이 내린 어떤 무거운 짐이라도 견뎌내십시오. 불운을 만났을 때는 평정심을 지키는 것보다 더 나은 것이 없습니다." 6

그런 뒤 그는 한 아들이 아직 무사하다는 것과, 죽은 아들이 남긴 손자들이 있다는 사실을 일깨워주었습니다.

제6장

마르키아여, 아레우스가 논한 것은 바로 당신의 고민이었고, 당신 곁에 앉아 조언한 것도 당신을 위해서였습니다. 율리아의 이름을 당신의 이름으로 바꾸어보십시오. 아레우스가 위로하고자 했던 이는 1

바로 당신입니다. 마르키아여, 당신이 겪은 상실의 깊이가 이 세상 누구의 것보다도 깊다고 여기십시오. 나는 당신을 위로하거나 당신이 겪으신 상실의 무게를 가볍게 하려는 것이 아닙니다. 만약 눈물로 운명을 되돌릴 수 있다면, 저는 그리 하시라 권할 것입니다.

2   모든 낮을 비탄으로 보내고, 긴 밤을 슬픔으로 지새우십시오. 갈기갈기 찢어진 가슴을 두 손으로 치며, 얼굴마저도 아끼지 말고 할퀴며, 도움이 된다면 모든 잔혹한 방법을 써서라도 슬픔을 쏟아내십시오. 하지만 아무리 통곡하며 가슴을 치더라도 죽은 이가 다시 살아 돌아오지 않는다면, 그리고 정해진 운명이 영원히 그 자리에 굳건히 서 있어 아무리 슬퍼하고 괴로워해도 변하지 않는다면, 또한 죽음이 한번 낚아챈 것을 결코 되돌려주지 않는다면, 이 쓸모없는 슬픔과 고통은 멈추어야 합니다.

3   그러므로 우리는 스스로 키를 잡고 방향을 정하여, 슬픔과 고통의 거센 물결에 휩쓸려 표류하지 않도록 해야 합니다. 조타수가 파도에 키를 빼앗기고 배를 폭풍에 내맡기는 것은 수치스러운 일입니다. 반면 배가 좌초되고 바닷물에 잠기더라도 끝까지 키를 놓지 않는 조타수야말로 진정한 찬사를 받아 마땅합니다.

제7장

1   "하지만 소중한 가족을 그리워하며 슬퍼하는 것은 자연스러운 일이다." 적절한 정도라면, 누가 이를 부정하겠습니까? 소중한 이들과 영원히 이별하는 것은 말할 것도 없고 잠시 떨어지는 것조차도 가슴

이 찢어질 듯한 고통인지라, 아무리 강인한 마음을 지닌 이라도 깊은 아픔을 느낄 수밖에 없습니다. 그러나 우리는 잘못된 생각으로 인해 자연이 정한 한계를 훨씬 넘어서는 슬픔과 고통을 겪고 있습니다.

말 못하는 짐승들을 보십시오. 그들은 격렬하게 슬퍼하지만, 그 시간은 매우 짧습니다. 암소는 구슬프게 울지만 하루나 이틀이면 그치고, 암말도 미친 듯이 뛰어다니지만 이틀을 넘기지 않습니다. 들짐승들은 잃어버린 새끼의 흔적을 좇아 숲을 헤매다 약탈당한 굴로 되돌아오기를 반복하지만, 얼마 지나지 않아 그 광기도 가라앉습니다. 새들은 텅 빈 둥지를 맴돌며 날카롭게 울어대지만, 곧 평소의 고요한 날갯짓을 되찾습니다. 자식을 잃은 비통함에 오래도록 빠져 있는 것은 오직 인간뿐입니다. 인간은 본성이 정한 만큼만 비통해하는 것이 아니라, 자연이 정한 한계를 넘어 스스로 만들어낸 슬픔의 크기만큼 비통해하기 때문입니다. 2

같은 자식을 잃은 상황에서도 남자보다는 여자가, 문명화된 민족보다는 야만족이, 교육받은 이들보다 배우지 못한 이들이 더 큰 상처를 입고 더 깊이 슬퍼한다는 사실을 보십시오. 이를 통해 지나친 비통함은 자연스러운 것이 아님을 알 수 있습니다. 자연스러운 것이라면 모든 이가 동일한 강도로 비통해해야 할 텐데, 실제로는 사람마다 다르니, 이는 지나친 비통함이 자연스러운 것이 아님을 분명히 보여주는 것입니다. 3

불은 시대를 막론하고 남녀를 가리지 않고 모든 도시의 시민을 태우며, 칼은 모든 육신에 같은 상처를 냅니다. 왜일까요? 불과 칼의 힘은 자연이 부여한 것이어서 사람에 따라 달리 작용하지 않기 때문입니다. 반면 가난과 비통함, 야심 같은 것은 각자가 만들어온 습관에 따라 서로 다르게 느낍니다. 두려워할 필요가 없는 것을 선입견으로 4

인해 두려워하는 습관이 몸에 배면, 그 사람은 결국 아주 작은 시련조차 견디지 못하는 나약한 존재가 되고 맙니다.

제8장

1 또한 자연스러운 것은 시간이 흘러도 줄어들지 않습니다. 그러나 비통함은 세월이 흐르면 옅어집니다. 비통함을 누그러뜨리는 데 가장 효과적인 것이 시간이기에, 아무리 완고하고 날마다 치솟으며 치료조차 거부하는 거센 비통함도 시간 앞에서는 약해지기 마련입니다.

2 마르키아여, 당신의 이루 말할 수 없는 큰 슬픔은 여전히 그대로이며, 이미 굳은살처럼 단단해진 듯합니다. 처음처럼 격렬하게 터져 나오지는 않으나, 여전히 집요하고 완강합니다. 하지만 시간이 흐를수록 그 슬픔은 서서히 당신에게서 멀어질 것입니다. 다른 일에 마음을 쓸 때마다 당신의 마음은 조금씩 풀어질 것입니다.

3 당신은 지금도 슬픔만을 끊임없이 되새기고 있습니다.
그러나 슬픔이 자연스럽게 찾아오는 것을 받아들이는 것과, 스스로에게 슬퍼하라고 강요하는 것은 전혀 다른 일입니다. 그저 시간이 흘러 슬픔이 저절로 사라지기만을 기다리기보다, 당신 스스로 그 슬픔을 놓아주는 편이 고귀한 당신의 품격에 더 어울립니다. 이제 슬픔의 늪에서 벗어나기로 결심하십시오.

제9장

"비통함이 자연의 섭리가 아니라면, 우리는 왜 이토록 슬픔에 매달 1
리는가?" 그 이유는 불행이 닥치기 전에 우리가 그것을 미리 생각하
고 마음의 준비를 하지 않기 때문입니다. 우리는 평온한 길을 걸으며
아무런 불행도 겪지 않을 때는, 다른 이들의 불행이 언젠가 우리의
것이 될 수 있다는 생각을 하지 않습니다.

수많은 장례 행렬이 우리 집 앞을 지나가도, 우리는 죽음을 생각하 2
지 않습니다. 가슴 아픈 장례식을 보고도, 우리 마음속은 여전히 자
녀들의 성인식과 군복무, 유산 상속에 관한 생각뿐입니다. 눈앞에서
수많은 부자가 하루아침에 빈곤으로 떨어지는 것을 보면서도, 우리
는 자기 재산도 그와 같은 위험 속에 있다고 생각하지 못합니다. 그
래서 예상치 못한 일이 닥치면 한순간에 무너질 수밖에 없는 것입니
다. 반면에 오래전부터 예상하고 준비해온 사람은 그런 일이 닥쳐도
크게 흔들리지 않습니다.

당신이 온갖 위험에 노출되어 있고, 다른 이들을 찌른 창들이 언제 3
든 당신 곁을 스칠 수 있다는 사실을 실감하고 싶습니까? 그렇다면
무장도 제대로 하지 못한 채 적의 성벽을 오르고, 군사들로 가득한
험난한 요새를 기어오르는 모습을 떠올려보십시오. 그 위에서 화살
과 창, 돌이 쏟아지듯, 삶 역시 언제든 상처를 입을 수 있는 위협으로
가득 차 있습니다. 당신 주변이나 뒤에서 누군가 쓰러질 때마다, 이
렇게 마음으로 외치십시오. "운명이여, 너는 나를 속일 수 없다. 나의
안일함과 방심을 틈타 덮치지 못하리라. 나는 네 계략을 알고 있다.
네가 다른 이를 쓰러뜨렸지만, 그것이 나를 겨냥한 것임을 나는

안다."

4   자신이 모은 재산을 바라보며 죽음을 생각하는 이가 있겠습니까? 우리 중 누가 자신의 추방이나 빈곤, 비탄을 예상하고 싶겠습니까? 누군가 그런 일들을 예상하고 대비하라고 조언해도, 불길한 말이라며 거부하고 그런 말은 적에게나 하라며 되받아칠 것입니다. 그러나 당신은 결국 이렇게 말하게 됩니다. "그런 일이 내게 일어날 것이라고는 꿈에도 생각하지 못했습니다."[12]

5   수많은 사람이 그런 일을 겪는 것을 보았고, 당신에게도 일어날 수 있다는 것을 알면서도, 어찌하여 그것을 예상하지 못했다고 말합니까? "어떤 이에게 일어날 수 있는 일은 누구에게나 일어날 수 있다!" 이 문구는 단순한 연극의 대사를 넘어선 깊은 진리를 담고 있습니다. 누군가 자식을 잃었다면, 당신도 잃을 수 있습니다. 누군가 유죄 판결을 받았다면, 지금은 무사할지라도 당신도 언젠가 그런 판결을 받을 수 있습니다. 결코 자신에게 일어나지 않을 것이라 믿었던 일이 닥칠 때, 그 착각이야말로 우리를 가장 심하게 무너뜨립니다. 하지만 불행이 찾아올 수 있음을 미리 생각하고 준비한 이는 그런 일이 실제로 닥쳐도 흔들리지 않습니다.

---

[12] 푸블릴리우스 시루스(기원전 85-43년)는 시리아 안타키아 출신의 노예였다. 공화정 말기의 작가로, 그의 재능을 알아본 주인에 의해 해방되어 교육을 받았고, 작가가 되어 무언극으로 큰 성공을 거두었다. 특히 그의 간결한 도덕적 격언들은 매우 유명했으며, 세네카도 자주 인용했다.

제10장

마르키아여, 자녀와 관직, 재산과 대저택, 대문 앞을 가득 메운 고 1
객들의 무리, 영광스러운 이름과 고귀하거나 아름다운 배우자처럼
밖에서 주어져 우리를 빛나게 하는 모든 것은 언제 바뀔지 모르는 불
확실한 운명의 지배 아래 있으며, 잠시 빌려 입은 장신구에 불과합니
다. 이것 중 진정 우리의 것이란 하나도 없습니다. 주인에게 돌려주
어야 할 것으로 인생이라는 무대를 꾸민 것일 뿐입니다. 어떤 것은
첫날에, 어떤 것은 다음 날에 돌려주어야 하고, 극히 일부만이 우리
생이 다하는 순간까지 함께할 것입니다.

그러므로 이 모든 것이 우리의 소유인 양 우쭐댈 이유는 없습니다. 2
그것은 빌린 것이기 때문입니다. 우리에겐 단지 사용하고 누릴 권리
만이 있을 뿐, 얼마나 오래 빌려줄 것인지는 그것을 나누어 주는 분께
달려 있습니다. 우리는 기한을 정하지 않고 빌렸기에, 반환을 요구받
으면 불평 없이 즉시 돌려주어야 합니다. 채권자를 원망하며 돌려주
기를 거부하는 채무자야말로 가장 비열하고 천박한 존재입니다.

우리의 소중한 이들 중에는 우리보다 늦게 태어나 더 오래 살 것 3
같은 이들도 있고, 먼저 태어나 당연히 먼저 떠날 것 같은 이들도 있
습니다. 하지만 우리는 그들 모두가 영원히 살 수 없을 뿐 아니라, 언
제까지 살 수 있을지조차 알 수 없다는 것을 받아들이며 사랑해야 합
니다. 지금 우리가 사랑하는 이들은, 곧 떠나갈 존재들입니다. 아니,
어쩌면 이미 떠나가고 있는 중인지도 모릅니다. 운명이 당신에게 준
모든 것은 영원한 소유가 아닌 잠시 맡겨둔 것임을 기억하십시오.

자녀들과 함께 기쁨을 나누고, 그들도 당신과 함께 즐거워할 수 있 4

게 하십시오. 지금 이 순간, 모든 기쁨을 남김없이 누리십시오. 오늘 밤조차 보장되지 않은 우리에게 이를 내일로 미루는 것은 너무 긴 기다림입니다. 이 순간조차 확신할 수 없기 때문입니다. 서두르십시오. 죽음이라는 적이 바로 뒤에서 쫓아오고 있습니다. 곧 당신의 동료들은 흩어질 것이며, 적의 함성이 들리면 전우들은 뿔뿔이 달아날 것입니다. 죽음에게 붙잡혀 모든 것을 약탈당하는 것은 만물의 숙명입니다. 우리가 지금 죽음에 쫓기며 도망치는 삶을 살고 있다는 것을 모른다면, 우리는 참으로 가련한 존재들입니다.

5   당신이 아들의 죽음을 비통해한다면, 죽음의 씨앗은 그가 태어났을 때 이미 심겨 있었다는 사실을 받아들이십시오. 죽음은 탄생과 함께 예고되었고, 아들은 이 법칙 아래 태어났으며, 그가 모태에 잉태된 그 순간부터 이 숙명은 그를 따라다니기 시작했습니다.

6   우리는 운명이 다스리는 냉혹하고 거스를 수 없는 왕국에 들어왔기에, 운명이 정한 것은 합당하든 그렇지 않든 받아들일 수밖에 없습니다. 운명은 우리의 육신을 거칠고 모욕적이며 잔인하게 다룰 것입니다. 어떤 이는 형벌이나 치료라는 이유로 불에 타고, 또 어떤 이는 적이나 동족에게 붙잡혀 속박당할 것입니다. 어떤 이는 미지의 바다에 맨몸으로 던져져 파도와 싸우다 모래사장이나 해변이 아닌 거대한 괴물의 뱃속에서 생을 마감할 것입니다. 어떤 이는 온갖 질병에 시달리며 오랫동안 생사를 오가게 될 것입니다. 운명은 마치 자신의 노예들을 돌보지 않는 변덕스럽고 제멋대로인 주인처럼, 상벌을 내림에 있어 공평하지도 않을 것입니다.

제11장

삶 자체가 눈물로 가득한데, 그 안의 한 사건만 붙들고 통곡한들 1
무슨 의미가 있겠습니까? 한 불행을 수습하기도 전에 또 다른 불행
이 닥쳐옵니다. 그러므로 여인들은 본래 슬픔을 절제하지 못하는 성
향을 지녔기에, 더욱 절제해야 하며, 인간의 마음이 지닌 힘을 수많
은 슬픔과 고통에 적절히 나누어 써야 합니다. 더구나 당신 자신과
인류 전체의 숙명을 어찌 잊을 수 있겠습니까? 당신은 죽을 운명을
타고났고, 죽을 운명인 아이를 낳았습니다. 썩어 없어져가는 허약한
육신을 지닌 당신이, 그런 연약한 재료로 만든 것이 견고하고 영원하
기를 바랐단 말입니까?

당신의 아들은 떠났습니다. 이 땅에서 자신의 길을 다 달린 뒤 마 2
지막 종착지로 떠난 것입니다. 당신이 아들보다 더 운이 좋다고 여기
는 모든 이들도 그 종착지를 향해 달려가고 있습니다. 법정에서 다투
고, 극장에서 환호하며, 신전에서 기도하는 수많은 사람도 저마다 다
른 걸음으로 그곳을 향해 서두르고 있습니다. 당신이 사랑하고 존경
하는 이든, 경멸하는 이든, 모두가 똑같이 재가 되어 하나로 돌아갈
것입니다. 분명 이것이 델포이 신탁소에 새겨진 "네 자신을 알라"는
말의 참뜻일 것입니다.[13] 인간은 무엇입니까?

---

13 '피토'(그리스어: Πυθω)는 델포이의 옛 이름이다. 고대에는 이곳이 대지의 중심으로
여겨졌으며, 그곳에는 거대한 뱀 '피톤'이 살고 있었다. 이곳에는 이미 신탁소가
있었고, 그 신탁을 전하는 여사제들은 '피티아'라 불렸다. 훗날 아폴론 신이 피톤
을 죽이자, 사람들은 그 자리에 아폴론의 신전과 새로운 신탁소를 세웠고, 이후 델
포이는 고대 그리스에서 가장 유명한 신탁의 중심지가 되었다. 이 신전 기둥에는

3   아주 살짝 흔들거나 건드려도 깨지는 그릇입니다. 당신을 흩어버리는 데는 거센 폭풍이 필요하지 않습니다. 어디서든 무엇에든 세게 부딪히기만 해도, 당신은 흩어지고 말 것입니다. 인간은 무엇입니까? 허약하고 쉽게 부서지며, 아무런 방어도 없이 맨몸으로 태어나, 타인의 도움을 필요로 하고, 운명의 모든 모욕 앞에 무방비로 노출되어 있어, 아무리 근육을 단련해도 들짐승의 먹잇감이 될 수밖에 없는 존재입니다. 겉으로는 번듯해 보여도 속은 연약하기 짝이 없어, 추위와 더위, 고된 노동은 견디지 못하고, 반대로 게으르면 굶어 죽게 마련이니 생존을 위해 먹을 것을 걱정해야 하고, 굶어도 죽고 과식해도 죽는 그런 존재입니다. 또한 자신을 지키느라 전전긍긍하고, 갑작스러운 공포나 예기치 못한 소리에 숨이 막히며, 늘 스스로 불안을 키우는, 결함투성이의 쓸모없는 존재가 바로 인간입니다.

4   이런 존재가 단 한 번의 타격으로 죽음에 이르는 것이 과연 놀라운 일이겠습니까? 인간이 죽는데 무슨 대단한 것이 필요하겠습니까? 냄새, 맛, 피로, 불면, 마시는 것, 먹는 것처럼 살아가는 데 꼭 필요한 것이 도리어 죽음을 부르기도 합니다. 인간은 움직일 때마다 즉시 자신의 나약함을 깨닫습니다. 기후의 온갖 변화를 제대로 견디지 못하고, 낯선 물이나 공기 같은 사소한 변화에도 병들어 쓰러지며, 울음으로 삶을 시작하는 이 나약한 존재가, 자신이 얼마나 미약한 존재인지 잊은 채, 얼마나 터무니없는 야망을 품고 얼마나 큰 소란을 떠는

세 가지 문구가 새겨져 있었는데, 그중 하나가 "네 자신을 알라"(γνῶθι σεαυτόν, '그로티 세아우톤')였고, 다른 두 가지는 "아무 일에서도 지나치지 말라"(μηδὲν ἄγαν, '메덴 아간'), "맹세하면 재앙이 가깝다"(Eγγύα πάρα δ'ἄτη, '엥귀아 파라 다테')라는 문구였다. 특히 "네 자신을 알라"는 소크라테스가 언급하여 잘 알려져 있다.

지 모릅니다.

　마음으로 불멸과 영원을 꿈꾸며, 손자와 증손자를 위한 계획을 세 5
웁니다. 하지만 그렇게 먼 미래를 그리고 있을 때, 죽음이 그를 덮치
고 맙니다. 우리는 오랜 세월을 살았다고 하지만, 사실은 얼마 되지
않은 짧디짧은 햇수를 산 것에 불과합니다.

제12장

　당신이 슬퍼하고 괴로워하는 이유가 있다면, 그것은 당신 자신의 1
불행 때문입니까, 아니면 사별한 아들의 불행 때문입니까? 아들을
잃고 난 지금에 와서, 그동안 아들에게서 아무런 기쁨도 얻지 못한
것이 한스러워 슬퍼하는 것입니까, 아니면 아들이 더 오래 살았더라
면 더 많은 기쁨을 누릴 수 있었을 텐데 하는 아쉬움 때문에 슬퍼하
는 것입니까?

　만약 아들이 살아 있는 동안 그에게서 아무런 기쁨도 얻지 못했다 2
면, 오히려 그의 죽음은 더 견디기 쉬울 것입니다. 어떤 것에서 즐거
움과 기쁨을 얻지 못했다면, 그것을 잃은 아쉬움도 크지 않을 테니까
요. 반면에 당신이 아들에게서 큰 기쁨을 얻었다고 인정한다면, 이제
그 기쁨을 빼앗긴 것을 한탄하기보다는 지금까지 누린 것에 감사해
야 합니다. 당신이 아들을 키운 것 자체가 그를 키우며 쏟은 큰 수고
에 대한 충분한 보답이기 때문입니다. 마치 강아지나 새와 같은 작은
반려동물을 정성껏 키우는 이들이 그들을 돌보고 만지며 그들의 애
교에서 즐거움을 얻듯이, 자녀를 키우는 이들에게 진정한 보상은 키

우는 과정 자체에 있습니다. 그러니 자녀가 자라 아무리 성실하게 살아도 당신에게 직접적인 이익을 주지 않을 수 있고, 아무리 신중해도 당신을 지켜주지 못할 수 있으며, 아무리 현명해도 도움이 되지 않을 수 있습니다. 그러나 그런 자녀를 사랑하며 함께했던 시간은 그 자체로 충분한 보상입니다.

3 "하지만 더 오래 살 수 있었고, 더 장성할 수 있었어요." 그렇기는 하지만, 아예 처음부터 아들이 없었던 것보다는 나았습니다. 잠시라도 행복을 누리는 것과 전혀 누리지 못하는 것 중 하나를 선택해야 한다면, 아예 누리지 못하는 것보다는 잠시라도 누리는 것이 더 낫기 때문입니다.

한쪽에는 아들이란 이름만 지닌 채 조상의 이름을 욕되게 하는 부끄러운 아들이 있고, 다른 한쪽에는 당신의 아들처럼 뛰어난 자질을 타고나 마치 모든 일을 서둘러 이루려는 듯 일찍부터 사리를 분별했고, 효심이 깊었으며, 일찍 혼인하여 자녀를 두었고, 자신의 모든 의무를 성실히 수행했으며, 젊은 나이에 제관이 된 청년이 있다면, 당신은 어느 쪽을 택하겠습니까?

큰 복은 오래 누리기 어렵고, 작은 행복이 아닌 큰 행복은 지속되거나 끝까지 가지 못하는 법입니다. 불멸의 신들은 남들이 오랜 시간에 걸쳐 이룰 수 있는 것을 짧은 시간에 이루는 아들을 당신에게 주었으나, 그를 오래 두지는 않았습니다.

4 또한 신들이 유독 당신만 골라 아들이 주는 기쁨을 누리지 못하게 했다고 말해서는 안 됩니다. 당신이 아는 이든 모르는 이든 주변을 둘러보십시오. 당신보다 더 큰 시련을 겪은 이들을 곳곳에서 발견하게 될 것입니다. 위대한 장군들도, 황제들도 당신과 같은 일을 겪었습니다. 신화에서 신들조차 그런 일을 겪었다고 하는데, 이는 신들의

자녀도 죽음을 맞이한다는 사실이 자식을 잃은 우리에게 위안이 되도록 하기 위함이라고 생각합니다. 다시 한번 말하지만, 주위를 살펴보십시오. 불행을 겪은 집들 중에서 자기 집보다 더 큰 불행을 당한 집을 보며 위로를 삼지 않는 집은 찾아보기 어려울 것입니다.

맹세컨대, 내가 극심한 고통을 겪은 이들의 이야기를 전하는 것은 당신의 슬픔을 가볍게 여기거나, 당신이 그저 쉽게 극복할 수 있는 사람이라고 폄하하려는 의도가 전혀 아닙니다. 다른 이의 불행을 통해 위안을 얻는 것이 고결한 성품의 증거는 될 수 없기 때문입니다. 그럼에도 내가 이런 사례들을 언급하는 것은 이런 일이 흔히 일어난다는 점을 보여주기 위해서가 아닙니다. 죽을 운명을 타고난 인간이 죽는다는 것은 너무나 당연한 일이라 그런 예를 드는 것은 우스꽝스러울 것입니다. 다만, 당신처럼 큰 시련을 겪고도 이를 담담히 견뎌낸 이들이 있다는 사실을 조심스럽게 말씀드리고자 했을 뿐입니다. 5

먼저 가장 행운아였던 이의 예를 들어보겠습니다. 루키우스 술라는 아들을 잃었지만, 그 일을 겪고도 그의 사나운 성품과 적들과 시민들에 대한 포악함은 수그러들지 않았고, 자신의 별명이 잘못 붙은 것이 아님을 증명했습니다. 술라는 수많은 이들의 불행 위에 자신의 거대한 성공을 쌓아올렸기에 사람들의 증오를 샀고, 스스로를 '행운아'[14] 6

---

[14] 루키우스 술라(기원전 138-78년)는 '펠릭스'(Felix, 행운아)라는 별명을 가지고 있었다. 그가 아기였을 때 한 낯선 여인이 유모에게 "이 아이는 당신과 나라의 행운이 될 것"이라고 예언했다고 한다. 로마의 장군이자 정치가였던 술라는 두 차례 집정관을 역임했고, 마지막에는 독재관에 올랐다. 그는 로마 역사상 처음으로 대규모 내전을 일으킨 인물이자, 공화정 체제에서 무력으로 권력을 장악한 첫 사례로 기록된다. 유구르타 전쟁과 킴브리아 전쟁에서 탁월한 군사적 능력을 입증한 그는 벌족파를 이끌며, 평민파의 대표였던 가이우스 마리우스와 오랜 정치적 대립을 이어갔다. 이 갈등은 결국 내전으로 비화되었고, 술라는 그 과정에서 '살생부'를 만

라 부른 것은 신들을 모욕하는 오만으로 간주되어 신들의 미움을 사기에 충분했습니다. 하지만 그는 사람들의 증오나 신들의 미움도 두려워하지 않았고, 아들이 죽은 뒤에도 그 별명을 계속 사용했습니다.

술라가 어떤 인물이었는지는 우리가 판단할 문제가 아니니 넘어가겠습니다. 그의 정적들조차, 전쟁을 시작할 때나 끝낼 때 모두 술라의 판단이 뛰어났다고 인정했습니다. 결국 우리가 알 수 있는 것은, 아무리 운이 좋은 사람이라도 그런 일을 겪을 수 있으며, 그것이 인생에서 가장 끔찍한 불행은 아니라는 사실입니다.

제13장

1   신에게 제를 올리던 중 아들의 부고를 전해들은 한 그리스인 아버지가 피리 연주를 멈추게 하고 자신의 머리에서 제관을 벗어던졌으나, 남은 의식을 끝까지 치른 것은 대단한 일입니다. 하지만 우리에게도 그런 사례가 있기에 다른 나라 이야기라고 지나치게 놀라워할 필요는 없습니다. 우리 로마의 대제관 풀빌루스[15]도 카피톨리움에서

    들어 정적들을 잔혹하게 숙청하고 그들의 재산을 몰수했다. 이 같은 행위는 로마 시민들의 기억에 깊이 각인되었으며, 훗날 로마 공화정 몰락의 결정적 토대로 평가된다.

15 공화정이 시작된 첫해인 기원전 509년에 집정관이 된 풀빌루스는 대제관으로서 이 해에 유피테르 신전의 봉헌식을 주관했다. 의식 도중 아들이 죽어 아직 장례도 치르지 못했다는 소식을 들었으나, 그는 아들의 시신을 묻으라 지시한 뒤 봉헌식을 끝까지 마쳤다.

기둥을 짚고 제를 올리던 중 아들의 사망 소식을 들었습니다. 그러나 그는 마치 아무 일도 없었다는 듯 의식 절차에 따라 대제관의 축문을 읽었고, 아들의 이름이 귀에 울리는 중에도 통곡으로 의식을 중단하지 않은 채 유피테르의 축복을 기원하는 기도를 올렸습니다.[16]

아들을 잃은 첫 순간의 그 강렬한 고통조차도 그를 국가의 제단에서 물러서게 하지 못했고 축문을 읽는 것을 멈추게 하지 못했다면, 그의 슬픔이 거기서 그쳤을 것이라 생각하십니까? 맹세컨대 그는 격정 속에서도 신들에게 제를 올리는 일을 멈추지 않았다는 점에서 중요한 제의를 수행할 자격이 있었고, 대제관이 될 만한 충분한 자격을 지닌 사람이었습니다. 그러나 집으로 돌아와서는 두 눈에 눈물이 가득 찬 채 통곡했습니다. 그리고 죽은 자를 위한 모든 의식을 치른 뒤에야 그의 얼굴은 카피톨리움 언덕에서 보였던 그 표정을 되찾았습니다. 2

파울루스는 저 유명한 페르세우스왕을 사슬로 묶어 전차 앞에 세우고 개선 행진을 벌이던, 그 생애 가장 영광스러운 날에,[17] 자신의 아들들 중 둘은 이미 양자로 보낸 상태였고 자기 곁에 둔 두 아들은 전사하여 그들의 시신을 옮기고 있었습니다. 그가 양자로 보낸 아들 중 하나가 스키피오[18]였다는 것을 생각하면, 곁에 두었던 아들들은 얼마나 빼어났을지 당신은 짐작하실 수 있을 것입니다. 로마인들은 3

---

16 카피톨리움은 로마의 일곱 개 언덕 중 하나로, 로마 중심부의 광장과 티베르 강변의 마르스 들판(Campus Martius) 사이에 있었다. 이곳의 유피테르 신전은 고대 로마에서 가장 중요한 신전이었다.

17 파울루스(기원전 약 229-160년)는 공화정에서 두 번 집정관을 지냈고, 제3차 마케도니아 전쟁(기원전 171-168년)에서 마케돈을 정복한 장군이다. 두 번째 집정관 재직 시인 기원전 168년, 피드나 전투에서 마케도니아의 왕 페르세우스(기원전 약 212-166년)를 사로잡아 전쟁을 끝냈다. 이 공로로 원로원은 그에게 '마케도니쿠스'(Macedonicus)라는 칭호를 수여했으나, 이 전투에서 그의 두 아들은 전사한다.

파울루스가 탄 전차의 빈자리를 보며 가슴 아파했습니다. 그럼에도 파울루스는 대중 앞에서 연설하며 자신의 서원을 이루어준 신들에게 감사를 드렸습니다. 자신의 큰 승리가 신들의 시샘을 불렀다면, 그 대가를 국가가 아닌 자기 한 몸이 치르기를 바랐기 때문입니다.

4   파울루스가 얼마나 고귀한 마음을 지녔는지 아시겠습니까? 그는 자신의 아들들을 앗아간 신들에게조차 감사를 드렸습니다. 그토록 큰 시련을 겪고도 의연할 수 있는 사람이 있겠습니까? 그는 자기 삶의 위안이자 의지할 기둥이었던 두 아들을 잃었습니다. 하지만 그럼에도 파울루스는 페르세우스왕 앞에서 자신의 비통함을 드러내지 않았습니다.

제14장

1   진정으로 행복한 이를 찾기가 더 어려운 세상인데, 내가 굳이 위대한 인물들 중 불행한 사례만 골라 들춰야 할 이유가 있겠습니까? 한 가문의 모든 구성원이 끝까지 아무런 풍파 없이 살아간 집이 과연 얼마나 되겠습니까? 아무 해나 골라 그 해의 고위 공직자 한 사람을 짚어보십시오. 예를 들어 루키우스 비불루스와 가이우스 카이사르는 어떻습니까? 아시다시피, 이 두 사람은 같은 해에 함께 집정관을 지

---

18 파울루스가 양자로 보낸 둘째 아들은 자마 전투에서 한니발의 카르타고군을 격파하여 제2차 포에니 전쟁(기원전 218-201년)을 종결한 스키피오 아프리카누스(기원전 약 236-183년)의 장자에게 입양된 스키피오 아이밀리아누스(기원전 185-129년)이다. 그는 제3차 포에니 전쟁으로 카르타고를 멸망시키고, 이베리아반도의 누만티아를 정복한 뛰어난 장군이었다.

내며 최대의 정적이었지만, 같은 운명을 맞이했습니다.

용맹한 장군이라기보다는 인품이 온화했던 루키우스 비불루스[19]는 두 아들을 한꺼번에 잃었습니다. 두 아들이 어느 아이깁토스 병사의 조롱 때문에 목숨을 잃어, 그는 자식을 잃은 슬픔에 더해 그 죽음을 둘러싼 모욕적인 사연까지 더해 이중의 비통함을 감내해야 했습니다. 집정관 시절, 동료였던 가이우스 카이사르에 대한 반감으로 내내 은둔했던 그였지만, 두 아들의 부고를 접하고도 다음 날 평소와 다름없이 총사령관의 직무를 수행했습니다. 두 아들을 잃고도 하루도 채 지나지 않아 일상으로 돌아갈 수 있는 이가 누가 있겠습니까? 집정관으로서의 임기 동안은 내내 불만을 표출하며 물러나 있었던 그가, 정작 두 아들의 죽음은 놀라울 만큼 담담히 받아들인 것입니다.

가이우스 카이사르[20]는 그의 위업을 막지 못했던 대양을 건너 브리타니아를 누비던 중에, 국가의 운명을 함께 이끌었던 딸의 부고를 받

---

19 루키우스 비불루스(기원전 약 102-48년)는 공화정주의자로서 기원전 59년에 가이우스 율리우스 카이사르(기원전 100-44년)과 함께 집정관으로 선출되었다. 카이사르와의 대립이 극심했던 그는 임기 내내 정치 일선에서 물러나 있었다. 시리아 총독으로 있던 기원전 50년, 이집트에 주둔한 로마 군사들을 소환하고자 두 아들을 파견했는데, 그곳에서 두 아들이 목숨을 잃었다. 클레오파트라가 살인자들을 보내 처벌하도록 했으나, 처벌은 원로원의 소관이라며 그는 그들을 돌려보냈다고 한다. '아이깁토스'는 고대 이집트를 일컫는 이름이다.

20 가이우스 카이사르는 평민파 지도자로, 기원전 60년에 시작된 제2차 삼두정치로 권력의 중심에 서게 되었고, 기원전 59년에는 자신의 딸 율리아를 당시 실권자였던 폼페이우스(기원전 106-48년)에게 넷째 부인으로 맺어줌으로써 자신의 권력을 굳혔다. 실제로 폼페이우스는 30살이나 어린 신부에게 빠져 정치에 대한 관심을 잃었다고 한다. 하지만 미모와 덕성을 겸비했던 그녀는 기원전 54년 출산 중에 세상을 떠났고, 이로써 카이사르와 폼페이우스의 동맹도 무너졌다. '브리타니아'(Britannia)는 지금의 영국을 가리킨다. 가이우스 카이사르는 기원전 55년과 54년 두 차례 원정으로 그곳의 남부와 동부를 장악했다.

았습니다. 그 순간 그의 머릿속에는 그나이우스 폼페이우스의 모습이 스쳐 지나갔습니다. 자신과 함께 권력을 키워온 폼페이우스였지만, 공화국 안에서 누군가의 세력이 자신을 넘어서는 것을 결코 용납하지 않을 것이기에, 자신의 힘이 커지는 것을 막으려 할 것이라는 생각이 스쳐 지나갔기 때문입니다. 그래서 카이사르는 평소처럼 딸을 잃은 슬픔을 재빨리 눌러 담고, 사흘 만에 총사령관 직무로 복귀했습니다.

제15장

1 다른 황제들이 자식과 사별한 이야기까지 내가 군이 말할 필요가 있겠습니까? 운명은 그들에게도 어김없이 찾아왔고, 신들에게서 태어나 신들을 낳기까지 한다는 그들조차도 타인의 운명은 좌우할 수 있으나 자신의 운명만은 어찌할 수 없다는 것을 보여준 것이 인류에게 도움이 되었다고 나는 생각합니다.

2 신황 아우구스투스는 자식들과 손자들을 잃어 황제의 자리를 이을 이가 하나도 없게 되자, 끊어진 황실의 맥을 입양으로 잇게 되었습니다.[21] 하지만 그는 누구도 신들을 원망해서는 안 된다는 것을 삶

---

[21] 로마 제국의 초대 황제 아우구스투스(기원전 63년-기원후 14년)에게는 아들 없이 딸 율리아 하나만 있었다. 그는 누이 옥타비아의 아들이자 자신의 딸 율리아의 남편인 마르켈루스(기원전 42-23년)를 총애했으나 요절했다. 이후 율리아를 아그리파와 재혼시켜 얻은 세 손자 중 가이우스 카이사르(기원전 20년-기원후 4년)와 루키우스 카이사르(기원전 17년-기원후 2년)를 양자로 삼았으나, 둘 다 일찍 세상을 떠났다. 셋째 부인의 전남편에게서 난 두 양아들 중 드루수스(기원전 38-9년)를 총애했으나 그도 요절하여, 결국 나머지 양아들 티베리우스가 황위를 이었다.

의 지표로 삼아온 사람답게 의연히 견뎌냈습니다.

티베리우스 황제는 친아들과 양아들을 모두 잃었습니다.[22] 그러나 그는 직접 연단에 올라, 비록 대제관인 그의 눈에 시신이 직접 닿지 않도록 천이 덮여 있었지만, 단 한 장의 천을 사이에 두고 시신을 볼 수 있는 자리에 서서 아들을 애도하는 연설을 했습니다. 로마인들은 흐느껴 울었지만, 그의 얼굴은 흔들림이 없었습니다. 그는 곁에 선 세야누스에게, 자신이 가족의 죽음조차 얼마나 감내할 수 있는지를 보여주었습니다.

정신적으로 뛰어난 면모를 보이고, 공적으로나 사적으로나 수많은 업적을 이루었음에도, 모든 것을 부수는 이 운명을 피하지 못한 위대한 인물들이 얼마나 많은지 당신도 알고 계시지 않습니까? 이 운명의 폭풍은 세상 전체를 휘젓고, 모든 것을 자기 소유인 듯 휘몰아쳐 부숩니다. 모든 이에게 각자의 처지를 돌아보라고 하십시오. 이 운명을 피해 태어나는 사람은 아무도 없습니다.

---

22 로마 제국의 2대 황제 티베리우스(기원전 42년-기원후 37년)에게는 친아들 드루수스와 양자로 삼은 조카 게르마니쿠스가 있었다. 게르마니쿠스(기원전 15년-기원후 19년)는 아시아 속주들과 왕국들을 재정비하는 임무를 맡아 시리아에 갔다가 병으로 생을 마감했고, 드루수스(기원전 약 14년-기원후 23년)는 티베리우스 치하의 제2인자였던 세야누스(기원전 약 20년-기원후 31년)의 음모로 아내 리빌라에게 독살당했다. 근위대장 세야누스는 황제의 두터운 신임을 받아 정치 일선에서 물러난 황제를 대신해 국가를 다스렸으나, 결국 반역죄로 처형당한다.

제16장

1 "지금까지 당신은 남성들의 이야기만 하고 있군요. 여성을 위로하는 것은 잊으신 건가요?" 당신이 이렇게 말할 것을 알고 있습니다. 하지만 자연이 여성들에게 인색했다거나, 좋은 품성과 미덕을 주지 않았다고 말할 수 있는 사람이 있을까요? 제 말을 믿으십시오. 여성들도 도덕적으로 올바르고 훌륭한 일을 해내는 데 있어 남성 못지않은 열정과 능력을 지니고 있습니다. 다만 스스로 원하고 꾸준히 실천하기만 한다면 말입니다. 그렇게 된다면 어려움과 고통도 남성 못지않게 견뎌낼 수 있습니다.

2 선한 신들이시여, 우리가 어떤 도시를 두고 이런 이야기를 하는 것일까요? 바로 루크레티아[23]와 브루투스[24]가 폭군을 몰아내고 자유를 쟁취한 그 로마입니다. 브루투스가 있었기에 우리는 자유를 얻었고, 루크레티아가 있었기에 브루투스가 있을 수 있었습니다. 또한 적과 강물조차 두려워하지 않는 놀라운 용기를 지닌 클로엘리아[25]를 영웅

---

23 루크레티아(기원전 약 510년 사망)는 고대 로마의 귀족 여성으로, 그 시대를 대표하는 미모와 정숙함을 지녔다. 당시 왕이었던 루키우스 타르퀴니우스 수페르부스(기원전 495년 사망)의 아들 섹스투스 타르퀴니우스에게 강간당한 후 자결했다. 이 비극적 사건은 혁명의 도화선이 되어, 기원전 753년경부터 이어져온 로마 왕정이 막을 내리고 공화정(기원전 509-27년)이 시작되는 계기가 되었다.

24 브루투스(기원전 6세기 활동)는 로마의 마지막 왕 루키우스 타르퀴니우스 수페르부스의 조카다. 루크레티아의 죽음으로 시작된 혁명을 이끌었으며, 로마가 공화정으로 전환된 후 최초의 집정관이 되었다.

25 클로엘리아는 로마 건국 초기의 전설적 영웅이다. 당시 로마는 중부 이탈리아 서쪽의 에트루리아에 거의 종속된 상태였다. 기원전 509년 로마가 왕정에서 공화정으로 바뀌자, 기원전 508년 에트루리아의 왕 라르스 포르세나가 전쟁을 일으켰다. 로마는

으로 추앙하는 바로 그 도시가 로마입니다. 로마의 중심가인 신성 가도에 세워진 그녀의 기마상은, 가마에 몸을 싣고 다니는 요즘 젊은이들을 꾸짖듯 말없이 서 있습니다. 그녀야말로 여성들에게도 말을 타고 다닐 자격이 있음을 보여준 것이니까요.

혹시 가족을 잃고도 굳건하게 삶을 이어간 여성들의 이야기를 듣 3
고 싶으시다면, 굳이 여러 사례를 찾아다닐 필요는 없습니다. 한 가문에 속한, 코르넬리아라는 이름을 가진 두 여인의 이야기만으로도 충분할 것입니다. 그중 한 명은 스키피오의 딸이자 그라쿠스 형제의 어머니입니다.[26] 그녀는 자신이 낳은 열두 자녀 모두의 죽음을 지켜보며, 열두 번의 장례를 치렀습니다. 다른 자녀들의 탄생과 죽음은 나라가 주목하지 않았으니 차치하더라도, 티베리우스 그라쿠스[27]와

화친 조건으로 여성들을 볼모로 보냈는데, 클로엘리아는 다른 여성 볼모들을 이끌고 말을 타고 탈출했다. 적군의 화살을 피해 티베르강을 건너 로마로 돌아온 그녀의 용기에 감명받은 라르스 포르세나는 나머지 볼모들의 절반을 풀어주었다. 이로써 두 나라의 관계가 더욱 돈독해졌고, 로마인들은 신성 가도(Via Sacra, '비아 사크라')에 그녀의 기마상을 세워 그 공적을 기렸다. 신성 가도는 카피톨리움 언덕에서 시작해 도시의 중심부를 지나 콜로세움까지 이어지는 로마의 대동맥과도 같은 길이었다.

26 코르넬리아(기원전 약 190-115년)는 제2차 포에니 전쟁에서 한니발의 군대를 물리치고 로마를 구한 영웅 스키피오 아프리카누스(기원전 약 236-183년)의 딸이다. 이상적인 로마 여성의 표상으로 여겨졌으며, 기원전 153년 남편과 사별한 후에도 재혼하지 않고 자녀 교육에 헌신했다. 그라쿠스 형제의 비범한 능력과 개혁 정신은 그녀의 영향이 컸다고 전해진다.

27 티베리우스 그라쿠스(기원전 163-133년)는 제3차 포에니 전쟁(기원전 149-146년)과 누만티아 전쟁(기원전 143-133년)을 거친 후, 기원전 133년 호민관이 되어 개혁을 시도했다. 그의 핵심 정책이었던 농지개혁은 불법으로 점유된 국유지를 회수해 평민들에게 나누어 주는 것이었다. 이는 평민들의 열렬한 지지를 받았으나 귀족들에게는 격렬한 저항에 부딪혔다. 그는 개혁법안을 관철시키기 위해 1년 임기의 호민관직 연임을 시도하다 반대파의 공격을 받아 300명의 지지자들과 함께 살해되어 티베르강에 버려졌다.

가이우스 그라쿠스[28]만큼은 달랐습니다. 이들의 훌륭함을 부정하는 이들조차도 그들이 비범했음은 인정할 정도였으니까요. 그녀는 이 두 아들이 살해당하는 것을 보았을 뿐 아니라, 그들의 시신조차 수습하지 못했습니다. 하지만 그녀를 가엾게 여기며 위로하는 이들에게 이렇게 말했습니다. "나는 그라쿠스 형제를 낳은 어머니입니다. 그러니 결코 나를 불행한 사람이라 부르지 않겠습니다."

4 리비우스 드루수스의 아내인 또 다른 코르넬리아의 이야기도 있습니다. 그녀는 뛰어난 재능을 지닌 훌륭한 아들을 잃었습니다.[29] 이 청년은 그라쿠스 형제의 뜻을 이어받아 개혁법안을 추진하다가, 자택에서 정체 모를 괴한의 손에 쓰러졌습니다. 누가 저질렀는지조차 알 수 없는 이 가혹하고 원통한 죽음 앞에서도, 코르넬리아는 아들이 개혁을 위해 보여준 그 위대한 정신으로 이 시련을 견뎌냈습니다.

5 마르키아여, 운명은 이처럼 스키피오 가문의 사람들, 그리고 그 가문의 어머니들과 딸들을 자신의 창으로 꿰뚫었고, 카이사르 황실마저도 계속해서 공격하고 있습니다. 그런 운명이 당신을 건드렸다고

---

[28] 가이우스 그라쿠스(기원전 약 154-121년)는 형의 뜻을 이어받아 기원전 132년과 123년 호민관이 되어 개혁을 추진하다가, 3,000명의 지지자들과 함께 귀족들에게 살해당했다. 그라쿠스 형제가 꿈꾼 토지 재분배와 자영농 육성을 통한 사회경제적 안정이 실현되었다면 공화정은 새로운 도약의 발판을 마련했을 것이다. 하지만 이 개혁의 실패는 당파 간 싸움과 내전의 시대를 열었고, 결국 공화정의 종말로 이어졌다.

[29] 마르쿠스 리비우스 드루수스(기원전 약 122-91년)는 기원전 91년 호민관으로서 동맹시 주민들에게 로마 시민권을 부여하는 등의 개혁을 추진했다. 그러나 이 개혁은 귀족들의 반대에 부딪혔고, 그는 같은 해에 정체불명의 괴한에게 살해되었다. 같은 이름의 그의 아버지(기원전 155-108년)는 기원전 122년에 호민관을, 기원전 112년에는 집정관을 역임했다.

해서, 운명과 화해하기를 거부하시겠습니까? 인생은 위험하고 적대적인 재난들로 가득 차 있어서, 오랫동안 평화를 누리는 이는 없으며 잠시의 휴전조차 허락되지 않습니다. 마르키아여, 당신에게는 네 명의 자녀가 있었습니다. 많은 사람이 모여 있는 곳을 향해 쏜 화살은 반드시 누군가를 맞히기 마련입니다. 그토록 많은 자녀를 두었으니, 시기의 대상이 되고 상실을 겪게 되리라는 것이 어찌 이상한 일이겠습니까?

"하지만 운명이 내게서 아들들만 골라 빼앗아간 것은 불공평합니다." 그러나 자신보다 더 강한 자와 똑같이 나누어 가진 것을 두고 불공평을 말해서는 안 됩니다. 운명은 두 딸과 손자들을 당신에게 남겨두었습니다. 한 아들을 잃은 슬픔이 채 가시기도 전에 또 다른 아들을 잃어 당신의 비통함이 극에 달했지만, 운명이 모든 것을 앗아간 것은 아닙니다. 그 아들이 남긴 두 손녀가 있지 않습니까? 당신이 이 시련을 견뎌내지 못한다면 그들은 무거운 짐이 되겠지만, 잘 이겨낸다면 큰 위안이 될 것입니다. 그러니 손녀들을 볼 때마다 비통함을 떠올리지 말고, 아들을 생각하도록 하십시오. 6

바람에 나무가 뿌리째 뽑히거나, 거센 회오리바람이 갑자기 들이닥쳐 가지가 부러질 때, 현명한 농부는 남은 가지들을 소중히 돌보고 뽑힌 자리에는 즉시 씨앗을 뿌리거나 묘목을 심습니다. 그러면 그것은 순식간에 자라나, 잃어버린 것보다 더 무성한 숲을 이루게 됩니다. 잃는 것도 한순간이지만, 다시 자라나는 것 또한 한순간이기 때문입니다. 7

이제 메틸루스의 빈자리를 그의 두 딸이 채우게 하십시오. 두 개의 위안으로 하나의 비통함을 덜어내십시오. 물론 잃어버린 것에 미련을 두는 것은 인간의 본성이지만, 잃어버린 것에만 매달린 나머지, 8

남겨진 것을 돌보지 않는다면, 그것이야말로 인생에 대한 부당한 태도 아닐까요? 운명이 당신에게 가혹하게 보였던 순간조차, 얼마나 많은 것을 여전히 베풀고 있었는지 한번 돌아보십시오. 그때 당신은 단순한 위안을 넘어, 오히려 더 큰 축복을 발견하게 될 것입니다.

마르키아여, 이렇게 말하십시오. "만일 운명이 행실에 따라 정해져서 선한 사람들에게는 불행한 일이 생기지 않는다면, 나는 분노할 것이다. 하지만 이제 나는 안다. 불행은 선인과 악인을 가리지 않고, 누구에게든 찾아온다는 것을."

제17장

1 "훌륭한 청년으로 자라 부모의 자랑이자 버팀목이 된 아들을 잃는다는 것은 견디기 힘든 일입니다." 이것이 견디기 힘들다는 사실을 누가 부정할 수 있겠습니까? 하지만 인간이라면 그것마저 견뎌내야 합니다. 인간으로 태어났다는 것은, 소중한 이를 잃기도 하고 스스로도 죽음을 맞이하며, 희망을 품기도 하고 두려움에 떨기도 하며, 다른 이와 자신을 괴롭히기도 하고, 죽음을 두려워하거나 때로는 바라기도 한다는 뜻입니다. 그중 가장 비참한 일은, 자신의 처지를 알지 못한 채 살아가는 것입니다.

2 시라쿠사이[30]로 가려는 사람에게 누군가가 이런 말을 했다고 합시다.

"당신은 그곳에서 겪게 될 온갖 어려움과 즐거움을 미리 알아야 하고, 그런 다음에 항해를 시작해야 합니다. 당신이 놀라게 될 것을 미리 말씀드리지요. 먼저 시라쿠사이섬 자체를 보게 될 것입니다. 지금은 좁은 해협을 사이에 두고 이탈리아 본토와 떨어져 있지만, 예전에는 분명 하나로 이어져 있었습니다. 그러다 갑자기 바닷물이 밀려들어와 지금의 해협이 생겼고, '이탈리아 본토[31]와 시쿨루스[32]를 넓게 갈라놓았지요.' 다음으로는 전설적인 소용돌이 카리브디스[33]를 만날 수도 있습니다. 남풍이 불지 않을 때는 잠잠하지만, 거센 남풍이 불어오면 깊은 심연이 배들을 삼켜버린다고 합니다.

또한 시인들이 극찬했던 아레투사샘[34]도 마주하게 될 것입니다. 그 샘물은 눈부시게 맑아 바닥까지 훤히 들여다보일 정도이며, 얼음 3

---

30 시라쿠사이(Syracusae)는 시라쿠사라고도 부르며 이탈리아반도 남쪽의 시칠리아섬에 있던 도시로, 그리스어 '시라쿠사이'(Συράκουσαι)에서 유래했다. 기원전 734년 코린토스인들이 건설한 시칠리아 최초의 그리스 식민도시다.

31 원문에는 '헤스페리우스'(Hesperius)로 되어 있다. '헤스페리우스'는 '서쪽의'를 뜻하는 형용사다. 그리스에서 볼 때 이탈리아는 서쪽에 있었기 때문에, 이탈리아는 '테라 헤스페리아'(terra Hesperia, 서쪽의 땅), 또는 '헤스페리우스'라 불렀다.

32 시쿨루스는 시칠리아의 옛 이름으로, 전설적 시조의 이름에서 비롯되었다. 시쿨리인들은 그리스 식민지가 들어서기 약 300년 전인 기원전 1,050년경 이탈리아에서 이주해 온 부족이다. 이 구절은 로마의 대시인 베르길리우스(기원전 70-19년)의 서사시 『아에네이스』 제3권 418행에서 인용했다.

33 카리브디스는 그리스 신화에 등장하는 존재로, 바다의 신 포세이돈과 대지의 여신 가이아 사이에서 태어난 딸이다. 그녀는 아버지 포세이돈을 도와 제우스에 대항했다가, 시칠리아 근해의 바닷속에 사슬로 묶여, 끝없이 바닷물을 들이마시고 토해내는 고통스러운 형벌을 받게 되었다. 전해지는 바에 따르면, 카리브디스는 하루에 세 번 바닷물을 삼켰다가 토해내며 거대한 소용돌이를 일으킨다고 한다. 후대 사람들은 이 신화를 근거로, 이탈리아와 시칠리아 사이의 메시나 해협에서 실제로 발생하는 소용돌이를 카리브디스와 동일시했다.

34 그리스 신화에 따르면, 펠로폰네소스 지역의 알페우스강의 신이 숲의 요정 아레투사를 사모하여 뒤쫓자, 그녀는 몸을 물로 바꾸어 시라쿠사 근처의 오르티기아섬까지 도망쳐 그곳에서 샘이 되었다고 전해진다. 이 아레투사 샘은 바다 밑으로 알페우스강과 이어져 있다는 전설도 있다.

처럼 차가운 물이 끊임없이 솟아납니다. 그 물이 처음부터 그곳에서 솟아난 것인지, 아니면 땅속 깊이 스며든 물이 바닷물과 섞이지 않은 채 바다 밑을 지나 이곳에 이른 것인지는 여전히 풀리지 않은 신비로 남아 있습니다.

4   또한 당신은 세상에서 가장 평화로운 항구를 만나게 될 것입니다. 자연이 만든 것인지 인간의 손길이 빚어낸 것인지는 모르지만, 아무리 거센 폭풍이 몰아쳐도 끄떡없을 만큼 안전한 항구입니다. 당신은 또한 아테네 해군이 참패한 곳을, 수천 명의 포로가 갇혔던 깎아지른 절벽의 천연 감옥을,[35] 여러 도시를 합친 것보다도 더 광대한 영토를 가진 거대한 도시국가를,[36] 그리고 매일 해가 떠오르는 따뜻한 겨울을 보게 될 것입니다.

5   하지만 이 모든 사실을 알게 된 뒤에는, 그곳의 살인적인 여름 더위가 온화한 겨울의 모든 장점을 무색하게 만들 것도 분명히 깨달을 것입니다. 그곳에는 자유와 정의와 법을 짓밟은 폭군 디오니시오스[37]가 있을 것입니다. 플라톤의 가르침을 받고도 권력을 탐했고, 추방된 뒤에도 목숨을 구걸했던 자입니다. 그는 어떤 이는 화형에, 어떤 이

---

[35] 아테네는 펠로폰네소스 전쟁(기원전 431-404년) 중 스파르타, 시라쿠사, 코린토스 동맹을 무너뜨리고자 기원전 415-413년에 시칠리아 원정을 감행했다. 그러나 데모스테네스(기원전 413년 사망)가 이끈 6,000명의 군대는 항복했고, 니키아스(기원전 약 470-413년)가 이끈 군대는 전멸에 가까운 패배를 당했다. 7,000여 명의 포로들은 시라쿠사 근처의 채석장에 갇혔다.

[36] 시라쿠사는 기원전 734년 코린토스인이 건설했으며, 기원전 415년에는 인구 25만 명을 보유한 아테네와 맞먹는 규모의 도시국가로 성장했다.

[37] 디오니시오스(기원전 약 397-343년)는 시라쿠사의 참주(폭군)다. 숙부 디온은 그를 이상적 군주로 만들고자 플라톤을 초청해 가르쳤으나 실패했고, 오히려 그에게 추방당했다. 그는 통치와 군사 지휘에 무능했고 폭군적 성향으로 인해 민심을 잃었다. 결국 백성의 반발로 코린토스로 쫓겨나 빈곤 속에서 생을 마감했다.

는 태형에 처할 것이며, 사소한 잘못에도 참수를 명할 것입니다. 자신의 정욕을 채우고자 남녀를 불러들일 것이며, 그의 방탕한 무리는 두 명과 동시에 정을 통할 것입니다. 이제 당신은 무엇이 당신의 눈을 사로잡을지, 또 무엇이 당신을 전율케 할지 들었습니다. 그러니 이제, 배에 오를지 말지를 스스로 선택하십시오."

이런 경고를 듣고도 시라쿠사로 가겠다고 한다면, 모든 것을 알면서도 자진해서 들어간 것이니 누구를 탓하겠습니까? 자기 자신을 원망하는 것이 마땅합니다. 자연은 우리 모두에게 이렇게 말합니다. 6

"나는 아무도 속이지 않는다. 네가 아들들을 낳는다면, 잘생기거나 못생길 수 있다. 여러 아들을 두게 될 수도 있는데, 그중에는 조국을 배신할 수도, 구원할 수도 있을 것이다.

네 아들들이 높은 자리에 올라 아무도 감히 너를 함부로 대하지 못하게 될 수도 있다. 하지만 그들이 치욕스러운 일을 저질러 네가 손가락질을 받을 수도 있음을 명심하라. 자녀들이 너의 장례식에서 추모사를 읽어줄 수도 있지만, 네가 그들의 시신을 화장하게 될 수도 있다는 것을 각오하라. 그들이 어린아이일 때든, 청년일 때든, 노인일 때든 상관없다. 죽음은 나이를 가리지 않아서, 부모가 자식의 장례를 치르는 잔혹한 일이 종종 일어나기 때문이다." 7

이런 자연의 법칙을 알면서도 자식을 낳아 길렀다면, 이제 와서 신들을 탓해서는 안 됩니다. 그들은 당신에게 어떠한 확실한 약속도 하지 않았기 때문입니다.

제18장

1 그러면 앞서 든 비유를 이제 인생이라는 여정을 시작하려는 사람의 관점에서 생각해보십시오. 이전에 시라쿠사 여행을 앞둔 당신에게 그곳의 기쁨과 고통을 미리 알려주었듯이, 이제는 마치 태어나기 직전의 당신에게 조언하는 것처럼 이야기해보겠습니다.

2 "당신은 신들과 인간이 함께 사는 도시로 들어가게 될 것입니다. 이 거대한 도시는 영원한 법칙에 따라 천체의 운행이 끊임없이 이어지는 곳입니다. 그곳에서 당신은 수많은 별이 반짝이는 광경을 목격할 것이며, 온 세상을 자신의 빛으로 채우는 유일한 별, 태양을 보게 될 것입니다. 태양은 매일의 운행으로 낮과 밤을 구분하고, 일 년의 순환으로 여름과 겨울을 나누어놓습니다. 밤이 되면 달이 태양의 자리를 이어받습니다. 달은 형제인 태양에게서 부드럽고 온화한 빛을 빌려 빛나는데, 때로는 모습을 감추었다가 때로는 온전한 얼굴을 드러내며, 끊임없이 변화하여 매순간 새로운 모습을 보여줍니다.

3 당신은 하늘을 가로지르는 다섯 개의 별[38]이 각자의 궤도를 따라 움직이는 것을 볼 것입니다. 인류의 운명은 이 별들의 미세한 움직임에 달려 있어, 크고 작은 모든 일은 이 별들이 놓인 자리에 따라 결정됩니다. 구름이 모여들고, 비가 쏟아지며, 번개가 지그재그로 내리치고, 천둥이 하늘을 울리는 광경에 놀랄 것입니다.

---

[38] 고대 점성술에서는 개인과 민족의 운명이 다섯 행성의 움직임에 달려 있다고 보았다. 즉 금성, 목성, 수성, 화성, 토성이 황도 12궁의 어느 별자리에 위치하느냐에 따라 길흉이 결정된다고 여겼다.

하늘의 장관을 충분히 감상한 뒤 땅으로 시선을 돌리면, 또 다른 4
경이로운 광경이 펼쳐집니다. 끝없이 이어지는 평원이 있는가 하면,
눈 덮인 봉우리가 하늘을 찌를 듯 솟은 산맥도 있을 것입니다. 한 근
원에서 시작되어 동서로 갈라지는 강과 시내들, 산꼭대기에서 바람
에 흔들리는 울창한 숲, 짐승들과 새들이 서로 다른 노래를 부르는
수풀이 있을 것입니다.

도시들은 각양각색의 장소에 자리 잡고 있어서, 어떤 민족은 접근 5
하기 어려운 곳에서 살아갑니다. 그중에는 높은 산들에 둘러싸인 깊
은 계곡에 사는 이들도 있고, 강과 호수, 골짜기에 둘러싸여 사는 이
들도 있습니다. 사람의 손길이 닿은 경작지가 있는가 하면, 자연 그
대로의 모습을 간직한 울창한 숲도 있습니다. 초원을 유유히 흐르는
강줄기들, 아름다운 만과 포구를 품은 해안선, 드넓은 바다에 점점이
흩어진 섬들 그리고 그 섬들로 인해 나뉘어 보이는 바다의 다양한 풍
경도 마주하게 될 것입니다.

찬란한 빛을 발하는 보석과 원석들, 급류를 따라 모래와 함께 흘러 6
나오는 황금, 대지와 바다 한가운데서 솟구치는 불길들을 보게 될 것
입니다. 대지를 둘러싸고 있는 대양[39]은 어떠합니까? 거대한 파도로
민족들을 갈라놓는 세 개의 만[40]은 또 어떠합니까?

---

39 '오케아누스'(Oceanus)는 그리스어 '오케아노스'(Ὠκεανός)의 라틴어 음역이다. 그리
스 신화에서 오케아노스는 대지를 완전히 둘러싸고 흐르는 거대한 강을 뜻한다.
호메로스는 『오디세이아』 제11권 13에서 오케아노스가 "대지를 결박하고 있다"라
고 표현했다.

40 '시누스'(sinus, 만)는 바다가 육지 쪽으로 굽어 들어와 형성된 지형을 가리키며, 바
다 쪽으로 돌출된 곶과 대비되는 개념이다. 고대 로마인들이 알던 세계는 세 개의
큰 만으로 나뉘어 있었는데, 이는 티레니아해, 이오니아해, 흑해를 말한다.

7   이곳에서 당신은 육지 동물들보다 더 거대한 생명체들이 잔잔한 바다에 큰 파도를 일으키며 헤엄치는 모습을 볼 것입니다. 어떤 것은 우두머리의 인도 아래 거대한 몸을 움직이고, 어떤 것은 쉴 새 없이 노를 젓는 배보다도 빠르며, 또 어떤 것은 바닷물을 들이마셨다가 내뿜어 항해하는 배들을 위험에 빠뜨립니다. 미지의 땅을 찾아 나서는 배들도 볼 것입니다. 인간의 도전 정신에는 한계가 없다는 것을 깨닫게 되고, 당신도 그저 구경꾼이 아니라 직접 참여하게 될 것입니다. 당신은 여러 기술을 배우고 가르치게 될 텐데, 어떤 것은 살아가는 데 꼭 필요하고, 어떤 것은 삶을 아름답게 하며, 어떤 것은 삶을 다스리는 데 쓰입니다.

8   하지만 그곳에는 몸과 마음을 병들게 하는 온갖 전염병과 전쟁, 약탈과 독살, 난파선과 기후 이변, 육체의 고통도 있습니다. 가장 사랑하는 이들을 잃는 슬픔도 겪을 것이며, 평화로운 죽음을 맞이할지, 고문과 형벌 속에서 생을 마감할지도 알 수 없습니다. 이제 깊이 생각해보고 결정하십시오. 당신은 이 모든 것이 있는 곳으로 가게 되며, 이 모든 것을 겪은 후에야 그곳을 떠날 수 있을 것입니다."

　　당신은 결국 그곳에서 살고 싶다고 말할 것입니다. 그럴 수밖에 없지 않겠습니까? 하지만 무언가를 잃고 비통해할 수 있는 그런 곳은 피하고 싶다고 할 수도 있었습니다! 그러므로 이미 동의한 조건 아래에서 살아가십시오. "하지만 아무도 우리에게 그런 조건이 있다고 말해주지 않았습니다." 당신은 이렇게 항변할지도 모릅니다. 그러나 그 조건은 이미 우리의 부모가 듣고, 우리를 위해 기꺼이 받아들였기에 우리가 이 세상에 온 것입니다.

제19장

　이제 위로라는 본래의 주제로 돌아와서, 먼저 무엇을 치료해야 하 1
는지, 그리고 어떤 방식으로 치료해야 하는지를 살펴보겠습니다. 비
통에 잠긴 사람의 마음을 흔드는 것은 소중했던 이에 대한 그리움입
니다. 하지만 그리움 자체는 충분히 견딜 만합니다. 우리가 사랑하는
이들이 멀리 떠나 있거나 다시는 볼 수 없다 하더라도, 그들이 살아
있다는 사실만으로도 우리는 눈물을 참을 수 있기 때문입니다. 그러
므로 우리를 괴롭히는 것은 '빼앗겼다'는 생각입니다. 우리가 어떤
일을 불행이라 여기고 그 불행의 크기를 더 크게 평가할수록, 우리는
더 큰 고통을 느끼게 됩니다. 따라서 치유의 가능성은 우리에게 달려
있습니다. 우리는 사랑하는 이들이 잠시 멀리 떠나 있을 뿐이라고 생
각하며 스스로 달래야 합니다. 우리는 그들을 먼저 보냈습니다. 아
니, 우리도 곧 그들의 뒤를 따르리라는 생각으로 그들을 먼저 보낸
것입니다.

　비통에 잠긴 사람의 마음을 흔드는 또 다른 생각이 있습니다. "이 2
제는 나를 지켜주고, 내가 멸시당할 때 복수해줄 사람이 아무도 없겠
구나." 이런 말을 하는 사람에게 위로가 될 만한 것이 없어 보이지만,
사실 한 가지 위안이 있습니다. 오늘날 사회에서는 자녀가 있는 삶보
다 오히려 자녀 없이 살아가는 삶이 더 선호되고 있습니다. 한때는
자녀 없이 노년을 보내는 것이 불행한 일로 여겨졌지만, 지금은 자녀
와 일정한 거리를 두고 스스로 무자식의 삶을 선택하는 태도가 오히
려 자립적이고 현명한 삶이라고 여겨집니다.

　당신이 무슨 말을 할지 압니다. "내가 입은 손실 자체가 나를 괴롭 3

히는 것이 아닙니다. 아들을 잃고도 마치 노예를 잃은 것처럼 자신의 손실만을 생각하고 슬퍼하는 사람, 즉 순수하게 아들만을 그리워하지 않고 다른 이유로 비통해하는 사람은 위로받을 자격이 없습니다." 그렇다면 마르키아여, 당신을 괴롭히는 것은 무엇입니까? 아들이 죽었다는 사실입니까, 아니면 더 오래 살지 못했다는 것입니까? 만약 아들의 죽음 자체가 당신을 괴롭히는 것이라면, 당신은 아들을 낳은 순간부터 줄곧 비통해했어야 했습니다. 아들이 언젠가는 죽으리라는 것을 당신은 늘 알고 있었기 때문입니다.

4   죽은 자는 어떤 불행도 겪지 않는다는 점을 기억하십시오. 우리가 지하세계를 두려워하게 만드는 모든 이야기는 허구입니다. 어둠도, 감옥도, 불의 강도, 망각의 강도, 법정도, 피고도, 그 세계에서 제멋대로 판결을 내리는 또 다른 참주들[41]도 죽은 자들을 기다리고 있지 않습니다. 이 모든 것은 시인들의 상상이며, 그들은 이런 허구로 실체 없는 공포를 만들어 우리를 혼란스럽게 만든 것입니다.

5   죽음은 모든 슬픔과 고통으로부터의 해방입니다. 죽음의 경계를 넘어서면 이 세상의 어떤 불행도 우리를 건드릴 수 없습니다. 죽음은 우리를 태어나기 이전의 평온한 상태로 되돌려 놓습니다. 따라서 죽은 자를 불쌍히 여기는 사람이라면, 아직 태어나지 않은 이들도 불쌍

---

[41] 지하 세계(inferi, '인페리')는 죽은 자들이 머무는 영역으로, 그곳의 통치자인 하데스의 이름을 따서 하데스라고도 불린다. 그리스 신화에 따르면 죽은 자들은 지하 세계에 이르기 위해 다섯 개의 강을 건너야 한다. 그중 세 번째인 불의 강 플레게톤은 죽은 자의 영혼을 불로써 정화하며, 네 번째인 망각의 강 레테는 이승에서의 모든 기억을 지워버린다. 여기서 '참주들'로 복수형으로 쓴 것은 지하 세계의 왕 하데스뿐만 아니라, 죽은 자들을 심판하는 재판관들을 함께 가리키기 때문이다. 이들은 생전에 지혜로운 통치자로 유명했던 미노스, 라다만토스, 아이아코스를 말한다.

히 여겨야 할 것입니다. 죽음은 좋지도 나쁘지도 않습니다. 오직 살아 있는 것만이 좋거나 나쁠 수 있기 때문입니다. 무(無) 그 자체이며 모든 것을 무로 되돌리는 죽음은 우리를 운명의 지배 아래 두지 않습니다. 좋고 나쁨은 항상 어떤 실체를 둘러싸고 일어나기 때문입니다. 운명은 자연이 되돌려 보낸 것을 지배할 수 없으며, 존재하지 않는 것이 불행할 수는 없습니다.

당신의 아들은 이제 운명의 노예로 살아가야 하는 세계의 경계를 벗어나 크고 영원한 평화 속으로 들어갔습니다. 그곳에는 빈곤도, 재산에 대한 걱정도 없습니다. 욕망이 쾌락을 미끼로 영혼을 사로잡아 끊임없이 공격하는 일도, 남의 행복을 시기하거나 자신의 행복이 시기받는 일도 없습니다. 점잖은 귀가 상스럽고 부끄러운 말을 듣는 일도, 국가나 개인의 몰락을 지켜보는 일도 없습니다. 그곳에서는 모든 것이 확실하게 정해져 있어 미래에 대한 불안에 시달릴 일도 없습니다. 마침내 당신의 아들은 추방될 걱정도, 두려워할 것도 전혀 없는 곳에 도착한 것입니다. 6

제20장

오, 여러분은 자연이 만든 가장 위대한 발명품인 죽음을 찬미하지도, 기대하지도 않으니, 자신의 불행도 알지 못하는 사람들입니다. 죽음은 행복을 완성하고, 재앙을 물리치며, 노년의 지루함과 피로를 끝냅니다. 장래가 촉망되는 꽃다운 청년을, 더 힘겨운 시기를 맞이하기 전의 소년을 데려가기도 합니다. 죽음은 모든 이에게 마지막이자, 1

많은 이에게 치료가 되며, 어떤 이에게는 간절한 소원이 됩니다. 더구나 부르기도 전에 찾아와 더없이 큰 호의를 베풉니다.

2   죽음은 주인의 뜻과 관계없이 노예를 자유롭게 하고, 포로들의 쇠사슬을 풀어줍니다. 국가조차 석방하지 않으려는 이들도, 죽음은 그들의 감옥에서 해방시킵니다. 또한 추방된 이들, 마음과 시선이 늘 고국을 향해 있는 이들에게 어느 땅에 묻히느냐는 중요하지 않다는 것을 일깨워줍니다. 운명이 우리의 몫을 불공평하게 나누고, 평등한 권리를 가지고 태어난 이들 사이에 주종 관계를 만들어냈지만, 죽음은 모든 것을 다시 평등하게 만듭니다. 죽음 이후에는 누구도 타인의 뜻에 따르지 않으며, 아무도 굴욕을 느끼지 않습니다. 죽음은 만인에게 열려 있습니다. 마르키아여, 죽음이야말로 당신의 아버지가 간절히 바랐던 것입니다. 죽음은 이 세상에 태어난 것이 형벌이 되지 않게 하고, 위협 속에서도 굴하지 않을 수 있게 하며, 온전한 정신으로 자신을 다스릴 수 있게 합니다. 죽음은 제가 마지막으로 의지할 수 있는 것입니다.

3   이 세상에는 여러 사람이 고안해낸 다양한 고문 방법이 있습니다. 머리를 땅으로 향하게 거꾸로 매달거나, 항문에 말뚝을 박거나, 십자가에 두 팔을 벌려 매달기도 합니다. 리라[42] 모양의 형틀이 있고 채찍이 있으며, 각각의 사지와 관절을 공략하는 특별한 고문 기구들이 있습니다. 그러나 죽음이 있습니다. 이곳에는 잔인한 적들과 오만방자

---

[42] '피두쿨라'(fidicula)는 고대 현악기인 리라 또는 리라와 유사한 형태의 형틀을 가리키는 말이다. 리라는 고대 그리스의 대표적인 악기로, 하프의 일종이다. 공명상자 위에 두 개의 지주를 세우고, 그 위에 가로목을 얹어 현을 연결한 구조로 되어 있었다. 이후 이 리라에서 발전한 악기가 키타라이지만, 두 악기의 명칭은 고대 문헌에서 종종 혼용되었다.

한 동료 시민들이 있습니다. 그러나 죽음이 있습니다. 주인의 횡포가 지긋지긋해졌을 때 한 걸음만 내디디면 자유로 건너갈 수 있다면, 노예의 삶조차도 견딜 만합니다. 삶이여, 죽음이 있기에 나는 너를 소중히 여길 수 있구나.

적절한 때에 죽는 것이 얼마나 큰 축복이며, 그때를 놓쳐 더 오래 사는 것이 얼마나 큰 불행인지 생각해보십시오. 만약 로마의 자랑이자 큰 기둥이었던 그나이우스 폼페이우스[43]가 네아폴리스에서 병을 얻었을 때 죽었더라면, 의심할 여지없이 그는 로마인 최고의 지도자로서 생을 마감했을 것입니다. 하지만 조금 더 살았기에 죽음의 최적기를 놓치고 말았습니다. 그는 자신의 군대가 눈앞에서 몰살당하는 것을 보았고, 로마 원로원이 참전한 전투에서 총사령관인 자신만 살아남았습니다. 그 전투에서 살아남은 이들은 참으로 불행한 자들이었습니다! 결국 그는 아이깁토스인 사형집행인의 손에 죽었고, 전투에서 죽었더라면 승자들도 경건히 대했을 그의 시신은 한 하인에게 넘겨졌습니다. 설령 그곳에서 죽지 않고 살아남았더라도, 살아남은 것을 후회했을 것입니다. 폼페이우스에게 아이깁토스 왕의 자비로 목숨을 부지하는 것보다 더 수치스러운 일이 또 있었겠습니까? 4

마르쿠스 키케로[44] 역시 조국과 자신을 동시에 겨냥한 카탈리나[45] 일당의 칼날을 끝내 피하지 못했습니다. 만약 그가 국가의 해방자이자 구원자로서, 얼마 전 장례를 치른 딸을 따라 세상을 떠났더라면, 5

---

43 그나이우스 폼페이우스(기원전 106-48년)는 로마 공화정 말기에 가이우스 카이사르 등과 함께 제1차 삼두정치를 이룬 실권자다. 원로원파를 대표하여 평민파 지도자 가이우스 카이사르와 대립했으나, 기원전 48년 파르살로스 평원에서 패배하고 이집트 알렉산드리아로 도주했다가 암살당했다. 네아폴리스는 현재의 나폴리다.

그것은 그에게 참으로 명예로운 죽음이 되었을 것입니다. 그렇게 떠났더라면, 그는 시민들의 목을 겨누는 칼날, 살인자들이 피살자의 재산을 나누어 갖는 장면, 재산 때문에 죽어가는 이들, 집정관에게서 강제로 빼앗은 재산을 경매에 부치기 위해 땅에 꽂힌 창, 공공연히 벌어지는 청부살인과 강도, 전쟁, 약탈, 그리고 수많은 또 다른 '카틸리나'들의 모습을 보지 않아도 되었을 것입니다.

6   마르쿠스 카토[46]가 키프로스에서 왕의 유언을 집행하고 돌아오는 길에 내전 자금과 함께 바다에서 목숨을 잃었더라면, 그것이 그에게

---

[44] 마르쿠스 툴리우스 키케로(기원전 106-43년)는 로마 공화정 말기의 대표적 정치가이자 웅변가, 철학자다. 지방 기사계급 출신으로 로마 정치계에 입문한 그는 기원전 63년 집정관에 선출되어 카틸리나의 음모를 진압함으로써 '공화국의 수호자'라는 명성을 얻었다. 말기 공화정의 혼란 속에서도 공화주의 이상을 끝까지 지키려 했으나, 기원전 43년 제2차 삼두정 수립 후 안토니우스가 보낸 자객에게 암살당했다. 여기서 세네카는 키케로의 죽음을 언급하며, 술라 시대부터 이어진 공화정 말기의 정치적 폭력과 타락상을 환기시킨다.

[45] 루키우스 세르기우스 카틸리나(기원전 약 108-62년)는 로마 귀족 출신의 정치가로, 젊은 시절 술라의 내전(기원전 83-81년)에서 술라를 지지하며 정적 숙청에 가담해 경력을 쌓았다. 그러나 이후 집정관 선거에서 두 차례(기원전 64년, 63년) 낙선하자 평민, 퇴역군인, 일부 불만세력과 결탁해 반란을 꾀했다. 그는 마르쿠스 키케로가 집정관으로 재직 중이던 기원전 63년에 반란 계획이 발각되어 도피했고, 이듬해인 기원전 62년 피스토리아 전투에서 전사했다. 카틸리나는 키케로를 제거하고 권력을 장악하려 했으나, 오히려 키케로의 정치적 명성을 높이는 계기를 제공했다.

[46] 마르쿠스 카토(기원전 95-46년)는 로마 공화정 말기의 정치가이자 대중연설가로서, 공화정의 이상과 스토아 철학을 한평생 실천했다. 기원전 58년, 호민관 클로디우스(기원전 93-52년)가 그리스의 키프로스섬 합병법을 공포하자 카토는 이 임무를 맡아 키프로스로 향했다. 섬의 왕은 폐위의 수모를 피하고자 자결을 선택했고, 카토는 그의 유언을 집행하게 되었다. 기원전 49년, 가이우스 카이사르가 루비콘강을 건너며 폼페이우스와의 내전이 시작되자, 공화주의자였던 카토는 자신의 의지와는 달리 폼페이우스의 편에 서야 했다. 결국 기원전 46년 아프리카 탑수스 전투에서 폼페이우스군이 전멸하자 그 역시 자결로 생을 마감했다.

더 나은 일이 되지 않았겠습니까? 그랬더라면 분명 카토는 자신 앞에서 감히 범죄를 저지르려는 자들을 견디지 않아도 되었을 것입니다. 그는 본디 자신과 조국의 자유를 위해 태어난 인물이었고, 불행히도 몇 해 더 살아야 했기에, 마지못해 카이사르를 피해 폼페이우스를 따를 수밖에 없었습니다. 그러니 일찍 죽는 것이 반드시 불행하다고 단정할 수는 없습니다. 때로는 그것이 온갖 불행을 견디며 살아야 할 삶에서 벗어나는 길이 되기도 합니다.

제21장

"하지만 내 아들은 너무 일찍 세상을 떠났습니다." 그렇다면 먼저 그가 아직 살아 있다고 가정해보십시오. 인간에게 얼마나 많은 시간이 허락되어 있다고 생각하십니까? 그리 길지 않습니다. 우리는 아주 짧은 순간을 살다가 곧 뒤따라올 이들에게 자리를 내어주어야 하는 운명으로 태어났습니다. 이 세상은 우리가 잠시 들렀다 가는 여관과도 같습니다. 믿기 힘들 만큼 빠르게 흘러가는 우리의 생애에 대해 굳이 더 말할 필요가 있을까요? 도시들의 수명을 헤아려보십시오. 오랜 역사를 자랑하는 도시들조차 그리 오래 지속되지 못했습니다. 모든 인간사는 찰나와도 같아서, 영원한 시간의 한 조각조차 차지하지 못합니다. 1

도시와 민족과 강이 있고 바다로 둘러싸인 이 대지도 우주와 비교하면 한 점에 불과합니다. 영원한 시간과 비교하면, 우리의 생애는 점이라고도 할 수 없습니다. 모든 시간은 우주의 존속 기간보다도 길 2

다고 할 수 있습니다. 우주는 이 시간 속에서 끊임없이 원래의 상태로 돌아가 다시 시작되기 때문입니다.[47] 그러므로 시간이 아무리 늘어난들, 무(無)와 같은 우리 삶에서 단순한 시간의 길이가 무슨 의미가 있겠습니까? 오직 충만하게 산 삶만이, 진정 오래 살았다고 말할 수 있습니다.

3 　당신은 아주 오래 살아서 역사 속에서 전해질 정도로 장수한 사람들의 이름을 열거하며, 그들이 110세까지 살았다고 내게 말할 수도 있을 것입니다. 하지만 당신이 영원한 시간의 흐름을 마음에 그려보고, 그들이 살아낸 시간과 살지 못한 시간을 비교해본다면, 가장 단명했던 사람들과 가장 장수했던 사람들 사이에 아무런 차이도 없게 됩니다.

4 　당신의 아들은 요절한 것이 아닙니다. 그는 살아야 할 만큼 살았고, 자신의 몫을 다하고 떠났습니다. 늙어감의 시간은 모든 이에게 같지 않으며, 이는 동물도 마찬가지입니다. 어떤 동물들은 태어난 지 14년 만에 이미 노쇠합니다. 인간에게는 시작에 불과한 이 나이가 그들에게는 최고의 수명인 것입니다. 삶에 필요한 자원은 각자에게 다르게 주어집니다. 요절이란 없습니다. 누구나 자기에게 주어진 몫만큼의 시간을 살다 가는 것입니다.[48]

---

47 스토아 철학에서는 우주를 물질적이면서도 이성적인 존재('로고스')로 보며, 모든 것이 운명의 법칙에 따른다고 본다. 시간은 시작도 끝도 없이 무한하며 주기적이고, 공간과 우주 역시 시작과 끝이 없이 생성과 소멸을 반복한다. 우주는 생성된 후 대화재로 소멸했다가 다시 창조되는 과정을 반복하므로, 무한한 우주가 존재했다가 사라졌고, 앞으로도 무한한 우주가 존재할 것이라고 그들은 말한다.

48 여기에는 스토아 철학의 운명론이 드러난다. 운명이 우주 이성 또는 자연의 법칙인 '로고스'를 따라 만물을 지배하며, 인간은 운명이 준 것으로 '로고스'에 맞는 삶을 살아가야 한다는 생각이다.

각자에게는 정해진 생의 기간이 있습니다. 한번 정해진 이 기간은 5
변함없이 유지되어, 자신의 노력으로도 타인의 은혜로도 늘릴 수 없
습니다. 따라서 당신은 이미 정해진 운명에 따라 아들을 보낸 것입니
다. 그는 자신의 시간을 다 보내고 "정해진 때에 마지막 지점에 도달
한 것입니다."[49]

그러므로 "더 오래 살 수도 있었을 텐데"라는 생각으로 스스로를 6
괴롭힐 이유가 없습니다. 그의 삶이 중도에 끊어진 것도, 불운이 그
의 수명을 침범한 것도 아닙니다. 각자에게 약속된 시간이 다한 것뿐
입니다. 정해진 운명은 자신의 길을 갈 뿐, 한번 정해진 것을 조금도
더하거나 빼지 않습니다. 신에게 기도하고 온갖 노력을 기울여도 소
용없습니다. 각자의 수명은 태어난 첫날에 정해집니다. 당신의 아들
은 처음 햇빛을 본 순간부터 죽음의 여정에 들어서 정해진 수명에 한
걸음씩 다가갔습니다. 청년기에 더해진 시간만큼 그의 남은 날은 줄
어든 것입니다.

우리는 흔히 노인들과 쇠약해진 이들만이 죽음을 향해 간다고 생 7
각하지만, 이는 잘못된 생각입니다. 유아든 청년이든 나이와 관계없
이 모든 사람이 죽음을 향해 가고 있습니다. 운명은 언제나 자기 역
할을 수행합니다. 죽음은 어느새 우리 곁에 와 있지만, 우리가 그것
을 눈치채지 못하도록 운명이 숨겨둡니다. 유년기는 소년기로, 소년
기는 청년기로, 청년은 곧 노인으로 이어집니다. 차분히 들여다보면,
우리가 얻는 시간은 곧 우리가 잃어가는 시간이기도 합니다.

---

49 고대 로마의 최고 시인 베르길리우스의 대서사시 『아이네이스』 제10권 472에서
인용했다.

제22장

1   마르키아여, 당신은 아들이 더 오래 살 수도 있었는데 그러지 못했다고 한탄하십니까? 하지만 아들이 더 오래 사는 것이 좋았을지, 아니면 지금처럼 떠나는 것이 더 나았을지를 당신이 어찌 알 수 있겠습니까? 오늘날 모든 것이 순조롭고 견고한 기반 위에 서서, 시간이 흘러도 두려울 것 없는 그런 사람을 당신은 찾을 수 있습니까? 모든 인간사는 불안정하고 끊임없이 요동치기에, 우리 삶에서 가장 충만하고 기쁜 순간이야말로 가장 불안하고 깨지기 쉬운 때입니다. 그러므로 가장 행복할 때 죽기를 바라야 합니다. 모든 것이 끊임없이 변하고 흔들리는 인생에서 확실한 것은 오직 이미 지나간 일뿐이기 때문입니다.

2   당신의 아들은 방탕한 도시의 유혹 속에서도 고결한 품위로 자신의 아름다운 육체를 지켜냈지만, 그가 노년까지 모든 질병을 피해 그 아름다운 용모를 온전히 지킬 수 있으리라 누가 장담할 수 있었겠습니까? 정신을 망가뜨리는 일이 얼마나 많은지도 생각해보십시오. 청년기의 촉망받던 성품도 대개는 노년까지 이어지지 못하고 무너져내립니다. 때로는 뒤늦게 찾아와 더욱 혐오스럽고 끔찍해진 사치와 방탕이 어릴 적부터 지녀온 고귀한 품성을 더럽히기도 합니다. 또는 다른 모든 것은 제쳐두고 먹고 마시는 일에만 집착하며, 유흥 속에서 무엇을 먹을지 마실지만이 삶의 전부가 되어버리는 경우도 있습니다.

3   또한 화재와 파산, 난파를 당할 수도 있고, 살아 있는 몸에서 뼈를 도려내거나 내장을 헤치고, 은밀한 부위를 치료하느라 극심한 고통을 주는 의사들의 수술을 받을 수도 있습니다. 이 모든 일 외에도 그

는 추방당할 수도 있었을 것입니다. 당신의 아들이 루틸리우스[50]보다 더 결백하다고 말할 수는 없을 테니까요. 투옥될 가능성도 있었습니다. 당신의 아들이 소크라테스보다 더 현명하지는 않으니까요. 심지어 스스로 가슴에 칼을 꽂는 비극적 선택을 할 수도 있었을 것입니다. 당신의 아들이 카토보다 더 고결하거나 경건하다고 할 수는 없기 때문입니다.

당신의 아들에게 이런 일들이 일어날 수 있다는 것을 깨닫는다면, 운명이 최고의 은혜를 베푼 이들은 바로 일찍이 안전한 곳으로 데려간 이들임을 알게 될 것입니다. 그들이 계속 살았더라면 앞서 말한 일들 중 어떤 것이 삶의 형벌로 주어졌을지 모르기 때문입니다. 인생만큼 속임수 많고, 인생만큼 속을 알 수 없는 것도 없습니다. 맹세컨대, 사람들이 인생이 어떤 것인지 미리 알았더라면 누구도 그것을 선뜻 받아들이지 않았을 것입니다. 우리가 삶을 받아들인 것은 그것을 몰랐기 때문입니다. 그러므로 제 생각에 가장 행복한 것은 아예 태어나지 않는 것이고, 그다음으로 행복한 것은 짧은 생을 마치고 가능한 한 빨리, 고통 없는 본래의 상태로 돌아가는 것입니다.

당신에게 지독히도 가혹했던 그 시절을 떠올려보십시오. 세야누스[51]가 당신의 아버지를 자신의 피후견인 사트리우스 세쿤두스[52]에게 선

---

50 제1편 주석 18을 참고하라.
51 제5편 주석 3을 참고하라.
52 사트리우스 세쿤두스는 세야누스의 피후견인으로, 25년에 마르키아의 아버지 아울루스 코르두스를 고발한 자다. 코르두스가 카이사르를 암살한 브루투스(기원전 약 85-42년)와 카시우스(기원전 약 86-42년)를 최후의 로마인이라 칭송했다는 이유로 반역죄로 고발했고, 원로원은 역사가였던 그의 저서들을 불태우라 명했다. 결국 코르두스는 스스로 굶어죽는 쪽을 선택한다.

물처럼 넘겨주었던 때를 말입니다. 화재로 소실된 후 황제가 복원 중이던 폼페이우스 극장에 세야누스의 조각상을 세우기로 결정되자, 당신의 아버지는 세야누스가 우리의 목을 조르는 것도 모자라 이제는 아예 우리의 목을 밟으려 한다며 한두 마디 거침없는 발언을 했고, 세야누스는 이 말에 분노했던 것입니다. 그때 당신의 아버지 코르두스는 세야누스의 조각상을 세우는 것이야말로 폼페이우스 극장을 진정으로 파괴하는 일이라고 외쳤습니다.

5 어찌 분노하지 않을 수 있겠습니까? 그나이우스 폼페이우스의 기념물이 불에 타 사라진 자리에, 세야누스의 조각상을 세워 위대한 장군의 자취 위에 배신한 병사[53]의 형상을 올리려는 시도가 벌어진 것을 보고도 말입니다. 세야누스의 명령이 떨어졌습니다. 오직 한 사람에게만 온순하고 다른 모든 이에게는 사나운 저 개들, 사람들의 피를 먹고 자란 저 포악한 개들이 이미 죽음이 예정된 당신의 아버지를 에워싸고 짖어대기 시작했습니다.

6 그분이 무엇을 할 수 있었겠습니까? 살고자 한다면 세야누스에게 빌어야 했고, 죽음을 택하려면 오히려 사랑하는 딸의 허락을 받아야 했습니다. 하지만 둘 다 불가능했습니다. 그분은 딸을 속이기로 결심했습니다. 체력을 많이 소진하기 위해 목욕을 하고 나서, 마치 식사할 것처럼 침실로 물러가 노예들을 내보내고, 식사한 것처럼 보이도록 음식을 창밖으로 던졌습니다. 저녁 식사 때가 되자 침실에서 점심

---

[53] 세야누스의 조각상이 폼페이우스 극장에 세워진 것은 23년의 일이다. 당시 티베리우스를 대신해 제국을 다스리던 세야누스는 원로원 의원들 중 자신의 지지자들에게 관직과 속주 총독직을 부여했고, 티베리우스의 아들 드루수스를 독살했다. 세네카가 그를 '배신한 병사'라 한 것은 그가 자신을 그토록 신임했던 황제를 배신했고, 원래는 기사 계급의 병사에 불과했기 때문이다.

을 넉넉히 했다며 식사를 거절했습니다. 둘째 날과 셋째 날도 그렇게 했습니다. 넷째 날, 몸이 쇠약해지자 진실이 드러났습니다. 그분은 당신을 품에 안고 이렇게 말했습니다. "사랑하는 내 딸아, 이번만 빼고 나는 평생 네게 어떤 것도 숨긴 적이 없었다. 나는 죽음의 길로 접어들었고, 이미 거의 절반쯤 왔다. 너는 나를 만류해서도 안 되고, 만류할 수도 없을 것이다." 그렇게 말한 후 모든 빛을 차단하라 명하고, 자신을 어둠 속에 가두었습니다.

그분의 계획이 알려지자 많은 이들이 기뻐했습니다. 탐욕스러운 이리들의 아가리에서 먹잇감을 빼앗을 수 있게 되었기 때문입니다. 세야누스의 사주를 받아 그분을 고발했던 자들은 집정관들의 법정으로 달려가, 코르두스가 스스로 목숨을 끊으려 한다며 항의했습니다. 자신들이 죽음으로 내몬 그분을 이제는 죽지 못하게 해야 한다고 주장했습니다. 코르두스가 그들의 손아귀에서 도망치려 한다고 생각했기 때문입니다. 당시 논의의 핵심은 피고인이 죽을 권리를 가질 수 있는가라는 문제였습니다. 이 논쟁이 벌어지는 사이, 고발자들이 다시 법정으로 달려가던 그 틈을 타, 그분은 스스로를 해방시켰습니다. 7

마르키아여, 부당한 시대에는 예기치 못한 일들이 얼마나 많이 예고 없이 닥치는지 당신도 아시지 않습니까? 당신은 소중한 가족 중 누군가가 죽어야만 했기에 눈물을 흘리는 것입니까? 하지만 그분에게는 그런 죽음마저 막힐 뻔했습니다! 8

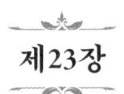

제23장

1 미래는 온통 불확실하고 더욱 나빠질 가능성이 훨씬 높지만, 일찍 인간 세상을 떠난 영혼이 신들에게 이르는 길은 한결 쉽습니다. 그들의 영혼은 아직 인간 세상의 무거운 때에 물들지 않았기 때문입니다. 그래서 이 영혼들은 세속에 깊이 빠져 헤어나올 수 없을 만큼 물들기 전에 해방되어 자신의 본래 모습으로 더 쉽게 날아오르고, 자신에게 묻은 모든 때를 깨끗이 씻어내기가 더 수월합니다.

2 위대한 영혼은 육신을 지닌 채 이 땅에 오래 머무는 것을 좋아하지 않습니다. 모든 것을 초월하여 저 높은 곳에서 인간 세상을 내려다보는 데 익숙한 위대한 영혼에게는 자신을 속박하는 이 세상이 고통스럽습니다. 비록 참고 견디며 살아가지만, 하루빨리 이를 떨쳐버리고 벗어나기를 갈망합니다. 그래서 플라톤은 이렇게 말합니다. 현자의 마음은 온전히 죽음을 향해 있고, 죽음을 소망하며, 죽음을 생각하고, 이런 갈망으로 인해 이 땅에 살면서도 늘 삶 너머의 것을 바라본다고.

3 어떻습니까? 마르키아여, 당신의 아들은 청년이면서도 노인처럼 사려 깊고 분별력 있는 사람이었습니다. 모든 쾌락을 이겨낸 순수하고 고결한 영혼의 소유자였으며, 탐욕 없이 부를 이루고, 야망 없이 명예를 얻었으며, 사치와 방탕을 탐하지 않으면서도 삶의 기쁨을 누릴 줄 알았습니다. 그런데 당신은 그가 더 오래 살아도 이 모든 것을 계속해서 안전하게 지킬 수 있으리라 생각했습니까? 무엇이든 절정에 이르면, 그만큼 끝도 가까이 와 있습니다. 완벽한 덕은 우리 눈앞에서 사라지기 마련이고, 일찍 무르익은 것은 마지막 순간까지 버티지

못합니다.

　더 밝게 타오르는 불은 더 빨리 꺼지지만, 쉽게 타지 않는 재료로 　4
지핀 불은 희미한 불빛 속에 연기만 자욱한 채 더 오래 타오릅니다.
불이 활활 타오르지 못하게 하는 바로 그 요인이 불을 오래 지속하게
만들기 때문입니다. 마찬가지로 천성과 재능이 더 찬란히 빛날수록
그 수명은 더 짧습니다. 더 이상 성장할 여지가 없는 곳에는 이미 죽
음이 가까이 와 있기 때문입니다.

　파비아누스[54]는 로마에 키가 어른만 한 소년이 있었다고 전하는 　5
데, 이는 우리 부모들도 직접 목격한 일입니다. 그러나 그 소년은 일
찍 세상을 떠났습니다. 현명한 이들은 누구나 그가 소년의 나이에 이
미 어른이 되어버렸기에 성인이 될 나이까지 살지 못하고 일찍 죽으
리라 예견했습니다. 그렇습니다. 과도한 조숙함은 죽음이 가까웠음
을 암시하는 징조입니다. 성장이 멈춘 자리에는 끝이 기다리고 있습
니다.

제24장

　당신의 아들을 나이가 아닌 덕성으로 헤아려보십시오. 그는 충분 　1
히 값진 삶을 살았습니다. 일찍이 아버지를 여의고 후견이 필요한 처

54　파비아누스는 기원후 1년 전반기에 티베리우스와 칼리굴라 황제 시대에 활동한
　　수사학자이자 철학자다. 세네카는 그의 철학 저술이 키케로의 저작에 견줄 만하
　　다고 평가했으며, 그를 깊이 존경했다.

지가 되어 열네 살까지 후견인들의 보호를 받았으며, 살아 있는 동안 늘 어머니의 보살핌 아래 있었습니다. 자신의 가정을 이루고 나서도, 대개 자녀들이 부모와 함께 살기를 꺼리는 법이건만, 그는 어머니와 함께 지내고 싶어 당신의 집에 머물렀습니다. 청년다운 키와 뛰어난 용모, 강인한 체력을 지녀 천성적인 군인 기질이 있었음에도, 당신을 떠나지 않으려 군대 입대를 거부했습니다.

2   마르키아여, 자녀와 떨어져 사는 어머니들이 자녀의 얼굴을 보기가 얼마나 어려운지 생각해보십시오. 자녀를 군대에 보내고 고독과 걱정으로 시간을 보내는 어머니들의 모습을 떠올려보십시오. 하지만 당신은 그 귀중한 시간을 하나도 놓치지 않았음을 아실 것입니다. 당신의 아들은 당신의 시야에서 한순간도 벗어나지 않았습니다. 당신이 지켜보는 가운데 그는 뛰어난 재능으로 학문을 익혔고, 만일 그 겸손한 성품이 아니었다면 조부의 명성에 필적했을 것입니다. 하지만 바로 그 겸손이라는 미덕이, 때로는 자신을 드러내지 않게 만들어 많은 이의 성공을 막기도 합니다.

3   당신의 아들은 보기 드문 아름다운 용모의 청년이었기에, 젊은이들을 타락시키는 수많은 여인에 둘러싸였지만, 그들 중 누구의 기대도 받아들이지 않았습니다. 오히려 부끄러움을 모르는 여인들이 다가와 유혹할 때면, 마치 자신의 태도에 잘못이 있었던 것처럼 부끄러워하며 얼굴을 붉혔습니다. 어린 시절부터 그의 이러한 고결한 품성을 본 이들은 그가 제관직에 더없이 적합한 청년이라 여겼습니다. 어머니의 후원으로 그가 제관이 된 것은 사실이지만, 그 자신이 제관의 자질을 갖춘 훌륭한 인물이 아니었다면 어머니의 후원도 무용했을 것입니다.

4   당신의 아들이 지녔던 이 모든 덕성을 생각하며 마치 그를 품에

안고 있는 것처럼 살아가십시오! 이제는 누구의 방해도 없이, 아들에게 당신의 마음을 온전히 쏟을 수 있게 되었습니다. 당신은 결코 외롭지 않을 것이며, 슬픔에 잠기지도 않을 것입니다. 떠나간 아들을 어떻게 대해야 할지 알고, 그에게서 가장 소중했던 것이 무엇인지 이해한다면, 지금까지 느낀 슬픔과 고통은 거기서 끝날 것입니다. 그리고 앞으로는 운명을 초월한 기쁨만이 가득할 것입니다.

사라진 것은 그저 아들의 겉모습, 그의 참된 모습과는 닮지 않은 그림자뿐입니다. 당신의 아들 자신은 영원하며, 이제는 자신에게 낯선 무거운 짐을 벗어던지고 본연의 모습만을 간직한 채 더 나은 상태로 있습니다. 뼈와 근육, 우리 몸을 감싸는 피부, 얼굴, 시중드는 손과 같이 우리를 둘러싸고 있는 것은 영혼의 족쇄이자 어둠입니다. 이것으로 인해 영혼은 매장되고, 숨 막히며, 오염되어 있으며, 참된 본질에서 멀어져 허상의 세계에 갇혀 있습니다. 영혼은 이 무거운 육신에 끌려다니지 않으려 끊임없이 몸부림칩니다. 영혼이 마침내 본래의 자리로 돌아가게 되면, 세상의 거칠고 혼탁한 것들을 벗어나 맑고 순수한 세계를 다시 보게 될 것이며, 그 앞에는 영원한 안식이 기다리고 있을 것입니다.

제25장

그러므로 당신은 아들의 무덤으로 달려갈 이유가 없습니다. 그곳에는 그의 것 중 가장 하찮은 것, 그를 가장 괴롭혔던 것, 진정한 그가 아닌 뼈와 잔해와 옷가지들만이 남아 있기 때문입니다. 당신의 아들은 진정으로 자신의 것인 모든 것을 온전히 가지고 떠났으며, 이 땅에는 어떤 것도 남기지 않았습니다. 그는 우리 위에 잠시 머물며 필멸의 삶을 살아가는 동안 쌓이고 묻어난 모든 때를 벗어던지고 자신을 정화한 후, 높이 올라 축복받은 영혼들의 곁으로 날아갔습니다.

2 그는 대 스키피오와 소 스키피오,[55] 대 카토와 소 카토[56]와 같은 고귀한 무리의 환대를 받았습니다. 마르키아여, 그 무리 속에는 삶을 초연히 여기고 독약으로 자유를 얻은 당신의 아버지도 계십니다. 그곳에서는 모두가 서로 한 가족이지만, 당신의 아버지는 새로운 빛을 보고 기뻐하는 손자를 곁으로 불러, 가까이에서 빛나는 별들의 운행을 가르쳐주고 계십니다. 이제는 추측이 아닌 참된 앎을 지닌 당신의 아버지는 기쁜 마음으로 손자를 자연의 신비로 이끄십니다. 낯선 도시에서 안내자가 반가운 것처럼, 천체의 운행 비밀을 궁금해하는 손자에게 그 신비를 알려주는 할아버지의 존재는 얼마나 반가운 것입니까. 그리고 당신의 아버지는 손자에게 저 아래 땅 위에서 일어나는 일들도 내려다보라 권하십니다. 떠나온 곳을 높은 데서 바라보는 것은 참으로 즐거운 일이기 때문입니다.

3 그러므로 마르키아여, 지극히 높은 곳에서 지극히 고귀한 존재가

---

[55] 대 스키피오(기원전 236-184년)는 로마의 정치가이자 장군으로, 제2차 포에니 전쟁의 자마 전투에서 한니발군을 물리쳐 '아프리카누스'라는 칭호를 받았다. 대 스키피오의 장남의 양자가 된 소 스키피오(기원전 약 185-129년) 역시 정치가이자 장군으로, 제3차 포에니 전쟁에서 카르타고를 정복해 같은 칭호를 받았다.

[56] 대 카토(기원전 234-149년)는 기원전 195년 집정관으로 히스파니아를 다스렸고, 기원전 184년 감찰관으로서 로마의 도덕적, 사회적, 경제적 재건을 시도했다. 말년에는 카르타고 제거를 주장해 제3차 포에니 전쟁의 계기를 만들었으며, 라틴 산문학의 창시자로 여겨진다. 그의 증손자인 소 카토(기원전 95-46년)는 스토아 철학을 신봉한 공화주의자로 가이우스 카이사르와 대립하다 자결했다.

된 당신의 아버지와 아들이 지켜보고 있다고 생각하며 살아가십시오. 그들은 더 나은 상태가 되었는데도, 그것을 모른 채 많은 이들처럼 그들의 처지가 불쌍하다 여기고 눈물 흘린 것을 부끄러워하십시오! 그들은 영원하고 자유로우며 광대한 공간으로 갔습니다. 그곳에는 여기저기서 그들의 길을 가로막는 바다도, 높은 산도, 건널 수 없는 계곡도, 시르티스만[57]처럼 위험한 모래톱도 없습니다. 그곳은 모든 것이 평탄하여 거침없이 자유롭게 움직일 수 있어, 이 별에서 저 별로 옮겨다니며 별들과 어우러져 살아갑니다.

제26장

그러므로 마르키아여, 이제 이렇게 그려보십시오. 당신이 아들에게 가졌던 사랑과 권위 못지않게, 당신에게 권위를 지녔던 그분, 바로 당신의 아버지께서, 한때 내전을 한탄하며, 자신을 죽이려 했던 자들로부터 마침내 영원히 벗어났던 그 절망의 순간에 내뱉었던 음울한 목소리가 아니라, 지금은 더없이 고귀해진 존재로서 더 높은 차원의 목소리로 저 하늘의 성채에서 당신에게 말씀하고 계신다고 말입니다. 1

"내 딸아, 왜 이토록 오랫동안 슬픔에 잠겨 있느냐? 네 아들은 생전의 그 순수한 모습 그대로 무사히 조상들의 품으로 돌아왔는데, 왜 진실을 보지 못한 채 외면하고, 네 아들이 부당한 일을 당했다고만 여기느냐? 2

---

[57] '시르티스'(Syrtis)는 현재의 리비아 북부 해안의 시르테만을 가리킨다. 고대 문헌들은 이 만이 모래톱이 많아 항해하기에 매우 위험하다고 자주 기록한다.

운명이라는 폭풍이 얼마나 강력한 힘으로 모든 것을 휩쓸어가는지를 네가 아직도 모르는 것이냐? 운명을 개의치 않는 자라면 몰라도, 운명이 자비롭고 너그럽게 대하는 사람은 아무도 없다. 불행이 닥치기 전에 죽음이 일찍 데려갔더라면 더 행복했을 왕들의 이야기를, 또는 수명이 조금만 짧았더라면 위대한 명성을 잃지 않았을 로마의 장군들을, 혹은 지극히 고귀한 가문에서 태어나 적의 칼날 앞에 의연히 목숨을 내어놓음으로써 불멸의 이름을 얻은 이들을 굳이 들려주어야 하겠느냐?

3 너의 아버지와 할아버지를 돌아보아라. 너의 할아버지는 정체 모를 자객의 손에 스러지셨다. 나는 그 누구도 나를 좌지우지하지 못하도록 스스로 굶어 죽음을 택함으로써, 내가 쓴 글뿐 아니라 행동으로도 내 고결한 정신을 증명했다. 우리 가문의 사람들은 가장 명예로운 방식으로 죽음을 맞이해왔거늘, 어찌하여 우리 집안에서만 이토록 오랫동안 슬퍼하는 것이냐? 우리는 이제 모든 어둠에서 벗어나 함께 있으면서 너희 세상을 내려다보고 있다. 너희가 바람직하고 탁월하며 영광스럽다고 여기는 것이 실은 전혀 그렇지 않으며, 모든 것이 보잘것없고 무거운 짐처럼 고통스러우며 불안하다는 것을, 또한 우리가 누리는 이 밝은 빛이 너희에게는 희미하게밖에 닿지 않는다는 것을 보고 있다.

4 이런 말은 굳이 하지 않아도 되겠지만, 이곳에는 광기 어린 군대들의 충돌도, 전함들의 격돌도 없다. 국가 원수를 암살하려는 음모도, 날마다 계속되는 소송으로 시끄러운 법정도 없다. 비밀도 없고, 마음과 생각이 그대로 드러나며, 삶은 투명하고, 모든 과거와 미래가 한눈에 보인다.

5 예전에는 우주의 한 구석에서 한 시대의 극소수 사람들 사이에 일

어난 일들을 맞추어보는 것이 내 즐거움이었다.[58] 하지만 지금은 모든 시대를 볼 수 있고, 모든 세월과 해마다 일어난 일들이 어떤 흐름 속에서 어떻게 이어져 있는지를 볼 수 있다. 또한 왕국들의 흥망성쇠, 위대한 도시들의 몰락, 바다의 새로운 침범도 조망할 수 있다.

죽은 이를 슬퍼하고 그리워하는 너에게, 만물의 공통된 운명을 들려주는 것이 위로가 될지도 모르겠다. 지금 이 세상에 존재하는 것들 중 영원한 것은 아무것도 없으며, 시간이 흐르면 모든 것은 흩어지고 사라진다. 운명의 지배 아래 있는 이 세계에서, 인간이 차지하는 몫은 실로 미미하다. 인간뿐 아니라 우주의 모든 지역과 장소, 사물과 존재가 운명의 놀이터일 뿐이다. 어떤 곳에서는 거대한 산맥이 평지로 깎여나가고, 또 다른 곳에서는 갑자기 새로운 절벽이 솟아오른다. 바다가 메말라 사라지고, 강물의 흐름이 바뀌며, 그로 인해 민족 간의 교역이 단절되고, 인류의 사회와 연대, 교류의 기반마저 허물어진다. 또 어떤 곳에서는 대지가 갈라져 도시들을 삼키고, 지진이 땅을 뒤흔들며, 지하 깊은 곳에서는 병을 퍼뜨리는 독기가 치솟는다. 때로는 사람 사는 곳을 홍수가 덮치고, 온 대지가 물에 잠기며, 모든 생명이 휩쓸려 사라진다. 혹은 거대한 불길이 세상을 집어삼키며, 필멸의 존재들을 하나도 남김없이 태워버리기도 한다. 마침내 우주가 새로운 시작을 맞이하기 위해 소멸해야 할 때가 오면, 만물은 스스로의 힘으로 사라질 것이다. 별들은 서로 충돌하고, 물질은 현재의 자리를 벗어나 타오르며, 모든 것은 하나의 거대한 불길 속에서 불타 사라질 것이다.

6

---

[58] 마르키아의 아버지 코르두스(25년 사망)는 로마의 역사가로, 현재는 가이우스 카이사르와 폼페이우스 간의 내전(기원전 49-45년)과 아우구스투스(기원전 63년-기원후 14년)의 치세에 관한 그의 저술이 단편으로 남아 있다.

7   신이 우주를 다시 만들고자 할 때, 행복하고 영원한 영혼을 받은 우리도 소멸하는 만물과 함께 거대한 파멸의 일부가 되어 태초의 원소들로 돌아갈 것이다."[59]

마르키아여, 이 모든 것을 이미 알고 있는 당신의 아들은 참으로 행복한 사람입니다.

---

[59] 스토아 철학에서는 우주와 만물이 태초의 원소들에서 생겨나 대화재(그리스어로 '에크피로시스')를 통해 다시 태초의 원소들로 돌아가고, 거기서 다시 재창조('팔린게네시스')를 통해 새로운 우주와 만물이 생겨나는 순환을 반복한다고 보았다. 이 모든 순환은 자연의 이성이자 우주 질서의 원리인 로고스에 의해 지배되며, 만물이 다시 불의 원소로 흡수된 상태, 즉 모든 것이 하나로 돌아간 그 근원적 통일 상태를 신의 참된 모습으로 간주했다.

제6편
어머니 헬비아에게 보내는 위로

제1장

너무나 사랑하는 어머니, 저는 어머니를 위로하고 싶은 충동을 자주 느꼈지만, 그때마다 그 마음을 억눌러왔습니다.[1] 어떻게든 용기를 내어 어머니께 말을 건네야 한다는 생각이 자꾸 제 안에서 솟구쳤습니다. 먼저, 제가 그리한다고 어머니의 눈물을 완전히 멈추게 할 순 없겠지만, 분명 닦아드릴 수는 있을 터이니, 그것만으로도 제 모든 걱정을 내려놓을 수 있어 보였습니다. 또 제가 먼저 일어서야 어머니를 일으켜 세울 더 큰 힘을 얻을 수 있으리란 확신도 있었습니다. 저는 운명의 시련을 이겨냈지만, 혹시라도 가족 중 누군가가 그 시련에 무너질까 봐 두려웠습니다. 그래서 저는 제 상처를 안은 채로라도, 힘겨운 발걸음을 내딛으며 가족들의 아픔을 보듬어주려 애써왔습니다.

반면 저를 망설이게 한 것도 있었습니다. 병을 고칠 때 너무 일찍 약을 쓰는 것이 위험하듯, 어머니의 슬픔이 막 시작되어 아직 맹렬할 때 위로하다가 도리어 그 슬픔을 키워서는 안 된다는 것을 알았기 때문입니다. 그래서 시간이 흘러 어머니의 슬픔이 치료를 받아들일 만큼 누그러질 때를 기다렸습니다. 게다가 저는 가장 뛰어난 이들이 슬

---

1 세네카는 기원후 41년 율리아 리빌라와의 간통 혐의로 고발되어 코르시카섬으로 유배되었다. 9년간의 유배 생활 중에 이 서신을 썼는데, 학자들은 그 시기를 42년이나 43년으로 추정한다.

픔을 다스리는 법에 관해 쓴 빼어난 글들을 모두 읽어보았으나, 자신 때문에 비탄에 빠진 가족을 본인이 위로하는 사례는 찾지 못했습니다. 그래서 제 위로가 상처를 달래기는커녕 도리어 헤집는 일이 되지는 않을까 두려웠습니다.

3   화장용 장작더미 위에서 마지막으로 고개를 들어 가족들을 위로하려는 자에게는 흔하고 일상적인 말이 아닌 특별한 말이 필요하지 않겠습니까? 하지만 지나친 슬픔은 목소리마저 앗아가는 법이어서, 말을 제대로 고를 힘조차 남아 있지 않게 됩니다.

4   그럼에도 제가 어머니를 위로하려 애쓰는 것은 제 글솜씨를 믿어서가 아닙니다. 다만, 제 위로가 어머니께 가장 진심으로 닿을 수 있으리라 여겼기 때문입니다. 어머니는 지금껏 제 뜻을 단 한 번도 물리치신 적이 없으시기에, 이번에도 어머니의 슬픔이 아무리 깊고 완고할지라도, 제가 그 슬픔에 조심스레 경계를 그어드리고자 하는 이 마음마저 거절하시지는 않으리라는 희망이 제 안에 있습니다.

제2장

1   제가 어머니의 너그러움에 얼마나 큰 기대를 걸고 있는지 아셔야 합니다. 불행에 잠긴 이들의 마음을 가장 강하게 사로잡는 것이 슬픔이라 하지만, 어머니의 마음속에는 그 슬픔보다 제가 더 크게 자리 잡고 있다고 믿습니다. 그래서 저는 곧바로 어머니의 슬픔과 맞서 싸우지 않고, 먼저 그 슬픔으로 다가가 무엇이 이토록 큰 아픔을 만들었는지 살피려 합니다. 감춰진 모든 것을 드러내고 들여다볼 것입

니다.

2 　누군가는 말합니다. "이미 잊힌 불행을 다시 끄집어내어, 한 가지 시련도 견디기 힘든 마음에 모든 시련을 보여주는 것이 무슨 위로가 되겠는가?" 하지만 그들은 일반적인 치료로는 낫지 않는 병이 정반대의 방법으로 치료되곤 한다는 사실을 알아야 합니다. 그래서 저는 그런 영혼이 겪어온 모든 아픔과 상처를 하나하나 들추어 보여줄 것입니다. 이는 부드럽고 온화한 치료가 아닌, 불로 지지고 칼로 째는 치료법입니다. 그렇게 하면 어떻게 될까요? 온갖 시련을 이겨낸 영혼은 상처투성이 몸에 난 작은 상처 하나로 아파하는 자신을 부끄러워하게 될 것입니다.

3 　오랫동안 행복하게 살며 하고 싶은 대로만 살아와 마음이 나약해진 이들은 작은 충격에도 쉽게 무너져 오래도록 눈물지을 수밖에 없습니다. 반면 평생을 재앙 속에서 살아온 이들은 가장 큰 시련 앞에서도 강인하고 흔들림 없는 마음으로 견뎌냅니다. 끊임없는 불행이 주는 유일한 혜택이 있다면, 그 고통이 결국 사람을 단단하게 만든다는 것입니다.

4 　운명은 어머니께 가장 큰 슬픔들을 피해 가게 하지 않았고, 태어나실 때부터 그러했습니다. 어머니는 태어나자마자 생모를 잃으셨으니, 이는 삶 속으로 내던져지신 것이나 다름없었습니다. 계모 밑에서 자라셨지만, 친딸처럼 모든 면에서 순종하고 공경하는 삶을 사심으로써, 계모도 친모의 마음을 품지 않을 수 없게 하셨습니다. 하지만 계모가 아무리 좋으셨어도, 그 밑에서 자라며 큰 고초를 겪으셨습니다. 훌륭하고 용맹하신 외삼촌의 귀환을 기다리셨으나, 그분마저 세상을 떠나셨습니다. 운명은 잔혹함을 나누어 덜어주는 자비조차 베풀지 않았습니다. 외삼촌을 잃은 지 한 달도 되지 않아, 어머니께 세

자녀를 안겨준 소중한 남편마저 앗아가버렸습니다.[2]

5   어머니는 이 비보를 외삼촌을 애도하던 중에, 자녀들이 모두 떠나 있을 때 들으셨습니다. 마치 운명이 어머니께서 슬픔을 기댈 곳조차 없게 하려고 이 시기에 불행을 몰아붙인 것만 같았습니다. 수많은 위험과 두려운 일들이 끊이지 않았고, 어머니는 그 모든 것을 견디셨지만, 저는 그것을 이야기하지 않겠습니다. 최근에는 세 손자를 차례로 잃으시고, 그들의 유골만을 품에 안으셨습니다. 어머니 품에서, 어머니의 입맞춤 속에 죽은 제 아들을 장사 지낸 지 스무 날도 되지 않아, 어머니는 제가 체포되었다는 소식을 들으셨습니다. 그리하여 어머니는 지금껏 한 번도 하지 않으셨던 일, 곧 살아 있는 사람을 애도하는 일을 하게 되셨습니다.

제3장

1   최근의 상처가 어머니 몸에 새겨진 모든 상처 중 가장 깊고 아프다는 것을 저도 압니다. 겉살만 헤진 것이 아니라 가슴 깊숙이 파고들어 내장까지 찢어놓았기 때문입니다. 하지만 새내기 병사는 작은 상처에도 비명을 지르며 적의 칼날보다 의사의 손길을 더 두려워하

---

2   세네카의 아버지 루키우스 안나이우스 세네카 1세(기원전 약 54-39)는 히스파니아 바이티카 속주 코르도바 출신의 로마 기사다. 로마에서 작가이자 수사학 교사로 명성을 떨쳤다. 세네카의 형제들로는 루키우스 안나이우스 노바투스(후에 유니우스 갈리오로 개명)와 안나이우스 멜라가 있다.

는 반면, 노련한 병사는 깊은 상처도 신음 없이, 마치 남의 몸을 치료하듯 받아들입니다. 어머니도 이제는 용기 내어 치료를 받으셔야 합니다.

대부분의 여인은 자신의 슬픔을 드러내려 울부짖고 통곡하며 소란을 피우지만, 어머니는 그러한 행동을 멀리하십시오. 아직도 불행에 익숙하지 않으시다면, 지금까지 겪으신 모든 시련이 헛된 것이 됩니다. 제가 어머니의 슬픔을 거침없이 파고든 것이 보이시지 않습니까? 저는 어머니가 겪으신 불행을 하나도 빼놓지 않고 모두 펼쳐 보였습니다. 2

제4장

여기에는 큰 용기가 필요했습니다. 저는 어머니의 슬픔과 고통을 덮어두는 것이 아니라 정면으로 맞서 이겨내기로 결심했기 때문입니다. 하지만 제가 생각하기에, 어머니의 슬픔을 이기려면 두 가지를 보여드려야 합니다. 하나는 제가 겪는 일이 남들이 말하는 불행과는 거리가 멀고, 제가 주변 사람들에게 불행을 준 적도 전혀 없다는 점입니다. 다른 하나는 제 운명과 떼어놓을 수 없는 어머니의 상황이 결코 비참한 것이 아니라는 점입니다. 이 두 가지를 보여드리는 것이야말로 어머니의 슬픔을 덜어드리는 길이 될 것입니다. 1

먼저 어머니께서 간절히 듣고 싶어 하실 말씀을 드리겠습니다. 저는 결코 불행하지 않습니다. 저를 짓누르고 있다고 어머니가 생각하시는 것이 실은 견딜 수 없는 것이 아님을 가능한 한 분명히 보여드 2

리겠습니다. 그러나 어머니께서 그것을 믿지 못하신다면, 남들을 불행하게 만드는 것 속에서도 제가 행복하다는 것을 보여드리는 것으로 만족하겠습니다.

3   부디 저에 관한 남들의 말을 믿지 마십시오. 사람들이 근거 없이 퍼뜨리는 소문에 흔들리지 않으시도록, 저는 불행하지 않다고 분명히 말씀드립니다. 그리고 더 큰 확신을 가지실 수 있도록, 저는 결코 불행할 수 없다는 말씀도 덧붙이고 싶습니다.

제5장

1   우리는 타고난 조건을 받아들이기만 한다면 행복하게 살아갈 수 있는 조건 아래에서 태어납니다. 자연은 우리가 행복하게 살아가는 데 있어 대단한 게 없어도 되게끔 해두었습니다. 각자는 스스로를 행복하게 만들 수 있습니다. 외적인 것은 중요하지 않으며, 행복과 불행을 결정하는 데도 큰 영향을 미치지 않습니다. 현자는 운이 좋다고 해서 들뜨지 않고, 운이 나쁘다고 해서 좌절하지도 않습니다. 현자는 행복의 많은 부분이 자신에게 달려 있게 하고, 모든 즐거움이 자신으로부터 나오게 하려 늘 힘쓰기 때문입니다.

2   그렇다면 어떻습니까? 제가 현자라는 말입니까? 결코 그렇지 않습니다. 만약 제가 진정한 현자라고 할 수 있다면, 단순히 "나는 불행하지 않다"고 말하는 데 그치지 않고 "나는 가장 행복한 사람이며 신의 경지에 가장 가까운 사람"이라고 당당히 선언했을 것입니다. 지금 저는 모든 불행을 가볍게 하고자 현자들에게 의지하고 있습니다. 아직

스스로 설 힘이 없어 자신과 주변인들을 쉽게 지켜낼 수 있는 이들의 성채로 피신한 것입니다.

그들은 제게 늘 경계병처럼 서서 지켜보며, 운명의 모든 시도와 공격을 미리 살피라고 일러주었습니다. 운명은 불시에 맞닥뜨린 이에게는 잔혹하지만, 늘 대비하는 이에게는 너그럽기 때문입니다. 적이 불시에 나타났을 때 아무런 대비가 없다면 완전히 무너질 수밖에 없습니다. 반면 전쟁이 일어나기 전에 미리 준비한다면, 충분한 대비가 되어 있어 적의 최초 공격도 쉽게 막아낼 수 있습니다. 3

이런 이유로 저는 운명을 결코 믿지 않았습니다. 운명이 평화와 안정을 베풀 때조차 경계심을 놓지 않았습니다. 운명이 돈과 공직과 영향력으로 호의를 베풀었지만, 저는 그것을 언제든 담담히 반납할 수 있도록, 그것들을 잠시 빌려둔 셈이라 여기고 거리를 두었습니다. 그러므로 운명은 그것을 빼앗아 간 것이 아니라 맡겨둔 것을 되찾아 간 것입니다. 운명은 자신이 준 행운에 취하지 않은 사람을 불운으로 꺾을 수 없습니다. 4

운명의 선물을 영원한 자신의 것으로 여기고 사랑했던 자들, 그것으로 남들의 존경을 얻으려 했던 자들은, 헛되고 변덕스러운 즐거움이 그들을 떠나면 쓰러져 통곡합니다. 그들의 허영심 가득하고 유치한 마음은 참된 기쁨이 무엇인지 알지 못하기 때문입니다. 반면 순조로울 때도 들뜨지 않는 사람은 운명이 바뀌어도 위축되지 않습니다. 이미 그 단단함이 입증된 마음은 좋은 운과 나쁜 운 모두에 흔들리지 않습니다. 그런 사람은 행운을 누릴 때도 앞으로 닥칠 불운에 맞설 힘이 자신에게 있음을 스스로 증명하기 때문입니다. 5

그래서 저는 늘 이런 생각을 해왔습니다. 사람들이 바라는 것들 속에는 진정으로 좋은 것이 없다고 말입니다. 그것은 겉모습만 그럴듯 6

하게 포장된, 허망하고 기만적인 것이며, 그 화려한 외양에 어울리는 실체는 정작 존재하지 않는다는 사실을 깨달았습니다. 이제 저는 압니다. 사람들이 불행이라 부르는 것 속에는 대중이 두려워하는 끔찍함이나 참담함이 실제로는 없다는 점입니다. 유배란 단어는 통념 속에서 참담하고 끔찍한 이미지로 굳어졌을 뿐입니다. 대중이 그렇게 정했기 때문입니다. 하지만 현자들은 대중이 정한 것을 대부분 물리칩니다.

제6장

1   우리는 근거 없이 첫인상만으로 판단하는 대중의 생각을 버리고, 유배가 진정 무엇인지 살펴보아야 합니다. 유배는 분명 거주지의 변화입니다. 제가 유배의 의미를 축소하거나 그 불리한 점들을 제외했다는 비난을 피하고자, 먼저 말씀드립니다. 거처의 이동에는 빈곤, 치욕, 멸시 같은 어려움이 따르기도 합니다. 하지만 이것은 나중에 다루기로 하고, 우선 거주지 변화 자체가 어떤 고통을 주는지 살펴보고자 합니다.

2   "조국을 떠나 사는 것은 견딜 수 없다"고들 합니다. 하지만 로마라는 거대한 도시를 둘러보십시오. 중심지를 넘어 외곽까지 수많은 사람이 살고 있습니다. 그들 대부분은 본래의 조국을 떠나 이곳에 정착한 이들입니다. 그들은 자치시와 식민시[3]를 비롯해 전 세계 곳곳에서

---

3   로마 제국은 여러 속주로 이루어져 있었다. 자치시(municipium)와 식민시(colonia)는 로마 시민권을 가진 이들이 사는 도시였다. 식민시는 로마 시민인 군인들을 정

모여들었습니다. 어떤 이는 야심에, 어떤 이는 공무에, 어떤 이는 사신의 임무로 이끌려 왔습니다. 누군가는 쾌락을, 누군가는 학문을, 또 다른 이는 단지 볼거리를 찾아 이곳에 왔습니다. 우정을 좇아 온 이도 있고, 자신의 재능을 펼칠 기회를 찾아 온 이도 있으며, 미모나 말솜씨를 팔러 온 이들도 있습니다.

이처럼 로마는 미덕과 악덕, 모든 것이 사고팔리는 매혹의 도시로, 온갖 이들을 끌어모으고 있습니다. 그들 모두에게 출신을 물어보십시오. 대부분이 자신의 고향을 떠나 이 거대하고 아름다운 도시에 왔음을 알 수 있을 것입니다. 비록 이곳이 조국은 아닐지라도 말입니다. 3

이제 만인의 도시인 이곳을 떠나 다른 도시들을 돌아보십시오. 외국인이 상당수를 차지하지 않는 도시는 없습니다. 매력적이고 편리한 위치의 도시들은 제쳐두고, 스키아토스, 세리포스, 기아로스, 코시라[4]처럼 인적 드문 황량한 섬들을 보십시오. 그런 유배지들 중에서도 저마다의 이유로 자발적으로 머무는 이들이 있음을 발견하게 될 것입니다. 4

이 바위섬만큼 황량하고 가파른 곳이 또 있겠습니까? 이보다 더 척박한 땅이, 더 미개한 주민이, 더 험한 지형이, 더 나쁜 기후가 어디 있겠습니까? 그런데도 이곳에는 원주민보다 더 많은 외국인이 살 5

착시켜 해당 지역을 로마화하고 영토를 지키게 한 도시였고, 자치시는 정복한 도시에 자치권을 주는 대신 일정한 의무를 부과한 도시였다. 이런 도시들은 주로 이탈리아반도에 있었다. 로마 제국에는 이 외에도 로마 시민권이 없는 이들이 사는 동맹시, 자유시, 종속시가 있었다.

4 스키아토스는 그리스 에게해 북쪽 스포라데스 제도의 섬이며, 세리포스와 기아로스는 그리스 남동부 에게해 키클라데스 제도의 섬이다. 코시라는 시칠리아섬과 아프리카 사이에 있는 섬이다. 이 섬들은 모두 황량하고 인적이 드문 곳으로, 고대 로마의 유배지였다.

고 있습니다. 이런 곳에서조차 조국을 떠난 이들이 살아가는 것을 보면, 거주지의 변화는 그리 심각한 문제가 아닌 듯합니다.

6   "인간의 영혼에는 거주지를 바꾸고 거처를 옮기려는 본능이 있다"고 말하는 이들이 있습니다. 인간에게는 가만히 있지 못하고 끊임없이 움직이려는 영혼이 주어졌다고 합니다. 그래서 한곳에 머물지 못하고 여기저기 돌아다니며, 아는 곳이든 모르는 곳이든 마음을 주고, 새로운 것을 보면 즐거워한다는 것입니다.

7   이는 영혼의 기원을 생각하면 당연합니다. 영혼은 이 땅의 무거운 물질이 아닌 저 하늘의 기운으로 만들어졌기 때문입니다. 천체들은 본성적으로 늘 움직이고, 달리며, 빠른 속도로 전진합니다. 세상을 밝히는 별들을 보십시오. 그 어느 것도 한자리에 머물러 있지 않습니다. 해는 끊임없이 앞으로 나아가고, 이곳저곳으로 움직이며, 우주와 함께 돌면서도 지구와는 반대로 돌고, 황도대의 모든 궁을 지나 결코 멈추지 않습니다. 해는 영원히 움직이며, 한 장소에서 다른 장소로 옮겨갑니다.

8   모든 별은 자연 법칙에 따라 끊임없이 움직이고 이동하며, 한 장소에서 다른 장소로 옮겨갑니다. 일 년의 정해진 여정을 마치면 다시 그 길을 따라 움직입니다. 신의 본성이 쉼 없는 움직임을 추구하고 그것을 본질로 삼는데, 신적 씨앗으로 만들어진 인간의 영혼이 어찌 거주지의 변화를 괴로워하겠습니까?

제7장

1   자, 이제 천체에서 인간사로 눈을 돌려보십시오. 그러면 모든 민족

과 백성이 삶의 터전을 끊임없이 옮겨왔다는 사실을 확인하게 될 것입니다. 그리스인의 도시가 미개한 지역 한가운데 자리한 것은 무엇을 의미하겠습니까? 인도인과 페르시아인 사이에 마케도니아어를 쓰는 이들이 있다는 것은 또 어떻습니까? 스키타이를 비롯해 야만적이고 거친 종족들이 사는 흑해 연안에는 아카이아인의 도시들이 늘어서 있습니다. 혹독한 겨울과, 그 기후를 닮은 원주민들의 거친 기질도 이주하려는 이들의 발걸음을 막지 못했습니다.

아테네인 중 일부는 아시아에 살고 있으며, 그들은 밀레토스 주변으로 75개 도시에 퍼져 살고 있습니다. 이탈리아 연안의 넘실대는 바닷가를 따라 그리스인의 집단 거주지가 형성되었습니다.[5] 아시아인들은 에트루리아인이 자신들과 같은 민족이라 주장합니다.[6] 티레인은 아프리카에, 페니키아인은 히스파니아에 자리 잡았습니다.[7] 그리스인은 갈리아로, 갈리아인은 그리스로 진출했습니다.[8] 피레네인은

2

---

[5] 밀레토스는 소아시아 서안 이오니아해의 12개 그리스 식민도시 중 가장 오래되고 강력한 도시다. 아테네인은 이 지역에 많은 도시를 건설했다. 그리스인들은 기원전 8세기경부터 이탈리아반도, 특히 시칠리아섬과 남부 연안에 많은 식민도시를 세웠는데, 이를 라틴어로 '마그나 그라이키아'(Magna Graecia)라고 불렀다.

[6] 헤로도토스의 『역사』(1.94)에 따르면, 에트루리아인은 본래 소아시아 리디아의 종족으로, 기원전 13세기 후반 이탈리아반도 중부 에트루리아(현 토스카나주와 움브리아주 일부)로 이주했다. 이 지역의 중심 도시는 피렌체다.

[7] 티레는 오늘날 레바논에 위치한 도시로, 인류 역사상 가장 오래된 도시 중 하나다. 티레인은 기원전 814년경 북아프리카에 카르타고를 세웠으며, 로마인들은 이들을 '포에니인'이라 불렀는데, 이는 라틴어로 '페니키아인'을 의미한다. 히스파니아는 지중해를 사이에 두고 북아프리카와 마주한 이베리아반도에 위치하며, 게르마니아의 남쪽, 갈리아의 서쪽에 자리하고 있다.

[8] 여기서 그리스인은 포카이아인을 뜻한다. 포카이아는 고대 그리스인이 소아시아 서안에 세운 도시로, 기원전 600년 갈리아에 마살리아(현 마르세유)를 건설했다. 갈리아인은 기원전 3세기 소아시아 서안의 그리스 식민지에 정착했다.

게르마니아인의 이동을 막지 않았습니다.⁹ 인간은 안주하지 못하는 본성 때문에 길 없는 미지의 땅을 헤맸습니다.

3 그들은 자식과 아내, 연로한 부모를 이끌고 떠돌았습니다. 어떤 이들은 정착할 곳을 의도적으로 고른 것이 아니라, 긴 방랑 끝에 지쳐 가장 가까운 곳에 자리 잡았습니다. 어떤 이들은 무력으로 다른 이의 땅을 차지했고, 어떤 종족은 미지의 땅을 찾다 바다에 삼켜졌으며, 어떤 종족은 가져온 물자가 다 떨어져 그 자리에 정착했습니다.

4 모두가 같은 이유로 고향을 떠나 새로운 터전을 찾은 것은 아닙니다. 어떤 이들은 적의 침략으로 조국을 잃고 쫓겨났고, 어떤 이들은 내란으로 내몰렸습니다. 어떤 이들은 인구 과잉을 해소하고자 떠났고, 어떤 이들은 전염병이나 잦은 지진, 척박한 토양 같은 견디기 힘든 조건 때문에 떠났습니다. 어떤 이들은 비옥한 해안이 있다는 소문에 이끌려 떠나기도 했습니다.

5 사람들은 저마다 다른 이유로 고향을 떠났습니다. 하지만 분명한 것은 결국 모두가 제 고향에 머무르지 않았다는 사실입니다. 인류는 끊임없이 이동했습니다. 이 넓은 세상에서는 매일 무언가가 바뀝니다. 새로운 도시가 세워지고, 옛 종족이 사라지거나 더 강한 민족에 흡수되어 새로운 이름으로 다시 태어납니다. 이렇게 이루어진 민족 이동이야말로 집단 유배가 아니고 무엇이겠습니까?

---

9 피레네인은 갈리아와 히스파니아의 경계에 위치한 큰 산맥, 즉 피레네 산맥 인근에 살던 사람들을 가리킨다. 세네카는 이들과 관련해 게르마니아인의 이동을 언급하지만, 실제로는 켈트인이 갈리아에서 히스파니아로 이주한 것을 지칭하는 것으로 보인다. 켈트인은 본래 청동기 시대에 게르마니아 남동부에 살던 유목민으로, 기원전 6세기에서 4세기 사이 갈리아 남부로 이동한 집단이다. 따라서 세네카가 사용한 '게르마니아인'이라는 표현이 완전히 부정확한 것은 아니다.

제가 이 긴 방랑의 여정에 왜 어머니를 끌고 다니겠습니까? 파타 6
비움의 건설자 안테노르,[10] 티베리스 강변에 아르카디아인의 왕국을
세운 에우안드로스[11] 같은 이들을 굳이 일일이 거론할 필요가 있겠
습니까? 트로이아 전쟁으로 디오메데스[12]를 비롯해 승자든 패자든
많은 이들이 낯선 땅에 흩어져 살게 된 것을 일일이 열거할 필요가
있겠습니까?

로마 제국의 기원 역시 고향을 떠난 한 사람에게서 비롯되었습니 7
다.[13] 그는 조국이 적에게 함락되자 두려움에 떠밀려 소수의 난민을
이끌고 이탈리아로 흘러들어온 사람이었습니다. 이후 이 민족은 모
든 속주에 얼마나 많은 이주민을 보냈습니까? 로마인은 정복지마다
정착했습니다. 이렇게 새로운 터전을 찾아 나서는 데 많은 이들이 자
원했고, 노인들마저 집안의 신성한 제단을 뒤로하고 이주민의 행렬

---

10 파타비움은 북이탈리아의 도시로, 현재 베네토주의 파두아다. 베르길리우스의
『아이네이스』에 따르면, 기원전 1183년경 트로이아의 왕자 안테노르가 트로이아
전쟁 패배 후 이주해 와 건설했다고 한다.

11 티베리스강은 로마를 관통하는 강으로, 이탈리아반도에서 세 번째로 길고 중부
이탈리아에서 가장 긴 강이다. 에우안드로스는 트로이아 전쟁 발발 60년 전에 그
리스 펠로폰네소스반도 중부의 아르카디아에서 이탈리아로 건너와 팔라티움 언
덕에 팔란티움이라는 아르카디아인의 왕국을 세우고, 그리스의 만신전과 법률,
알파벳을 들여온 인물이다.

12 디오메데스는 트로이아의 왕자로, 베르길리우스의 『아이네이스』에 따르면 트로이
아 전쟁 패배 후 이탈리아로 이주해 정착했다.

13 로마의 시조 아이네이아스를 가리킨다. 그는 트로이아 왕가의 친척으로 다르다노
스의 후손이며, 다르다니아 군대를 이끌고 참전한 트로이아군 사령관으로 헥토르
다음가는 용장이었다. 트로이아가 멸망하자 유민을 이끌고 이탈리아로 와서, 라
티움에 정착해 있던 에우안드로스왕의 도움으로 라티누스왕의 공주 라비니아와
결혼해 트로이아 유민과 라틴족을 하나로 모아 라비니움을 세웠다. 로마의 실질
적 초대 왕이자 건국 시조인 로물루스와 레무스 형제는 그의 후손이다.

에 끼어 바다를 건넜습니다.

8   이 문제와 관련해 더 많은 예를 들 필요는 없겠지만, 눈앞에 보이는 한 가지 사례만 더 소개하겠습니다. 바로 이 섬의 주민들도 여러 차례 바뀌었습니다. 아주 오래전 일은 제쳐두더라도, 현재 마살리아에 거주하는 그리스인들은 한때 포카이아를 떠나 이 섬에 먼저 정착한 이들입니다.[14] 그러나 혹독한 기후 때문인지, 강대한 이탈리아를 보았기 때문인지, 아니면 항구를 만들 수 없는 지형 때문인지 모르겠으나, 그들은 다시 이 섬을 떠났습니다. 그들이 후에 가장 야만적이고 거친 갈리아인 사이에 정착한 것을 보면, 원주민의 야만성 때문에 떠난 것은 아님이 분명합니다.

9   이어서 리구리아인들[15]이 이 섬으로 건너왔고, 히스파니아인들도 왔는데, 이는 생활 방식의 유사성을 보면 확인됩니다. 예를 들어, 그들은 칸타브리아인에게서 유래한 같은 모양의 모자와 신발을 착용합니다. 언어 또한 일부 유사한데, 이는 그리스인이나 리구리아인과의 교류를 거치며 본래 언어가 크게 변형되었기 때문입니다. 그 후 로마 시민으로 이루어진 이주민이 두 차례 이 섬으로 들어왔는데, 한 번은 마리우스에 의해, 다른 한 번은 술라에 의해서였습니다. 이렇게 가시덤불이 우거진 이 척박한 섬조차 수많은 이들이 거쳐 간 땅입니다.

10   요컨대 오늘날 원주민이 사는 땅은 어디에도 없습니다. 이 섬의 주민은 모두 외지에서 와 서로 섞인 이들입니다. 이런저런 종족이 계속

---

14 마살리아는 갈리아 지방의 도시로, 현재의 마르세유다. 소아시아 서안의 그리스 식민도시 포카이아 출신이 기원전 600년경에 세웠다. 라틴어 원문의 포키스(Phocis)는 그리스의 보이오티아와 아이톨리아 사이의 도시가 아닌 소아시아 연안의 도시를 뜻한다.

15 리구리아는 북서 이탈리아에, 칸타브리아는 히스파니아 북부에 있다.

들어왔습니다. 한 종족이 이 섬을 싫어해 떠나면 다른 종족이 이 섬을 원했고, 이 종족이 저 종족을 쫓아내면 또 다른 종족이 그 종족을 밀어냈습니다. 아무것도 한 자리에 머물지 않는다는 것, 그것이 바로 운명이 우리에게 가르쳐주는 이치입니다.

제8장

1 로마의 가장 박식한 학자 바로[16]는, 유배 생활의 여러 불편은 차치하더라도, 살던 곳을 떠나는 아픔 자체에 대해서는, 어디를 가든 우리가 만나는 자연이 한결같다는 사실이 우리에게 충분한 위로가 된다고 생각했습니다. 마르쿠스 브루투스[17]는 유배자들이 자신의 미덕을 지닐 수 있다는 것만으로도 충분하다고 여겼습니다.

2 이 두 가지가 각각으로는 유배의 위안이 되기에 부족하다 여기는 사람이라도, 이를 하나로 합치면 강력한 위안이 된다는 점은 인정할 것입니다. 우리가 어디로 거처를 옮기든 가장 귀한 두 가지, 즉 모든 이가 누리는 자연과 우리 자신의 미덕이 함께하기에 유배로 인해 잃는 것이 실상 그리 많지 않기 때문입니다.

3 제 말을 믿으십시오. 이는 만물을 창조한 이가 정한 질서입니다.

---

16 바로(기원전 116-27년)는 박식하고 많은 저술을 남긴 작가로, 고대 로마 최고의 학자로 평가받는다. 르네상스의 학자이자 시인인 페트라르카는 그를 베르길리우스, 키케로에 이은 "로마의 세 번째 위대한 빛"이라 불렀다.

17 마르쿠스 브루투스(기원전 약 85-42년)는 가이우스 카이사르 암살의 주도자 중 한 명이며 스토아 철학자였다.

조물주는 전능한 신일 수도, 거대한 일을 수행하는 비물질적 이성일 수도, 크고 작은 만물에 동일한 의도로 스며든 신성한 영일 수도, 모든 것을 불변의 인과로 엮어놓은 운명일 수도 있습니다. 그러나 조물주가 무엇이든 간에, 가장 보잘것없는 것을 제외하고는 그 어떤 것도 다른 이의 마음대로 되지 않게 세상의 질서를 정해놓았습니다.

4 인간에게 가장 좋은 것은 모두 인간의 힘이 미치지 못하는 곳에 있어, 그것은 누구도 줄 수도 빼앗을 수도 없습니다. 자연이 창조한 것 중 이 세계보다 더 위대하고 완벽한 것은 없습니다. 그리고 이 세계를 관조하고 찬미하는 존재이자 세계의 가장 장엄한 부분인 영혼은 우리의 고유하고 영속적인 소유로서, 우리가 이 땅에 있는 동안 우리와 함께할 것입니다.

5 그러므로 우리는 어떤 상황에서도 당당히 일어서, 두려움 없이 걸어 나아가야 합니다. 이 세상 그 어디도, 본디 유배지라 불릴 만한 곳은 없습니다. 세계 속의 그 무엇도 인간에게 낯설지 않기 때문입니다. 땅에서 눈을 들어 하늘을 보면, 어디서든 신적인 것과 인간적인 것 사이의 거리는 같습니다.

6 그러니 이 질리지 않는 장관을 볼 수 있는 한, 해와 달을 볼 수 있는 한, 다른 별들을 바라볼 수 있는 한, 별들의 궤적과 주기, 그 빠르고 느린 움직임의 이유를 탐구할 수 있는 한, 밤새 반짝이는 별들, 좁은 궤도를 도는 별들, 불현듯 나타나는 별들, 떨어지듯 불을 뿜어 눈부신 별들, 빛나는 꼬리를 늘어뜨리며 지나가는 별들을 관찰할 수 있는 한, 이 모든 것과 함께하며 인간에게 허락된 천체들과 어우러져 살 수 있는 한, 제 영혼이 같은 뿌리를 가진 것을 바라보며 늘 숭고함을 향해 나아갈 수 있는 한, 제가 어떤 땅을 밟고 있든 그것이 무슨 상관이겠습니까?

제9장

"하지만 이곳에는 과실수나 눈을 즐겁게 하는 나무들이 거의 없다. 1
작은 하천들만 이 땅을 적실 뿐, 배도 다닐 수 없다. 다른 민족들이
찾는 물산은 전혀 나지 않고, 이곳 주민들을 먹여 살리기에도 턱없이
메마른 땅이다. 귀한 보석은 커녕, 캐낼 만한 금과 은의 광맥조차 찾
아볼 수 없다."

땅의 것에 기뻐하는 것은 옹졸한 영혼의 일입니다. 영혼은 그러한 2
것에서 눈을 돌려, 어디서나 한결같이 선명하고 찬란하게 빛나는 것
을 바라보아야 합니다. 그리고 기억하십시오. 땅의 것에 대한 거짓되
고 왜곡된 믿음이 참되고 선한 것을 보는 눈을 가린다는 사실을. 회
랑을 길게 늘이고, 탑을 높이 쌓고, 길을 넓히고, 여름 동굴을 깊이
파고, 연회장 천장을 웅장하게 올리면 올릴수록, 하늘을 가리는 것만
더해갈 뿐입니다.

설령 움막이 가장 훌륭한 거처로 여겨지는 땅으로 쫓겨났다 하더 3
라도, 로물루스[18]도 움막에서 살았다는 사실로 위안을 삼아 견디려
한다면, 그것은 옹졸한 마음이요, 보잘것없는 위안을 찾는 것입니다.
오히려 이렇게 말해야 합니다. "이 누추한 움막이야말로 미덕이 깃들
기에 더없이 알맞지 않은가? 이곳에 정의와 절제, 지혜와 충효, 모든

---

[18] 기원전 3세기의 인물로 추정되는 로물루스는 아이네이아스의 후손이자 알바롱가
의 왕 누미토르의 딸 레아 실비아가 마르스 신과의 사이에서 낳은 쌍둥이 형제의
형이다. 동생 레무스와 함께 로마를 세웠으나, 동생을 죽이고 초대 왕이 되어
30년 넘게 통치했다. 전설에 따르면 그는 팔라티움 언덕에 라티움 지방 빈민들의
전형적 주거형태인 움막을 짓고 살았다고 한다.

의무를 바르게 나누는 이성, 인간과 신을 아는 지혜가 깃든다면, 어떤 신전보다 아름다울 것이다. 이토록 위대한 미덕들이 함께하는 곳은 결코 좁은 곳이 아니다. 이런 동반자와 함께라면 유배는 결코 고통스럽지 않다."

4 브루투스는 미덕에 관한 자신의 책에서 미틸레네에서 유배 중이던 마르켈루스[19]를 보았는데, 그는 인간이 누릴 수 있는 한도 내에서 가장 행복한 삶을 살고 있었으며, 이전 어느 때보다도 학문에 깊이 몰두해 있었다고 전합니다. 그래서 브루투스는 마르켈루스를 그곳에 두고 떠나올 때, 오히려 자신이 유배를 떠나는 듯한 느낌이 들었다고 덧붙입니다.

5 아! 마르켈루스는 집정관으로서 국가의 인정을 받았을 때보다 유배자로서 브루투스의 인정을 받았을 때가 더 행복했을 것입니다. 유배지에서 돌아가는 이가 오히려 자신이 유배를 떠나는 것 같은 느낌이 들게 한 마르켈루스는 얼마나 위대합니까! 친족인 카토[20]조차 감탄했던 마르켈루스는, 다시 브루투스에게서도 감탄을 이끌어냈습니다. 그의 인격적 깊이는, 그 자체로 경외감을 불러일으킬 만큼 숭고한 것이었습니다.

6 브루투스는 또한 가이우스 카이사르가 위대한 인물의 초라한 모습을 차마 볼 수 없어 미틸레네를 그냥 지나쳤다고 말합니다. 원로원

---

19 마르켈루스는 기원전 51년 집정관으로 선출된 뒤, 폼페이우스와 벌족파의 열렬한 지지자답게 가이우스 카이사르에 대한 단호하고 강경한 조치를 원로원에 거듭 촉구했다. 카이사르의 내전(기원전 49-45년)이 발발하고, 폼페이우스 진영이 파르살로스 전투에서 결정적으로 패배하자, 그는 소아시아 서쪽 바다에 위치한 그리스 식민도시 레스보스섬의 중심지 미틸레네로 자발적 유배를 택했다.

20 제4편의 주석6을 참고하라.

은 공식 청원을 통해 마르켈루스의 귀환을 이루어냈습니다. 그날 모든 원로원 의원은 깊은 근심과 슬픔 속에서 브루투스와 같은 마음이 되어, 마르켈루스가 돌아오지 않으면 자신들이 유배된 것 같다고 느끼며, 그를 위해서가 아닌 자신들을 위해 청원하는 듯했습니다. 그러나 브루투스가 이별을 아쉬워했고, 카이사르가 그의 유배된 모습을 직면하기를 부끄러워했던 그날, 마르켈루스는 더없이 큰 영예를 얻었습니다. 이 두 사람의 증언을 얻어냈기 때문입니다.

위대한 마르켈루스가 다음과 같이 스스로 자주 격려했기에 한결같은 마음으로 유배를 견뎌낼 수 있었으리라는 것은 의심할 여지가 없습니다. 7

"조국을 떠나 있다고 불행한 것은 아니다. 현자에게는 모든 곳이 조국이라는 것을 너는 깊이 배워 알고 있지 않은가? 그리고 생각해보라. 너를 추방한 그 사람도 10년이나 조국을 떠나 있지 않았던가? 제국 확장이라는 명분이지만, 어쨌든 조국을 떠나 있었던 것은 사실이다.

보라, 이제 전쟁의 위협으로 가득한 아프리카가, 무너진 힘을 다시 모으는 히스파니아가, 불안한 아이깁토스를 비롯해 제국을 무너뜨릴 기회를 엿보는 온 세상이 그를 조국에서 끌어내고 있다. 그는 무엇을 먼저 손대겠는가? 어느 곳부터 평정하려 하겠는가? 그의 승리는 오히려 그를 세상 끝으로 몰아넣을 것이다. 그러니 온 민족이 그를 우러르게 내버려두고, 너는 브루투스의 칭송만으로 족한 줄 알고 살아가라." 8

제10장

1 마르켈루스는 유배 생활을 잘 견뎌냈고, 거처를 옮기면서 가난은 따랐지만 그의 정신만은 변함이 없었습니다. 탐욕과 사치에 물들지 않은 사람이라면, 가난이 결코 불행의 이름이 아니라는 것을, 그는 분명히 알고 있었습니다. 사람이 살아가는 데 필요한 것은 매우 적기 때문입니다! 미덕을 지닌 사람이 그만큼도 갖지 못하겠습니까?

2 저의 경우에는 재산을 잃은 것이 아닙니다. 다만, 불필요한 분주함을 내려놓았을 뿐입니다. 몸이 원하는 것은 적습니다. 추위를 막고, 음식으로 배고픔과 목마름을 달래는 것뿐입니다. 그 이상을 탐하는 것은 필요를 채우려는 것이 아니라 악을 저지르려는 것입니다. 깊은 바다를 뒤지거나, 짐승을 잡아 배를 채우거나, 먼 바다 미지의 해안에서 조개를 캐는 것은 꼭 필요한 일이 아닙니다. 신들이시여, 이미 시기받고 있는 로마 제국의 경계를 넘어서까지 사치와 방탕을 퍼뜨리는 자들을 멸하소서!

3 그들은 파시스강[21] 너머에서 호화로운 식탁을 차리는 데 필요한 것을 찾고, 우리가 제대로 응징하지도 못한 파르티아인[22]에게 구걸하여 새들을 구해옵니다. 그들은 식상한 입맛을 돋우는 데 좋다는 것은

---

21 파시스강은 흑해 연안 콜키스에 있는 강이다. 콜키스는 고대 그리스의 영웅들이 황금 양털을 찾아 아르고스호를 타고 모험을 떠난 곳으로 유명하다.

22 파르티아는 기원전 3세기 중반 이란계 유목민이 카스피해 남동쪽에 세운 고대 국가다. 제1차 삼두정치의 일원이었던 크라수스(기원전 115-53년)가 이끈 로마군이 기원전 53년 파르티아와의 전투에서 대패하고 크라수스가 전사하자, 삼두정치가 붕괴되어 카이사르와 폼페이우스 간의 내전(기원전 49-45년)이 일어났다.

무엇이든 세상 곳곳에서 모읍니다. 산해진미에 길들어 약해진 위장으로는 소화하기 힘든 것을 대양 끝에서 실어옵니다. 그들은 먹기 위해 토하고, 토하기 위해 먹습니다. 온 세상을 뒤져 찾아온 진귀한 음식조차 제대로 소화할 가치가 없다고 여깁니다. 하지만 이런 것을 경멸하는 이에게 가난이 무슨 해를 끼치겠습니까? 더불어 가난은 그것을 탐하던 자에게조차 유익할 수 있습니다. 비록 그들이 스스로 고치려 하지 않더라도, 비자발적 절제라 해도 그들의 탐욕을 잠시 멈추게는 합니다. 원하지 않은 치료라 하더라도, 가난한 동안만큼은 그들이 그런 탐욕을 실행할 수 없기에, 절제하는 사람처럼 보이게 되는 것입니다.

제가 보기에 가이우스 카이사르[23]는 자연이 최고의 행운과 최고의 악덕을 한 사람에게 동시에 부여했을 때 어떤 일이 벌어지는지 세상에 보여주려고 태어난 인물이었습니다. 그는 하루에 1천만 세스테르티우스[24]를 식사에 쏟아부었고, 아무리 뛰어난 이들의 지혜를 모두 모은다 해도, 세 개 속주의 세금을 몽땅 들여야 차릴 수 있는 그 한 끼 식사가 과연 정당한 것인지 설명할 방법은 없었습니다. 4

오, 값비싼 음식이 아니면 식욕을 느끼지 못하는 불쌍한 자들이여! 음식이 비싼 것은 맛이 뛰어나거나 달콤해서가 아니라 희귀하고 구하기 어렵기 때문입니다. 만약 그들이 스스로 제정신으로 돌아온다면, 위장을 달래는 온갖 기술이 무슨 소용이겠습니까? 식료품 상인 5

---

23 세네카의 글에서 '가이우스 카이사르'는 공화정 말기 제1차 삼두정치를 이끈 평민파 지도자가 아닌, 로마 제국의 제3대 황제였던 폭군 칼리굴라를 가리킨다.

24 세르테르티우스(sestertius)는 "2와 2분의 1"를 뜻하는 고대 로마의 은화다. 나귀 두 마리 반의 가치를 지녀 이런 이름이 붙었다. 또 다른 은화 데나리우스(Denarius)는 나귀 열 마리의 가치를 지녔다.

이 왜 필요하겠습니까? 숲을 황폐화하고 깊은 바다를 뒤지는 일이 무슨 소용이겠습니까? 자연이 우리를 위해 곳곳에 마련해둔 먹거리들이 사방에 가득합니다. 그런데도 그들은 맹인처럼 이를 지나치고, 세상 구석구석을 누비고 바다를 건너며, 적은 돈으로 허기를 달랠 수 있는데도 큰돈을 들여 허기를 키웁니다.

6 누군가는 이렇게 말할지도 모릅니다.

"왜 배를 띄우는가? 왜 무기를 들고 짐승과 사람을 공격하는가? 왜 그리 분주히 뛰어다니는가? 왜 재산을 끝없이 쌓아 올리는가? 너희는 정작 너희 몸이 얼마나 작은지 생각해본 적이 있는가? 작은 몸에는 적은 것만 담을 수 있는데, 그렇게 많은 것을 탐하는 것은 광기가 아니고 무엇인가? 재산과 땅은 늘릴 수 있어도 몸의 크기는 늘릴 수 없다. 사업이 잘되고, 전쟁에서 많은 것을 얻으며, 온 세상의 먹거리를 모은다 해도, 그것을 쌓아둘 공간이 너희에게는 없다.

7 왜 그렇게 많은 것을 찾아다니는가? 너희 눈에는, 절제와 고결함으로 살아가며 우리 시대의 타락을 꾸짖던 조상들이 도리어 가련해 보일지도 모른다. 스스로 먹거리를 마련하고, 땅바닥에서 자며, 황금빛 저택에 살지도 않았고, 신전의 제단 위에는 보석 하나 없었던 그 시절에, 그들은 흙으로 만든 신상 앞에서 경건히 맹세했고, 신을 걸고 한 맹세를 목숨을 걸고 지켰으며, 죽음을 알면서도 적에게 돌아갔다.[25]

8 그리고 너희 눈에는, 수많은 전승의 영광을 지닌 손으로 삼니움 사절들을 맞이하며 화롯가에서 직접 소박한 음식을 차려낸 우리의 옛

---

25 제4편의 주석 12를 참고하라.

독재관[26]이, 젊은이를 타락시킨다며 철학자를 추방하면서도 미식으로 한 세대를 병들게 한 아피키우스를 아무 비난 없이 받아들이는 이 도시에서, 오히려 아피키우스[27]보다 더 불행한 사람처럼 보일지도 모른다."

우리는 아피키우스의 최후를 알아야 합니다.

아피키우스는 1억 세스테르티우스를 요리에 쏟아부어, 황제들의 하사금과 카피톨리움의 국고 수입을 합친 것과 맞먹는 돈을 단 한 번의 연회로 탕진하고 빚에 짓눌리자, 그제야 어쩔 수 없이 장부를 살폈습니다. 계산해보니 1천만 세스테르티우스가 남아 있었습니다. 하지만 그는 1천만 세스테르티우스로 살아가는 것이 극한의 빈곤에 허덕이는 것이라 여겨 독을 마시고 생을 마감했습니다. 9

1천만 세스테르티우스를 가난으로 여길 만큼 그의 사치는 극에 달했습니다! 그에게는 정신의 상태가 아닌 재산의 크기만이 중요했음을 생각해보십시오. 어떤 이들은 1천만 세스테르티우스라는 말에 놀랐지만, 그는 정작 많은 이들이 간절히 바라는 그 거금을 버리고, 독약을 택해 스스로 목숨을 끊었습니다. 그처럼 뒤틀린 정신을 지닌 자에게는, 차라리 마지막 독 한 모금이 가장 나은 선택이었을지도 모릅니다. 그가 호화로운 연회를 즐기고 자랑하며, 자신의 악덕을 과시하고, 온 나라를 자신의 사치 속으로 끌어들이며, 쉽사리 유혹에 넘어 10

---

26 쿠리우스 덴타투스(기원전 270년 사망)는 고대 로마의 장군이자 정치가로, 삼니움 전쟁(기원전 298-290년)과 피로스 전쟁(기원전 280-275년)을 승리로 이끌었다. 전리품으로 로마의 두 번째 상수도를 건설했으며, 청렴결백했다. 삼니움인의 뇌물을 거절하며 "황금을 가진 자가 되기보다 황금을 가진 자들을 다스리고 싶다"고 했다. 로마의 라티움에서 동쪽으로 위쪽은 움브리아, 아래쪽은 삼니움이었다.

27 아피키우스는 유명한 미식가로, 그의 이름을 딴 요리책이 전해진다.

가는 젊은이들에게 자신을 따르라 선동할 때, 그는 이미 자신의 독배를 비우고 있었습니다.

11   이처럼 부를 이성의 기준이 아닌, 끝없는 욕망과 잘못된 습관에 따라 판단하는 이들에게는 이러한 파국이 따릅니다. 욕망은 만족을 모르지만, 본성은 적은 것으로도 만족합니다. 그러므로 가난은 유배된 이에게 아무런 불편을 주지 않습니다. 한 사람을 넉넉히 먹여 살리지 못할 만큼 척박한 유배지는 없기 때문입니다.

제11장

1   "하지만 유배된 사람은 옷과 집이 아쉬울 수밖에 없다." 그는 필요한 만큼만 그것을 원할 것입니다. 그에게는 몸을 누일 거처와 몸을 가릴 옷이 있을 것입니다. 몸을 보호하고 쉬게 하는 데는 많은 것이 필요하지 않기 때문입니다. 자연은 인간이 꼭 필요한 것은 쉽게 구할 수 있도록 해두었습니다.

2   하지만 유배된 이가 자주색 염료로 물들이고 황금실로 수놓아 온갖 기교를 부린 옷을 원하면서 그것을 못 입어 가난하다고 느낀다면, 그 잘못은 운명이 아닌 자기 자신에게 있습니다. 설령 유배가 풀려 잃은 것을 모두 되찾는다 해도 소용없을 것입니다. 자신의 것을 되찾더라도 없는 것을 또다시 탐할 것이니 유배 때보다 더 큰 결핍을 느끼게 될 것이기 때문입니다.

3   사람들이 원하는 것은 황금 그릇으로 빛나는 식탁, 옛 장인들의 유명한 은그릇, 광기 어린 수집가들 때문에 값이 치솟은 청동품, 큰 집

도 비좁게 만드는 수많은 노예들, 강제로 살찐 노새들, 세계 각지의 대리석들입니다. 이런 것은 모을 수 있겠지만, 만족할 줄 모르는 마음을 채울 수는 없습니다. 그런 욕망은 부족함이 아닌 타오르는 마음의 불길에서 나오는 것이라 무엇으로도 채울 수 없기 때문입니다. 이는 갈증이 아닌 병입니다.

이는 돈이나 음식에만 국한되지 않습니다. 결핍이 아닌 악덕에서 비롯된 모든 욕망의 본질은 같습니다. 원하는 것을 모두 얻어도 욕망은 멈추지 않고 더 나아갑니다. 그러므로 자연과 본성이 정한 한계 안에 머무는 이는 결핍을 모르지만, 그 한계를 넘어서는 이는 최고의 부 속에서도 빈곤을 느낍니다. 유배지에서는 필요한 것만으로도 충분하지만, 왕궁에서는 쓸데없는 것이 넘쳐나도 늘 부족하기만 합니다. 4

사람을 부유하게 만드는 것은 영혼입니다. 영혼은 우리를 따라 유배지에 와서, 척박한 땅에서 겨우 몸을 지탱할 만큼만 살면서도 자신의 선을 충분히 누립니다. 돈이 불멸의 신들과 무관하듯 영혼과도 무관합니다. 5

대리석, 황금, 은, 크고 화려한 원형 식탁 같이 무지한 자들이 육신에 지나치게 집착하여 숭배하는 모든 것은 땅에 속한 무거운 짐일 뿐입니다. 순수한 영혼은 자신의 본성을 기억하고, 아무 짐도 없이 가벼이 있다가 언젠가 육신을 벗어나 저 높은 곳으로 날아오를 것이기에, 그런 것을 사랑할 수 없습니다. 비록 지금은 육신에 갇혀 무거운 짐에 둘러싸여 있지만, 빠른 생각으로 신적인 영역을 자유로이 넘나들 수 있습니다. 6

그러므로 자유롭고 신들과 닮은 영혼, 모든 세계와 시대를 아우르는 영혼은 결코 유배당할 수 없습니다. 영혼의 생각은 온 하늘을 돌 7

아다니고 과거와 미래의 모든 시간 속으로 들어가기 때문입니다. 영혼의 감옥이자 사슬인 이 작은 육신은 이리저리 던져지며, 형벌도 받고 강도도 만나고 병에도 걸립니다. 하지만 영혼은 신성하고 영원하여 누구도 손댈 수 없습니다.

제12장

1   어머니, 제가 현자들의 말씀을 끌어다 가난의 고통을 대수롭지 않게 넘기려 한다고 여기지 마십시오. 가난은 스스로 그것을 괴롭다고 여기는 이에게만 괴로울 뿐입니다. 가난한 이들을 보십시오. 그들은 수가 많지만 부자들보다 더 슬퍼하거나 괴로워하지 않습니다. 오히려 그들은 영혼을 방해하고 괴롭히는 것이 적어 더 행복할지도 모릅니다.

2   이제 가난한 이들에게서 부자들로 눈을 돌려보겠습니다. 부자들이 얼마나 자주 가난한 이처럼 살아갑니까! 외국 여행을 떠날 때는 짐을 줄이고, 급히 길을 떠날 때는 시종도 줄입니다. 군복무 때는 사치스러운 생활이 불가능해 검소하게 살아갑니다!

3   시간이나 장소의 제약만이 부자들을 가난하게 만드는 것이 아닙니다. 그들은 사치스러운 삶에 싫증 나면 일부러 날을 정해 땅바닥에서 먹고, 금과 은 그릇을 치워두고 질그릇을 꺼내 쓰기도 합니다. 오, 어리석은 이들이여! 늘 가난을 두려워하면서도 때때로 가난을 흉내 내고 갈망하다니, 이 얼마나 심각한 정신의 혼란이며 진리에 대한 무지입니까? 가난을 두려워하며 괴로워하다가, 다시금 가난을 체험하

려 애쓰는 그 모순된 모습이야말로 가장 기이한 일입니다.

저 역시 옛 사례들을 돌아볼 때마다 제 가난을 위로하려 드는 제 4 가 부끄럽습니다. 요즘은 사치가 극에 달해, 유배자가 가진 것도 옛 지도자들의 유산보다 많아졌기 때문입니다. 호메로스는 노예 한 명, 플라톤은 세 명이 있었고, 엄격한 스토아학파를 세운 제논은 노예가 없었다는 것은 잘 알려진 사실입니다. 하지만 누가 감히 그들이 불쌍했다 하겠습니까? 오히려 그런 말을 하는 이를 가장 불쌍하게 여기지 않겠습니까?

공공의 안녕을 위해 귀족과 평민 사이에서 중재한 메네니우스 아 5 그리파[28]는 장례 비용을 모금해야 했습니다. 아프리카에서 카르타고를 물리친 아틸리우스 레굴루스는 일꾼들이 떠나 농장이 버려졌다고 원로원에 편지를 보냈고, 원로원은 그가 돌아올 때까지 국가가 농장을 돌보기로 했습니다. 노예 하나 없어 로마 백성이 그의 소작인이 되었다는 것, 이 얼마나 대단한 일입니까!

스키피오의 딸들은 아버지의 유산이 없어 국고에서 결혼지참금을 6 받았습니다. 로마가 한때 카르타고로부터 조공을 받았다면, 스키피오 가문에 한 번쯤 조공하는 일쯤은 오히려 마땅하지 않겠습니까? 오, 로마 시민 전체가 장인이 되어준 그 사위들이야말로 얼마나 복된 사람들입니까! 한낱 무언극 배우의 딸에게는 백만 세스테르티우스를 지참금으로 아낌없이 쏟아붓고서도, 정작 원로원이 직접 나서 지참

---

28 메네니우스 아그리파(기원전 493년 사망)는 기원전 503년에 집정관으로 선출되어 아펜니노 산맥의 험준한 산악지대에 살며 로마 편입을 거부하던 사비니인을 복속시켰다. 기원전 494년 평민 봉기 때는 신체의 각 부분이 제 역할을 해야 전체가 건강하다는 비유로 그들을 설득했다. 리비우스의 『로마 건국사』에 따르면 가난하게 죽어 백성이 모금한 돈으로 장례를 치렀다.

금을 마련해준 스키피오의 딸들보다 그들이 더 복되다고 말할 수 있겠습니까?

7 이토록 빛나는 조상들의 흉상이 걸린 가문의 가난을 누가 감히 업신여기겠습니까? 스키피오는 딸들의 지참금을 마련하지 못했고, 레굴루스는 일꾼을 둘 형편이 없었으며, 메네니우스는 장례 비용조차 국고에 의지해야 했습니다. 그러나 그들의 가난은 수치가 아니라, 오히려 그들의 고결한 삶을 증명하는 명예였습니다. 필요한 것이 채워진 것도 가난했기 때문이 아니라, 그들이 그럴 자격이 있는 사람들이었기 때문입니다. 그런데 어찌 유배 온 사람이 자신의 가난을 한탄하겠습니까? 그들을 생각하면, 가난은 안전할 뿐 아니라 인간의 품격을 오히려 더 높여주기까지 합니다.

제13장

1 누군가는 이렇게 대답할 것입니다. "그런 것은 개별적으로는 견딜 만하지만 한데 모이면 감당하기 어려운데, 왜 인위적으로 나누려 하는가? 거주지 변경이 단순히 장소만 바꾸는 것이라면 참을 수 있고, 치욕 하나만으로도 영혼이 무너질 수 있으니, 가난도 치욕이 아니라면 견딜 만하다."

2 가난의 해악들을 한꺼번에 나열하며 저를 두렵게 하려는 이에게 이렇게 답할 수밖에 없습니다.

"운명의 한 측면에 맞설 만큼 강한 사람이라면 운명의 모든 면에도 맞설 수 있다. 미덕으로 단단해진 영혼은 어떤 상황에서도 흔들리지 않는다. 인류의 가장 큰 전염병인 탐욕이 사라지면 야심은 당신을 흔들지 못할 것이다. 죽음을 형벌이 아닌 자연의 이치로 받아들여 그 두려움을 떨쳐낸다면, 어떤 두려움도 감히 다가오지 못할 것이다.

정욕이 쾌락이 아닌 종족 번식을 위한 것임을 깨달아 우리를 은밀히 파괴하는 이 충동을 다스릴 수 있다면, 다른 모든 욕망 역시 당신을 스쳐 지나갈 뿐일 것이다. 이성은 악덕을 하나씩이 아니라 한꺼번에 무너뜨린다. 승리는 단번에 얻어진다." 3

현자는 스스로 판단하고 대중의 생각에 휘둘리지 않는 사람인데, 그가 치욕 때문에 흔들릴 것이라고 생각하십니까? 치욕스러운 죽음은 치욕보다 더 나쁩니다. 그러나 소크라테스는 전에 30인 참주[29]에 홀로 맞섰던 때와 같은 표정으로 감옥에 들어감으로써, 감옥이 치욕스러운 곳이라는 통념을 무너뜨렸습니다. 소크라테스가 있었던 곳은, 그 자체로 더 이상 감옥이 될 수 없었습니다. 4

마르쿠스 카토[30]가 법무관직과 집정관직에서 두 번이나 낙선한 것을 치욕이라 여길 만큼 진실을 보지 못하는 사람이 있겠습니까? 오히려 두 공직이 치욕을 당했고, 후에 카토로 인해 명예를 얻게 되었습니다. 5

---

29 기원전 404년, 펠로폰네소스 전쟁에서 승리한 스파르타는 아테네에 30인 참주 체제를 수립했다. 과격파 크리티아스는 온건파 테레메네스를 제거하고 정권을 장악한 뒤 민주파 시민 1,500여 명을 살해하는 등 폭정을 일삼았다.

30 마르쿠스 포르키우스 카토(기원전 95-46년). 공화정 말기 로마의 원로원 의원으로, 전통과 공화정을 수호한 영향력 있는 정치가이자 스토아학파 추종자였다. 기원전 63년 재무관으로서 청렴한 재정 운영으로 명성을 얻었다. 카이사르의 반대파로 활동하다 기원전 55년 법무관 선거에서 카이사르의 지지자 바티니우스에게 패배했다. 기원전 49년 내전이 발발하자 폼페이우스 편에 서서 카이사르와 대립하다 자결했다.

6 먼저 자신을 스스로 경멸하지 않는다면, 누구도 타인에게 쉽게 경멸당하지 않습니다. 모욕을 당하기 쉬운 것은 언제나 비천하고 비굴한 영혼입니다. 반면, 자신을 바로 세워 가장 혹독한 운명 앞에서도 당당히 맞서고, 남들을 쓰러뜨리는 불행조차 이겨내는 사람에게는 오히려 그 불행이 고귀함의 징표가 됩니다. 우리는 불행에 용감히 맞서는 이를 보며 가장 큰 감동을 받고 존경하게 되기 때문입니다.

7 아테네에서 아리스테이데스[31]가 처형장으로 끌려갈 때, 모든 이가 시선을 떨구고 탄식했습니다. 정의로운 사람이 아닌 정의 자체가 처벌받는다고 여겼기 때문입니다. 그때 어떤 이가 그의 얼굴에 침을 뱉었습니다. 아리스테이데스는 깨끗한 입을 가진 사람은 결코 그러지 않으리라는 걸 알았기에 분노할 수도 있었습니다. 하지만 그는 얼굴을 닦고 미소 지으며 호송관에게 말했습니다. "앞으로는 그렇게 고약하게 하품하면 안 된다는 것을 그 사람에게 일러주시오." 이는 모욕을 모욕으로 갚아준 것입니다.

8 어떤 이들은 멸시당하는 것이 가장 고통스럽다고 말하며, 차라리 죽음을 택하겠다고 합니다. 그들에게 저는 유배조차도 반드시 멸시받을 일은 아니라고 답하겠습니다. 위대한 인물은 쓰러져도 위대합

---

[31] 아리스테이데스(기원전 530-468년)는 '의인'('디카이오스')이라 불린 아테네의 정치가다. 페르시아 전쟁에서 마라톤 전투, 살라미스 해전, 플라타이아이 전투를 승리로 이끌었고, 헤로도토스는 그를 "아테네에서 가장 훌륭하고 명예로운 인물"이라 평했다. 그의 최후는 아테네 혹은 흑해 여행 중 사망했다는 두 가지 기록이 있다. 다만, 이 일화의 주인공은 포키온(기원전 402-318년)일 가능성이 더 크다. 그는 아테네의 정치가이자 장군으로, 극도로 검소한 삶을 살아 '선한 자'라는 칭호를 얻었다. 마케도니아의 아테네 점령기에 끝까지 저항하다 체포되었으나, 마케도니아군 총사령관 폴리페르콘이 그를 석방했다. 그러나 결국 아테네 민회에서 반역죄로 처형당했다.

니다. 일찍이 우뚝 선 신전을 경배하던 이들은 신전이 무너졌다 해도 짓밟지 않듯, 사람들은 위대한 이가 쓰러졌다 해도 함부로 짓밟지 않습니다.

제14장

사랑하는 어머니, 저 때문에 끝없이 눈물 흘리실 이유가 전혀 없습니다. 어머니의 눈물은 제가 아닌 어머니 자신에게서 비롯된 것입니다. 그 원인은 두 가지입니다. 보호막을 잃었다고 여기시거나, 아니면 저를 그리워하는 마음을 감당할 수 없으시기 때문일 것입니다.

첫 번째 원인은 가볍게 다루어야 합니다. 어머니는 가족이 가진 것이 아닌 가족 그 자체를 사랑하시는 분이기 때문입니다. 하지만 다른 어머니들, 즉 여자라서 권력을 가질 수 없어 자식의 권력을 이용하는 어머니들, 공직을 맡을 수 없어 자식의 권력으로 야심을 채우는 어머니들, 자식의 유산을 탕진하고 가로채려는 어머니들, 자식들에게 끊임없이 대중연설을 시켜 지치게 만드는 어머니들은 자신이 가족의 소유물을 사랑한다는 것을 알아야 합니다.

어머니는 자식들의 재능을 기뻐하셨을 뿐, 그것을 자신을 위해 쓰지 않으셨습니다. 우리의 베풂에는 한도를 정해주셨지만, 당신 자신에게는 그러지 않으셨습니다. 한 가문의 딸로서 의무가 있으셨음에도,³² 기꺼이 부유한 아들들을 도우셨습니다. 저희가 물려받은 유산을 자신의 것처럼 관리하시면서도 남의 것처럼 손대지 않으셨고, 우리의 영향력을 남의 것처럼 아껴 쓰셨으며, 저희의 공직에서는 오직 즐거움만 취하시고 비용만 대주셨습니다. 어머니는 자신의 이익을 위해 자식들을 사랑하신 것이 아닙니다. 그러므로 아들이 잘 지낼 때도 사익을 생각지 않으셨던 어머니께서, 아들을 잃은 지금 그것을 생각하실 리 없습니다.

제15장

1   제가 어머니를 위로하기 위해서는 슬픔과 고통의 근원을 직시해야 합니다. '이제 사랑하는 아들을 포옹할 수도, 볼 수도, 대화를 나눌 수도 없구나. 내 아들을 보면 슬픈 표정이 풀리고 모든 걱정이 사라졌는데, 그 아들이 어디 있단 말인가? 아무리 해도 싫증 나지 않던 대화, 여느 여자에게 주어진 것보다 자유롭고 다른 어머니들보다 더 친밀하게 나눴던 아들과의 공부, 지난날의 만남, 늘 유쾌하게 웃던 아들의 소년 같은 미소는 어디로 갔단 말인가?'

2   어머니는 여기에 더해 저와 함께 나누었던 즐거운 순간들과, 얼마 전까지 이어졌던 대화의 흔적들을 떠올리시며 더욱 마음 아파하실 것입니다. 이런 불행이 닥치기 이틀 전, 평온했던 그날 어머니를 제게서 멀어지게 한 것 역시 운명의 잔혹한 술책이었습니다.

3   그렇게 멀리 떨어져 있었던 것도, 오랜 시간 떨어져 지내며 이 불

---

32 세네카의 어머니 헬비아는 히스파니아 바이티카 속주의 명문가 출신이다. 그녀의 아버지는 히스파니아 출신의 로마 기사로, 로마에서 작가이자 수사학 교사로 명성을 얻었다.

행에 대비할 수 있었던 것도 차라리 다행이었습니다. 결국 돌아오셨지만, 아들을 만나는 기쁨은커녕 아들 없이 지내던 그 적응마저 허사가 되고 말았습니다. 이 일이 있기 훨씬 전에 떠나 계셨더라면 거리가 그리움을 덜어주어 더 굳건히 견디실 수 있었을 것이고, 떠나지 않으셨더라면 마지막 이틀이라도 더 아들과 함께하는 기쁨을 누리실 수 있었을 것입니다. 하지만 지금, 잔혹한 운명은 어머니가 제 불운을 함께하실 수도, 제 부재에 익숙해지실 수도 없게 만들어버렸습니다.

그러나 운명이 가혹할수록 더욱 힘을 내셔야 하고, 오래전부터 알고 있던 원수, 이미 여러 번 물리쳤던 적과 싸우듯 더욱 강하게 맞서야 합니다. 이번에는 처음 다치는 곳이 아닌, 이미 한 차례 아물었던 상처가 다시 터진 것입니다. 4

제16장

여자라는 이름을 변명으로 삼아서는 안 됩니다. 여자에게는 눈물을 흘릴 권리가 허용되지만, 끝없이 그렇게 할 수 있는 것은 아닙니다. 그래서 우리 조상들은 남편을 잃은 여성의 애도 기간을 법으로 열 달로 정해두었습니다. 애도 자체를 금지하지는 않되 그 감정에 한계를 두었던 것입니다. 사랑하는 이를 잃고 끝없이 슬퍼하는 것은 어리석은 애정이며, 전혀 슬퍼하지 않는 것은 비인간적인 냉정함이기 때문입니다. 애정과 이성 사이의 최선은 그리움을 느끼되 그것을 다스리는 것입니다. 1

2   슬픔에 빠져 죽음으로 생을 마감한 여인들을 돌아보지 마십시오. 아들을 잃고 죽을 때까지 상복을 벗지 않은 이들도 있었음을 어머니도 아실 것입니다. 처음부터 굳건한 삶을 살아오신 어머니는 그보다 더 나아야 합니다. 여성의 모든 약점을 극복하신 어머니께 '여자라서'라는 말은 변명이 될 수 없습니다.

3   대부분의 여성이 이 시대 최악의 악덕인 몰염치에 물들었지만, 어머니는 그러지 않으셨습니다. 보석도 진주도 어머니를 흔들지 못했고, 부와 재물도 어머니에게는 최고의 복이 아니었습니다. 정숙한 여인도 그릇된 이들을 만나 잘못될 수 있지만, 옛 방식의 엄격한 가문에서 올바른 교육을 받으신 어머니는 그럴 위험이 없었습니다. 어머니는 나이에 비해 자식이 많아 사람들의 손가락질을 받을 수도 있었지만, 전혀 부끄러워하지 않으셨습니다. 외모만을 중시하는 다른 여인들과 달리 불러오는 배를 흉한 짐처럼 여기며 감추려 하지 않았고, 자신의 몸에 품은 생명들의 희망을 결코 포기하거나 외면하지 않으셨습니다.

4   어머니는 짙은 화장으로 얼굴을 더럽히지 않으셨고, 입었어도 벗은 듯한 옷을 좋아하지 않으셨습니다. 어머니의 유일한 장식이자 세월이 흘러도 변치 않는 최고의 아름다움, 최고의 품격은 바로 염치였습니다.

5   따라서 이미 미덕을 갖추어 여자라는 이름을 초월하신 어머니께서는, 슬픔을 내세워 그 이름에 기대실 필요가 없습니다. 여자들의 악덕에서 자유로우신 것처럼 여자들의 슬픔에서도 자유로우셔야 합니다. 뛰어난 미덕으로 위대해진 여인들을 바라보신다면, 그들 역시 어머니가 상처로 시들어가는 것을 용납하지 않고, 적절한 만큼만 슬퍼하고 빠르게 일어서라고 할 것입니다.

운명은 코르넬리아[33]의 열두 자녀를 둘로 줄여버렸습니다. 그녀는 6
열 명의 자녀를, 특히 그라쿠스 형제를 잃었습니다. 하지만 그녀는
주위에서 통곡하며 자신의 운명을 저주하는 이들에게, 그라쿠스 형
제를 자신의 아들로 준 운명을 탓하지 말라 했습니다. 이런 어머니에
게서 태어난 아들이 민회에서 "당신은 감히 나를 낳은 어머니를 욕하
는 것인가?"라고 말한 것은 당연했습니다. 하지만 저는 아들의 말보
다 어머니의 말이 더 기개 있어 보입니다. 아들은 형제의 존재를 자
랑으로 여겼고, 어머니는 그들의 죽음조차 자랑스럽게 받아들였기
때문입니다.

　루틸리아는 아들 코타의 유배를 함께했습니다. 모성애 때문에 그 7
리워하며 홀로 남아 있기보다 아들과 함께 유배를 택했고, 아들의 형
벌이 풀릴 때까지 조국으로 돌아가지 않았습니다. 이후 아들이 귀환
해 성공 가도를 달리다 세상을 떠났을 때도, 유배 시절 보여주었던
그 굳건함으로 장례를 치렀습니다. 장례 후 그녀의 눈물을 본 이는
없었습니다. 유배 시절에는 헌신하는 용기를, 죽음 앞에서는 절제하
는 지혜를 보여주었기 때문입니다. 전자에서는 어떤 것도 자식을 향
한 헌신을 막지 못했고, 후자에서는 어떤 것도 그녀를 어리석은 슬픔
에 붙잡아두지 못했기 때문입니다. 어머니께서도 이런 여인들처럼
되시기를 바랍니다. 그들의 삶을 본받아오셨듯이, 슬픔을 다스리는
데도 그들을 따르시는 것이 가장 좋을 것입니다.

---

33 코르넬리아는 한니발을 물리친 스키피오 아프리카누스(기원전 236-183년)의 딸이
자 그라쿠스 형제의 어머니다. 티베리우스(기원전 169-133년)와 가이우스 그라쿠스
(기원전 160-121년) 형제는 호민관으로서 평민을 위한 개혁을 추진하다 살해되
었다.

제17장

1   저는 잘 압니다. 이 일이 제 능력을 넘어선다는 것을, 어떤 정념도 다스리기 어렵고 특히 슬픔에서 비롯된 정념은 더욱 그러하다는 것을 말입니다. 정념은 거세고 모든 치료를 완강히 거부합니다. 슬픔을 숨기고 한탄을 삼키려 해도, 억지로 지은 표정 위로 눈물이 흘러내립니다. 공연이나 검투사 경기에 정신이 팔려 있다가도, 작은 그리움 하나에 마음이 무너져내리고 맙니다.

2   그러므로 슬픔을 속이는 것보다 이기는 것이 낫습니다. 쾌락과 분주함으로 덮어둔 슬픔은 다시 터져 나오고, 조용히 폭발할 힘을 모읍니다. 반면 이성에 굴복한 슬픔은 영원히 잠잠해집니다. 그래서 저는 많은 이들이 슬픔을 달래는 데 쓴다는 방법들, 즉 멀리 떠나 오래 머물거나 즐거운 여행을 떠나는 것, 장부 정리와 유산 관리에 시간을 쏟는 것, 새 일을 계속 만들어내는 것 따위를 권하지 않겠습니다. 이런 것은 잠시 도움이 될 수는 있겠으나, 슬픔을 치료하기는커녕 오히려 방해만 됩니다. 저는 슬픔을 속이는 것이 아닌 끝내는 것을 택하겠습니다.

3   그래서 저는 운명을 피해 달아난 모든 이의 안식처가 되어준 자유로운 학문의 길로 어머니를 이끌려 합니다. 이 학문들이 어머니의 상처를 치유하고 모든 슬픔을 몰아낼 것입니다. 전에는 친숙하지 않으셨더라도 지금은 이 학문들을 잘 활용하셔야 합니다. 옛 방식을 고수하신 아버지 때문에 이 훌륭한 학문들을 깊이 배우지는 못하셨지만, 어느 정도는 이미 접해보셨습니다.

4   훌륭하신 아버지께서 조상의 관습에서 벗어나 어머니가 철학을

맛보는 데 그치지 않고 제대로 배우도록 하셨더라면 얼마나 좋았을까요! 그랬다면 지금 어머니는 운명에 맞설 조력자를 이제 와서 준비하는 게 아니라 이미 갖추고 계셨을 것입니다. 아버지는 여인들이 지혜가 아닌 허영으로 학문을 대하는 것을 우려해 어머니의 학문 탐구를 막으셨습니다. 하지만 어머니는 뛰어난 이해력으로 주어진 시간에 비해 훨씬 많은 것을 배우셨습니다. 어머니에게는 모든 학문을 익힐 토대가 있습니다. 이제 다시 학문으로 돌아가십시오. 그것이 어머니를 지켜줄 것입니다.

학문은 어머니를 위로하고 즐겁게 할 것입니다. 학문이 어머니 마음에 자리 잡으면 슬픔도, 염려도, 헛된 괴로움도 더는 들어오지 못할 것입니다. 어머니의 가슴은 이미 다른 모든 악덕에 대해 닫혀 있으니, 이제 그 안에 들어올 수 있는 것은 오직 학문뿐입니다. 학문은 가장 확실한 보호막이며, 운명으로부터 어머니를 구할 유일한 것입니다. 5

제18장

학문이 약속한 그 안전한 항구에 도달하기 전까지는 어머니께 버팀목이 필요하기에, 그 사이에 위안이 될 만한 것을 보여드리고자 합니다. 1

우리 두 형제를 보십시오. 그들이 잘 지내고 있는데 운명을 탓하시는 것은 옳지 않습니다. 두 사람은 각자의 다른 장점으로 어머니를 기쁘게 할 것입니다. 한 명은 열심히 공직에 임해왔고, 다른 한 명은 2

지혜를 좇아 공직을 멀리했습니다. 한 아들에게서는 공직자로서의 성취를, 다른 아들에게서는 은둔자로서의 평온을, 그리고 둘 모두의 효심에서 위안을 얻으십시오. 저는 형제들의 속마음을 압니다. 한 형제는 어머니의 자랑이 되고자 더 높은 자리로 나아가고, 다른 형제는 어머니를 모실 시간을 갖고자 조용한 은거의 삶을 택한 것입니다.

3   운명은 어머니께 자식들을 통해 한편으로는 보호를, 다른 한편으로는 위안을 허락하는 호의를 베풀었습니다. 한 아들의 공직으로 보호받으시고, 다른 아들의 은거로 즐거움을 누리실 수 있습니다. 두 형제는 효도하려 서로 경쟁할 것이고, 한 아들을 그리워하는 허전함은 두 아들의 효심으로 채워질 것입니다. 자신 있게 말씀드릴 수 있습니다. 어머니는 자식의 수를 제외하고는 부족함이 없으실 것입니다.

4   이제 아들들에서 눈을 돌려 손자들을 보십시오. 귀여운 소년으로 자란 마르쿠스[34]를 보십시오. 그를 바라보면 어떤 슬픔도 오래가지 못합니다. 가슴속에서 미친 듯 날뛰는 슬픔이 아무리 크고 생생하더라도, 그가 품에 안겨들면 달래지지 않을 수 없습니다.

5   그 아이의 천진함에 눈물이 마르지 않겠습니까? 재잘거림에 답답한 마음이 풀리지 않겠습니까? 그 명랑함에 저절로 웃음이 나지 않겠습니까? 깊은 생각에 잠겨 있다가도, 싫증 날 줄 모르는 그 재롱에 고민을 잊지 않겠습니까? 저는 이 아이가 우리보다 더 오래 살게 해달라고 신들에게 기원합니다!

---

[34] 마르쿠스 안나이우스 루카누스(39-65년)는 세네카의 조카로, 히스파니아 코르도바 출신이다. 『내전』을 써서 명성을 얻었고, 아테네에서 수사학을, 세네카에게서 철학을 배웠다. 65년 네로 암살 음모에 가담했다가 발각되어 25세로 자결했다.

운명의 모든 잔혹함이 저에게만 쏟아지고 거기서 그치기를 바랍 6
니다. 어머니께서 어머니로서, 할머니로서 겪으실 모든 슬픔이 제게
로 옮겨지기를 바랍니다. 다른 이들도 각자의 자리에서 잘 살아가기
를 바랍니다. 저는 자식이 없는 것과 제 불행한 처지를 탓하지 않겠
습니다. 다만 제가 속죄의 제물이 되어 우리 집안에 더는 슬픈 일이
없기를 바랄 뿐입니다.

  곧 증손자를 안겨줄 노바틸라를 따뜻이 품어주십시오. 제가 입양 7
했기에, 비록 친부가 살아 있더라도 저를 잃으면 고아나 다름없을 것
입니다. 그 아이를 저 대신 사랑해주십시오. 얼마 전 운명은 그 아이
에게서 친어머니마저 앗아갔습니다. 이제 어머니께서 사랑으로 그
아이를 품어주신다면, 비록 어머니를 잃은 슬픔은 느끼겠지만, 그 상
실의 깊은 고통까지는 겪지 않아도 될 것입니다.

  그 아이의 인성을 다듬어주십시오. 어릴 때 받은 가르침은 더 깊이 8
새겨집니다. 어머니의 말씀에 익숙해지고 뜻을 따라 자신을 만들어
가게 하십시오. 본을 보이시는 것만으로도 큰 가르침이 될 것입니다.
이런 거룩한 의무가 치료제가 되어줄 것입니다. 사랑으로 생긴 슬픔
의 고통은 오직 이성이나 고귀한 일에 몰두함으로써만 덜어낼 수 있
기 때문입니다.

  외할아버지께서 멀리 계시지만 않았더라면, 큰 위안거리로 외할아 9
버지를 먼저 들었을 것입니다. 그래도 어머니는 외할아버지를 사랑
하시니, 어머니를 향한 외할아버지의 사랑을 생각하십시오. 그러면
저를 위해 자신을 상하게 하는 것보다, 외할아버지를 위해 자신을 돌
보는 것이 얼마나 더 옳은 일인지 분명히 느끼실 수 있을 것입니다.
슬픔이 강한 힘으로 어머니를 사로잡아 따르라 할 때마다 외할아버
지를 생각하십시오. 어머니는 많은 손자와 증손자를 안겨드려 외할

아버지께서 딸 하나만 바라보며 살지 않도록 해드렸습니다. 하지만 외할아버지의 지난 행복을 완성하는 일은 어머니께 달려 있습니다. 외할아버지 생전에 어머니가 살아 있음을 한탄하시는 것은 옳지 않습니다.

제19장

1 아직 어머니께 가장 큰 위안이 되어주실 분, 어머니의 자매 이야기를 하지 않았습니다. 어머니의 자매이신 제 외숙모는 어머니가 모든 근심을 털어놓을 수 있는 가장 믿음직한 가슴을 지니신 분이며, 저희 모두에게도 어머니와 같은 따뜻한 마음을 나누어주시는 분입니다. 두 분은 슬픔 속에서 함께 부둥켜안고 우셨고, 어머니는 외숙모 품에 안겨서야 비로소 숨을 고르실 수 있었습니다.

2 외숙모는 늘 어머니의 감정에 충실하셨습니다. 하지만 저와 관련해서는 단순히 어머니를 위해 슬퍼하시는 것이 아닙니다. 저는 외숙모 손에 이끌려 로마에 왔고, 어머니처럼 정성스러운 간호 덕에 오랜 병을 이겨냈습니다.[35] 외숙모는 제가 재무관이 되도록 도우셨고, 원래는 수줍음이 많으신데도 저를 위해서는 용기를 내어 여러 사람을

---

[35] 세네카는 어려서 소아 천식을, 20대 중반에는 결핵을 앓았다. 외숙부 가이우스 갈레리우스는 티베리우스 황제 시대에 이집트 총독(16-31년)을 지냈고, 외숙모는 세네카를 이집트로 데려가 10년간 간호했다. 31년 로마로 돌아오는 길에 외숙부는 난파로 사망했다. 이후 외숙모의 도움으로 37년 재무관이 되었다.

만나 부탁을 하셨습니다. 사람을 멀리하고 조용히 지내시며, 화려함을 추구하는 여인들과 달리 절제되고 소박한 삶을 사시면서도, 은둔을 즐기시는 성격임에도 불구하고 저를 위해서는 열정을 보이셨습니다.

사랑하는 어머니, 외숙모는 어머니께 위안이 되어 본래의 모습을 찾게 하실 수 있는 분입니다. 외숙모와 함께 계시고 꼭 안아주십시오. 슬픔에 잠긴 이들은 흔히 마음껏 슬퍼하고자 가장 사랑하는 이들조차 피하곤 합니다. 하지만 어머니는 마음속 모든 생각을 외숙모께 털어놓으십시오. 이대로 계속 슬퍼하시든 아니면 그만두시든, 외숙모와 함께 슬픔을 이겨내시거나 함께 나누십시오. 3

하지만 제가 아는 외숙모는 가장 완벽하고 지혜로우신 분이기에, 어머니가 헛된 슬픔에 빠지는 것을 두고 보지 않으실 것이며, 자신의 경험을 들려주실 것입니다. 외숙모는 젊은 시절 사랑하는 남편, 우리의 외삼촌을 항해 중에 잃으셨습니다. 그때 외숙모는 슬픔과 두려움을 이겨내고 폭풍을 뚫고 난파선에서 남편의 시신을 직접 수습해 오셨습니다. 4

아, 여인들의 위대한 행적이 얼마나 많이 어둠 속에 묻혀 있습니까! 외숙모께서 미덕을 정직하게 칭송하던 고대에 태어나셨더라면, 건장한 남자조차 두려워하는 바다에 맞서 연약함을 잊고, 남편의 장례를 위해 목숨을 걸고자 하신 그 용기를 얼마나 많은 시인들이 앞다투어 노래했겠습니까. 남편을 위해 목숨을 바친 여인은 노래로 칭송받지만, 장례를 위해 죽음을 무릅쓴 여인은 더욱 칭송받아 마땅합니다. 보상은 더 적은데도 같은 위험을 감수하는 것이 더 큰 사랑이기 때문입니다. 5

이 일을 아는 이라면, 남편이 이집트 속주에서 16년간 총독으로 6

있는 동안 외숙모가 어떻게 사셨는지를 들어도 놀라지 않을 것입니다. 그 기간 외숙모는 대중 앞에 나서지 않았고, 속주민을 집에 들이지 않았으며, 남편에게 청탁하지도, 어떤 청탁도 받지 않았습니다. 그곳은 험담이 난무하고 총독을 음해하기 일쑤여서 결백한 총독조차 비방을 피하기 어려운 곳이었지만, 속주민들은 외숙모를 고결함의 표상으로 받들었고, 위험한 농담을 즐기는 이들이라도 외숙모를 함부로 말하지 않았으며, 지금도 그 같은 분이 오기를 바랍니다. 16년간 존경받으신 것도 놀랍지만, 그것을 전혀 의식하지 않으신 것은 더욱 놀랍습니다.

7　외숙모의 훌륭한 삶을 이처럼 짧게 전하는 것은 그 진가를 온전히 드러내지 못하는 일이지만, 이 말씀을 드리는 이유는 외숙모를 칭송하기 위함이 아니라, 그분의 위대한 정신을 어머니께서도 본받아주시길 바라기 때문입니다. 모든 권력자의 곁에서 그들을 망치는 야심과 탐욕도 외숙모의 마음을 흔들지 못했습니다. 배가 난파되어 항해할 수 없음을 보고도, 죽음의 두려움 속에서도 죽은 남편을 포기하지 않고, 자신의 탈출이 아닌 남편의 시신을 수습할 방법을 찾으셨습니다. 어머니도 이런 미덕을 보이셔야 합니다. 슬픔을 이겨내시고 마음을 다잡으셔서, 누구도 어머니가 아들을 낳은 일을 후회하신다고 오해하지 않도록 해주십시오.

제20장

1　제가 말씀드린 모든 것을 하신다 해도, 반복해서 제가 떠오르고 지

금은 다른 자식들보다 제가 더 자주 눈앞에 아른거리는 것은 어쩔 수 없습니다. 이는 다른 자식을 덜 사랑해서가 아니라 다친 자식에게 더 손이 가는 것이 자연스럽기 때문입니다. 그러니 앞으로 저를 어떤 마음으로 생각하셔야 할지, 이제 제 말씀을 들어주십시오. 모든 일이 잘 풀릴 때처럼 제가 행복하고 즐겁다고 여기십시오. 실제로 저는 최고의 삶을 살고 있습니다. 영혼이 모든 분주함에서 벗어나 본래의 일에 전념할 수 있게 되어, 때로는 가벼운 학문으로 즐거움을 얻고, 때로는 진리를 향한 열망으로 날아올라 영혼과 만물의 본성을 깊이 성찰하기 때문입니다.

    제 영혼은 먼저 땅과 그 자리를 살피고, 그다음으로는 땅을 감싸고 있는 바다의 모습과 물살의 변화를 탐구합니다. 또한 하늘과 땅 사이의 두려운 공간, 천둥과 번개가 치고 폭우와 눈과 우박이 휘몰아치는 소란스러운 공간에 있는 모든 것을 들여다봅니다. 그리고 낮은 곳을 지나 가장 높은 곳으로 올라가 신성한 것이 이룬 가장 아름다운 광경을 즐기며, 제 영혼의 영원함을 되새기며 모든 시간을 넘어 과거와 미래의 진리를 향해 나아가고 있습니다. 2

제7편
폴리비우스에게 보내는 위로

제1장

도시들과 돌로 된 기념물들은 인생과 비교하면 견고하지만,[1] 이 또한 자연의 법칙 앞에서는 사라지고 맙니다. 모든 것을 파괴하여 그것이 생겨난 근원으로 되돌리는 것이 자연의 법칙이기 때문입니다. 필멸하는 인간이 만든 것 중에 영원한 것이 있겠습니까? 7대 불가사의[2]뿐만 아니라 후대 사람들의 야심이 만들어낼 더욱 놀라운 건축물들조차 언젠가는 땅속에 묻힐 것입니다. 그렇습니다. 영원한 것은 없으며, 오래 지속되는 것조차 드뭅니다. 사물마다 취약점이 다르고 사라지는 방식이 다를 뿐, 시작이 있는 것에는 반드시 끝이 있습니다.

어떤 이들은 이 세계의 종말을 경고합니다. 당신도 알다시피, 신적

---

[1] 폴리비우스는 로마 제국 제4대 황제 클라우디우스의 서기다. 세네카는 형제의 죽음으로 슬픔에 빠진 폴리비우스를 위로하기 위해 이 글을 썼다. 이 글의 앞부분은 현재 전해지지 않는다. "도시들과 돌로 만들어진 기념물들은 인생과"라는 구절은 연구자 게르츠(Gertz)가 추정해 보충한 것이다.

[2] 기원전 4세기, 고대 그리스는 동서양을 잇는 대제국을 건설했고 그리스인들은 이집트, 페르시아, 바빌로니아 문명을 접하게 되었다. 각지의 놀라운 건축물에 감명받은 여행자들이 목록을 만들기 시작했는데, 7이라는 숫자가 그리스인에게 완벽과 풍요를 상징했기에 7개로 정리되었다. 이 목록이 처음 등장한 것은 기원전 2~1세기경이다. 7대 불가사의를 오래된 순서대로 나열하면 다음과 같다. 이집트 기자의 쿠푸왕 피라미드(기원전 2584-2561년), 바빌론의 공중정원(기원전 약 600년), 에페소스의 아르테미스 신전(기원전 약 550년), 올림피아의 제우스 신상(기원전 435년), 그리스 할리카르나소스의 마우솔로스 왕릉(기원전 351년), 로도스의 거상(기원전 292-280년), 알렉산드리아의 등대(기원전 약 280년).

인 것과 인간적인 것을 모두 품은 이 우주도 언젠가는 흩어져 태초의 혼돈과 어둠 속으로 돌아갈 것입니다. 어디로 떨어질 곳조차 없는 이 우주도 사라질 운명인데, 한 사람의 죽음을 통곡하고, 카르타고와 누만티아와 코린토스의 폐허를 보며, 혹은 이보다 더 웅장했던 도시의 멸망을 비통해하는 것이 과연 합당하겠습니까? 그토록 거대한 파멸을 준비하고 있는 운명이 자신의 목숨을 살려두지 않았다고 원망하는 것이 과연 이치에 맞겠습니까?

3　모든 것을 같은 종말로 이끄는 자연의 필연으로부터 자신과 가족만을 예외로 두려 하고, 다가올 세계의 종말에서 한 가정만을 빼내려는 사람의 오만함과 무지함은 얼마나 크겠습니까?

4　그러므로 자신 이전의 모든 이가 겪었고 이후의 모든 이가 겪을 일이 자신에게 일어났다고 생각하는 것이야말로 최고의 위로가 됩니다. 자연은 가장 견디기 어려운 시련을 모든 이에게 똑같이 내리니 이러한 운명의 공평함이 그 잔인함을 달래주는 위안이 됩니다.

제2장

1　당신의 슬픔이 떠난 이에게도, 당신 자신에게도 아무런 도움이 되지 않는다는 사실을 떠올리는 것만으로도 위로가 됩니다. 당신도 무익한 일을 오래 지속하길 바라지 않을 테니 말입니다. 만약 슬퍼하는 것이 조금이라도 도움이 된다면, 나는 내 운명 속에 남은 모든 눈물을 당신을 위해 기꺼이 흘리겠습니다. 비록 내 눈은 이미 개인적 고통으로 말라붙었지만,³ 당신에게 도움이 된다면 어떻게든 눈물을 짜

내겠습니다. 왜 망설이십니까? 함께 불평해봅시다. 나는 이렇게 항의 2
하겠습니다.

"세상 사람들이 모두 가혹하다 원망하는 운명이여, 그대는 지금껏 그를 각별히 보살피는 듯했소. 그는 그대 덕에 극소수만이 누리는 존경을 받았고, 그의 행복을 시기하는 이조차 없었소. 그런데 그대는 카이사르가 살아 있는 동안 그가 겪을 수 있는 가장 큰 슬픔을 안겨주었소. 그와 관련된 모든 것을 살펴본 끝에, 오직 이 부분만이 그대가 타격을 줄 수 있는 곳임을 알아챘던 것이오. 과연 그대가 그에게 다른 어떤 상처를 줄 수 있었겠소?

만약 그대가 그의 재산을 빼앗았다면 어찌 되었을까요? 돈 문제는 3
그에게 슬픔이나 불행이 되지 못했을 것이오. 지금도 그는 최대한 돈을 멀리하고 있으며, 돈을 벌 기회가 많은데도 돈을 경멸하는 마음이 커서 그런 기회를 이용하지 않소.

그대가 그의 친구들을 빼앗았다면 어찌 되었을까요? 그대도 알다 4
시피 그는 많은 이의 사랑을 받는 사람이라 친구를 잃더라도 그 자리를 쉽게 채울 수 있었을 것이오. 내가 본 황궁의 권력자들 중 그는 유일하게 모든 이가 기꺼이 친구가 되고 싶어 했고, 그렇게 친구가 되는 것을 영광으로 여기게 한 사람이었소.

그대가 그의 명성을 빼앗았다면 어찌 되었을까요? 그의 평판은 너 5
무나 확고해서 그대조차도 흔들 수 없었을 것이오. 그의 건강을 빼앗

---

3 세네카는 이 글을 43년이나 44년에 썼다. 당시 그는 코르시카섬에서 유배 생활 중이었다. 41년에 즉위한 클라우디우스의 황비 메살리나가 그를 칼리굴라의 누이 율리아 리빌라와의 간통 혐의로 고발했고, 원로원에서 사형 선고를 받았으나 클라우디우스의 감형으로 유배형을 받았다. 그의 유배는 41년부터 8년간 계속되었다.

았다면? 그는 자유민답게 교육받고 자랐을 뿐 아니라 타고난 성품 또한 자유민다워서, 그의 영혼은 육체의 모든 고통을 이겨낼 만큼 단단하오. 그의 목숨을 빼앗았다면 어떠했을까요?

6 그대는 그에게 별다른 상처를 주지 못했을 것이오. 그의 명성 덕분에 그의 성품과 재능은 그가 떠난 뒤에도 오랫동안 빛날 것이기 때문이오. 그는 자신의 가장 훌륭한 면모를 통해 죽음 이후에도 살아 있기를 바랐으며, 뛰어난 글솜씨로 불멸을 이루고자 했소. 글이 명예를 낳고, 라틴어의 힘과 그리스어의 전통이 이어지는 한, 그는 위대한 이들과 함께 계속 살아 있을 것이오. 설령 그의 겸손이 그런 영광을 사양한다 해도, 그의 작품을 읽는 이들의 마음에서 그는 계속 살아 있을 것이오.

7 그러므로 그대는 오직 이 한 부분만이 그에게 가장 깊은 상처를 남길 수 있다는 것을 알아챘던 것이오. 그대는 언제나 미쳐 날뛰며 제 맘대로 휘두르는 존재이기에, 호의를 베풀 때조차 두려움의 대상이 되는 자요. 그러나 더 고결한 사람일수록 그런 그대를 더 잘 견뎌 내 왔소.

만약 그대가 늘 그랬듯이 눈먼 듯 행동하지 않고, 한 번이라도 이성이나 원칙에 따라 움직였다면, 그를 이런 부당한 일로부터 지켜주는 일쯤은 그대에게 아무것도 아닌 일이었을 것이오!"

제3장

1 당신이 원하신다면, 우리는 이 불평에 덧붙여 젊고 한창 꽃피던 나

이에 세상을 떠난 그의 성품과 자질에 대한 안타까움도 더할 수 있을 것입니다. 그는 당신에게 걸맞은 동생이었습니다. 분명 당신은 자격 없는 동생을 위해서라면 슬퍼하지 않았을 것입니다. 모든 이가 당신의 동생에 대해 한결같이 증언합니다. 사람들은 당신의 명예를 생각하여 그를 추모하고, 그의 명예를 생각하여 그를 칭송합니다.

그에게는 당신이 마음껏 자랑스러워할 만한 것뿐이었습니다. 당신 2 은 못난 동생에게도 좋은 형이었겠지만, 당신의 동생 같은 훌륭한 이를 만나 우애는 한층 더 빛났습니다. 그가 권력을 함부로 휘둘렀다고 여긴 이는 아무도 없었고, 당신의 동생이라는 이유로 남을 위협한 적도 없었습니다. 그는 당신의 절제를 본받아 자신을 다듬었고, 당신이 가문의 큰 자랑이자 무게임을 늘 마음에 새기고 행동했습니다. 그리고 그는 그 기대에 걸맞은 사람이었습니다.

아, 어떤 미덕에도 공평하지 않은 무자비한 운명이여! 당신의 동생 3 은 자신의 행복을 깨닫기도 전에 떠나고 말았습니다. 나는 이에 대한 나의 분노를 제대로 표현하지 못하고 있음을 압니다. 깊은 슬픔을 담아낼 만한 말을 찾는 것만큼 어려운 일도 없기 때문입니다. 그럼에도 우리가 어떤 말이든 할 수 있다면, 이렇게 불평해야 합니다.

"운명이여, 너는 이토록 부당하고 포악한 짓을 저질러 무엇을 얻으 4 려 했는가? 너는 그에게 내렸던 은총을 이렇게 급히 앗아가려 한 것인가? 형제를 갈라놓고, 잔인하게 한 사람을 빼앗음으로써, 우애로 맺어진 형제를 망가뜨린 것은 얼마나 무자비한 짓인가! 모두가 훌륭한 젊은이들로 함께 어우러져 살아가던 그 집안에서, 너는 아무 이유 없이 한 사람을 데려가 그 조화를 깨뜨리려 했는가?

그렇다면 모든 법을 지킨 결백함도, 오랜 전통을 지켜온 검소한 삶 5 도, 최고의 권력으로 무엇이든 얻을 수 있는 때에 보여준 절제된 삶도, 학문을 향한 순수하고 굳건한 사랑도, 온갖 결점에서 자유로운 정신도 모두 헛된 것이란 말인가? 폴리비우스는 비통에 잠겨, 한 형제의 운명으로 인해 남은 형제들에게도 무슨 일이 생길까 봐 두려워하며, 자신의 슬픔과 고통 속에서 위안이 되어준 바로 그 형제들 때문에 근심하고 있다. 아, 이 얼마나 끔찍한 짓인가! 카이사르의 위로에도 불구하고 폴리비우스는 애통해하며 괴로워하고 있다! 포악한 운명이여, 네가 이리 한 것은 운명에 맞서는 자는 누구든 카이사르조차도 구할 수 없음을 보이려 함이 분명하다!"

제4장

1 우리는 운명을 오래도록 고발할 수는 있어도, 바꿀 수는 없습니다. 운명은 차갑고 완고하게 버티고 있습니다. 욕설을 퍼붓고, 통곡하고, 이치를 따져도 운명은 끄떡하지 않습니다. 운명은 어느 누구도 너그럽게 대하거나 용납하지 않습니다. 그러므로 소용없는 눈물은 거두어야 합니다. 비통해한다고 죽은 이가 돌아오는 것이 아니라, 오히려 우리가 그들에게로 가기가 더 쉬워질 뿐입니다. 우리를 괴롭히기만 할 뿐 아무 도움도 되지 않는 슬픔이라면, 하루빨리 내려놓고 헛된 위로와 병적인 슬픔의 욕망에서 벗어나야 합니다.

2 이성으로 눈물을 멈추지 못한다면, 운명은 우리의 눈물을 마르게 하지 않을 것입니다. 자, 주변의 모든 필멸자를 살펴보십시오. 눈물을 흘려야 할 이유는 언제 어디서나 넘쳐납니다. 어떤 이는 매서운 가난에 허덕이고, 어떤 이는 끝없는 야심에 사로잡혀 있고, 어떤 이

는 힘들게 모은 재산을 지키려 조바심을 냅니다. 또 어떤 이는 고독에 괴로워하고, 어떤 이는 매일 집 앞에 몰려드는 사람들로 번민합니다. 이쪽은 자녀를 키우느라 고달프고, 저쪽은 자녀를 잃어 가슴을 치며 울부짖습니다. 그때마다 눈물을 흘린다면, 눈물이 마르고 나서는 더 큰 슬픔이 와도 흘릴 눈물조차 없을 것입니다.[4]

자연이 태어난 아기를 가장 먼저 울게 한 것을 보면, 자연이 우리에게 약속한 인생이 어떤 것인지 알 수 있지 않습니까? 우리는 울음으로 시작해 그렇게 평생을 보냅니다. 이것이 우리의 삶입니다. 그러므로 자주 울 수밖에 없다면, 절제하며 울어야 합니다. 앞으로 얼마나 많은 슬픔이 우리를 기다릴지 생각하여 눈물을 그쳐야 하고, 그럴 수 없다면 적어도 아껴야 합니다. 가장 자주 써야 할 것을 가장 아껴야 하는 법입니다.

제5장

당신이 누군가를 위해 비통해한다 해도, 정작 그 사람은 당신의 그런 슬픔을 결코 원하지 않았으리라는 사실을 떠올리는 것만으로도 위안이 될 수 있습니다. 그는 당신이 고통받기를 바라지 않거나, 아예 당신의 고통을 알지 못합니다. 그러니 슬퍼할 이유가 없습니다. 그가 모른다면 헛된 일이 되고, 안다면 괴로워할 테니까요.

---

4 직역하면, "눈물을 흘려야 할 이유들보다 우리의 눈물이 먼저 없어질 것입니다."

2   이 세상 어디에도 당신의 눈물을 반길 이는 없다고 단언할 수 있습니다. 그런데 어떻습니까? 당신의 동생이 당신을 괴롭게 하고, 나아가 카이사르를 모시는 일까지 방해받기를 바랐을 것이라 생각하십니까?

그럴 리 없습니다. 당신의 동생은 형을 너그럽게 대하고, 부모처럼 공경하며, 윗사람으로 예우했기 때문입니다. 그는 당신이 자신 때문에 괴로워하기보다는 따뜻하게 추억하기를 바랄 것입니다. 죽은 이들에게 의식이 있다면, 당신의 동생은 당신의 슬픔이 끝나기를 바랄 텐데, 어찌하여 슬픔에 잠겨 피폐해지려 합니까?

3   설령 동생의 뜻을 알 수 없어 지금까지 한 말이 확신하기 어렵더라도, 이렇게 말하겠습니다. "만약 동생이 당신의 끝없는 비탄을 바란다면, 그는 당신의 눈물을 받을 자격이 없는 것이고, 바라지 않는다면 두 사람을 짓누르는 이 슬픔을 놓아주십시오. 우애 없는 동생이라면 그렇게까지 그리워할 필요가 없고, 우애 있는 동생이라면 그런 슬픔을 원치 않을 것입니다."

하지만 당신의 동생이 보여준 우애는 너무나 분명합니다. 그렇기에 그 죽음이 당신에게 이토록 큰 고통이 되고, 당신의 눈이 끊임없는 눈물로 흐려지는 모습을 본다면, 그에게는 그것이 가장 고통스러운 일일 것입니다.

4   당신의 우애를 헛된 눈물에서 구할 최선의 방법은, 운명의 부당한 처사를 용감히 견뎌 형제들에게 모범이 되어야 한다고 생각하는 것입니다. 위대한 장수들이 전세가 불리할 때 병사들의 사기가 꺾이지 않게 하려고 일부러 밝은 표정을 짓고 기쁨을 가장하여 악재를 감추듯, 지금 당신도 그렇게 해야 합니다.

5   마음과 다른 표정을 지으십시오. 가능하다면 모든 슬픔을 털어버

리고, 그럴 수 없다면 적어도 속으로만 간직하십시오. 형제들이 당신의 모습을 본보기로 삼을 수 있도록 힘쓰십시오. 그들은 당신의 모든 행동을 올바르고 고귀하다 여기며, 당신의 표정에서 용기를 얻을 것입니다. 당신은 그들의 위안이 되고 위로자가 되어야 합니다. 당신이 슬픔에 빠져 있어서는 형제들의 비탄을 막을 수 없습니다.

제6장

당신이 이 시련을 어떻게 대하는지 모든 것이 세상에 드러나 있다는 점을 스스로 되새기는 것만으로도, 지나친 슬픔을 억제하는 데 도움이 될 것입니다. 사람들의 신뢰로 중책을 맡은 당신에게는 그만한 의무가 있습니다. 당신을 위로하는 많은 이들이 둘러서서 당신의 마음을 살피며, 얼마나 강인하게 슬픔을 이겨내는지, 순탄할 때만 잘 해내는 사람인지, 아니면 역경 속에서도 의연히 헤쳐 나가는 사람인지 지켜보고 있습니다. 그들의 시선은 오롯이 당신에게 향해 있습니다. 1

감정을 숨길 수 있는 이들은 당신보다 자유롭지만, 당신에게는 그런 자유조차 없습니다. 운명이 당신을 만인의 주목을 받는 자리에 올려놓았기에, 당신이 이런 상처를 입고 어떻게 대응하는지, 즉 한 방에 무너져내리는지 아니면 꿋꿋이 자리를 지키는지를 모든 사람이 알게 될 것입니다. 카이사르의 총애가 일찍이 당신을 높은 자리에 올렸고, 당신의 학식은 그 자리에 걸맞았습니다. 평범하거나 천박한 행동은 당신의 품격에 어울리지 않습니다. 그런데 자신을 슬픔에 빠뜨 2

려 생기를 잃어가게 내버려두는 것보다 더 비천하고 나약한 일이 무엇이겠습니까?

3 당신은 형제들처럼 비탄에 잠겨 있을 수 없습니다. 당신의 학식과 인품에 대한 세간의 평가로 인해, 허용된 것은 적고, 기대와 요구는 큽니다. 모든 것을 마음대로 하고자 했다면, 애초에 사람들의 시선을 끌어서는 안 되었을 것입니다.

이제 약속했던 것을 이행해야 합니다. 당신의 재능이 담긴 작품을 칭송하고 필사하는 이들, 운이 아닌 실력으로 이룬 당신의 작품을 필요로 하는 이들이 모두 당신의 마음을 지켜보고 있습니다. 온전하고 박식한 사람이 되겠다던 약속을 저버리는 행동을 보인다면, 많은 이들이 당신을 존경했던 것을 후회하게 될 것입니다.

4 지나친 눈물조차 당신에겐 허락되지 않습니다. 그뿐만이 아닙니다. 늦잠을 자거나, 소란을 피해 시골로 은둔하거나, 피로에 지쳐 해외에서 기력을 회복하거나, 온갖 구경거리에 마음을 빼앗기거나, 일과를 마음대로 짜는 것도 당신에게는 허락되지 않습니다. 가장 미천한 이들에게 주어진 많은 자유가 당신에게는 없습니다. 크나큰 영광에는 그만한 의무가 따르는 법이며, 지금 당신은 어떤 것도 마음대로 할 수 없는 자리에 있습니다.

5 당신은 수많은 사람의 말을 들어야 하고, 수많은 보고서를 준비해야 합니다. 전 세계에서 모인 수많은 사안을 검토하여 국가 원수께서 보실 수 있게 정리해야 합니다. 앞서 말했듯 당신에게는 눈물 흘릴 자유조차 없습니다. 곤경에 처해 눈물을 흘리며 자애로우신 카이사르의 자비를 청하는 많은 사람의 호소를 듣고 그들의 눈물을 닦아주기 위해서는, 당신의 눈물부터 그쳐야 합니다.

제7장

　내가 말한 이러한 치유책들은 비록 작은 것이지만, 당신에게 도움 1
이 될 것입니다. 하지만 모든 것을 잊고 싶다면 카이사르를 생각하십
시오. 카이사르가 베푼 은혜에 보답하려면 얼마나 큰 충성과 노력이
필요할지 헤아려보십시오. 비록 신화 속 이야기이긴 하지만, 온 세상
을 어깨에 짊어진 인물이 있었습니다.[5] 지금 당신이 짊어진 책임이
그보다 더 무겁지는 않을 것입니다.
　카이사르에게는 비록 모든 것이 허락되어 있지만, 그조차도 할 수 2
없는 일이 많습니다. 그가 밤을 지새워야 모든 이가 잠들 수 있고, 그
가 수고해야 모든 이가 쉴 수 있으며, 그가 힘쓸 때 모든 이가 즐길
수 있고, 그가 일에 전념해야 모든 이가 휴식을 취할 수 있기 때문입
니다.[6] 카이사르는 온 세상에 헌신하기 시작한 그날부터 자신을 잃었
기에, 쉼 없이 궤도를 도는 행성들처럼 멈출 수도, 자신을 위해 무언

5　아틀라스는 제2대 최고신 크로노스 중심의 티탄 신족이 제3대 최고신 제우스 중
심의 올림포스 신들과 패권을 다툴 때 티탄 편에 섰다. 이로 인해 제우스는 그에
게 지구 서쪽 끝에서 영원히 하늘을 떠받치는 형벌을 내렸다.

6　이 문장은 같은 구문의 4개 등위절로 구성되어 있다. 라틴어 원문은 다음과 같다.
"omnium somnos illius vigilia defendit(옴니움 솜노스 일리우스 비길리아 데펜디트),
omnium otium illius labor(옴니움 오티움 일리우스 라보르), omnium delicias illius
industria(옴니움 델리키아스 일리우스 인두스트리아), omnium vacationem illius
occupatio(옴니움 바카티오넴 일리우스 오쿠파티오)." 여기서 동사는 'defendit'(지켜준
다) 하나만 쓰였다. 'omnium'은 "모든 사람의", 'illius'는 "그의"라는 뜻이다. 각 절
은 다음과 같이 호응한다. "그의 철야(illius vigilia)가 모든 이의 잠(omnium somnos)
을", "그의 노고(illius labor)가 모든 이의 여가(omnium otium)를", "그의 근면(illius
industria)이 모든 이의 유흥(omnium delicias)을", "그의 분주함(illius occupatio)이 모든
이의 휴가(omnium vacationem)를" 지켜준다.

가를 할 수도 없습니다.

3 이런 책무가 당신에게도 어느 정도 주어져 있습니다. 사사로운 이익을 추구하거나 학문에 파묻히는 것이 용납되지 않습니다. 온 세상이 카이사르의 손 안에 있는 동안, 당신은 즐거움이나 슬픔을 비롯한 그 무엇에도 마음을 빼앗길 수 없습니다. 당신의 모든 것을 카이사르께 바쳐야 하기 때문입니다.

4 게다가 당신은 늘 카이사르가 자신의 목숨보다 소중하다 말해왔기에, 그가 살아 있는 한 당신의 운명을 원망하는 것은 옳지 않습니다. 그가 살아 있다면 당신은 안전하고 잃은 것이 없기 때문입니다. 눈물을 흘려서는 안 될 뿐 아니라 더 나아가 기뻐하고 즐거워해야 마땅합니다. 당신에게는 카이사르 안에 모든 것이 있고, 카이사르는 모든 이를 위해 존재합니다. 카이사르께서 살아 계시는데도 무언가를 위해 눈물을 흘린다면, 그것은 주어진 은총과 행복을 모르는 배은망덕한 일이며, 당신의 지극히 사려 깊고 충성스러운 품성과는 너무나 어긋나는 일이기 때문입니다.

제8장

1 이제 확실하다기보다는 익숙한 치유책을 보여드리겠습니다. 집에 돌아와 있을 때는 슬픔에 빠지지 않도록 조심하십시오. 당신의 신인 카이사르를 뵙고 있는 동안에는 그분이 당신의 전부여서 슬픔이 다가올 수 없지만, 그분 곁을 떠나면 틈을 노리던 슬픔이 좋은 기회를 얻었다는 듯 한가한 당신의 마음속으로 슬금슬금 기어들어 올 것이

기 때문입니다.

그러므로 조금이라도 시간이 나면 책을 읽고 연구하십시오. 오랫 2
동안 변함없이 책을 사랑한 당신에게 이제 책들이 보답하게 하십시
오. 책들이 그들의 수호자이자 숭배자인 당신을 굳건히 지켜주길 바
랍니다. 호메로스[7]와 베르길리우스는 인류에 큰 공을 세웠고, 당신은
그들의 작품이 쓰였을 당시보다 훨씬 더 많은 이들에게 이를 알리려
애써왔습니다. 이로써 당신은 두 작가뿐 아니라 모든 이들에게 공헌
한 셈입니다.

이제 이 작가들의 책과 함께 많은 시간을 보내십시오. 이 책들에
자신을 맡긴다면 그 시간 동안 당신은 안전할 것입니다. 또한 최선을
다해 카이사르의 업적을 기록하여, 황실의 일원이 쓴 책으로 대대로
칭송받게 하십시오. 카이사르는 한 시대의 역사를 쓰기에 가장 좋은
소재와 본보기가 될 것이기 때문입니다.

나는 당신이 평소 보여준 강점을 살려 재능 있는 로마인들이 아직 3
시도하지 않은 일, 즉 아이소포스[8]의 우화와 글을 정리해보라고 하지
는 않겠습니다. 마음에 큰 상처를 입은 이가 이토록 빨리 가벼운 마
음으로 할 수 있는 일을 시도하기는 어렵기 때문입니다. 하지만 진중
한 글을 다루다 이렇게 유쾌하고 가벼운 글로 넘어갈 수 있다면, 그

---

7   호메로스(기원전 8세기)는 트로이아 전쟁을 소재로 『일리아스』와 『오디세이아』를
    지었다. 로마의 대시인 베르길리우스(기원전 70-19)는 『농경시』를 쓰고, 트로이아
    의 영웅 아이네이아스가 로마 건국의 초석을 놓는 이야기를 담은 『아이네이스』를
    완성하지 못한 채 세상을 떠났다. 폴리비우스는 이 두 작가의 작품을 산문으로 옮
    겼다.
8   아이소포스는 기원전 7세기에 활동한 그리스의 우화 작가로, 우리에게는 '이솝'이
    라는 이름으로 잘 알려져 있다.

것은 당신이 기력을 되찾아 본래의 모습을 회복했다는 증거가 될 것입니다.

4 　진중한 글들은 엄격하고 준엄한 주제를 다루어 비록 속으로는 슬퍼하며 자신과 싸우는 이라도, 그 주제와 씨름하다 보면 어느새 슬픔과 고통에서 벗어나게 됩니다. 반면 이마의 주름을 펴고 읽어야 할 가벼운 글들은 마음이 완전히 회복되지 않은 이에게는 견디기 힘든 일이 될 것입니다. 그러므로 먼저 진중한 주제의 글로 연습하고, 그 뒤에 더 유쾌한 주제의 글도 시도해보아야 합니다.

제9장

1 　또한 스스로에게 자주 이렇게 물어보는 것도 당신의 슬픔을 달래줄 것입니다. '내가 슬퍼하는 것은 나를 위해서인가, 아니면 떠난 동생을 위해서인가? 나를 위해서라면, 이는 진정한 자애가 아니며, 내 이익을 따라 슬퍼한다면 그것은 우애와는 거리가 멀어 결국 슬픔의 유일한 근거인 도덕적 정당성마저 잃게 된다. 자신의 이익을 위해 동생의 죽음을 슬퍼하는 것은 결코 선한 사람의 도리가 아니다.

2 　동생을 위해 슬퍼하는 것이라면, 다음 두 가지 중 하나를 생각해야 한다. 죽은 이에게 의식이 없다면, 내 동생은 모든 불행에서 벗어나 태어나기 전의 상태로 돌아가 어떤 해악도 겪지 않으며, 두려움도 욕망도 없이 평안할 것이다. 결코 슬퍼할 수 없는 이를 위해 끝없이 슬퍼하는 것이 얼마나 어리석은가?

3 　만약 죽은 이에게 의식이 있다면, 동생의 영혼은 오랜 감옥에서 풀

려난 사람처럼 비로소 자유로워져 기뻐하며, 자연의 장관을 즐기고, 높은 곳에서 인간사를 내려다보며, 오래도록 찾아도 발견하지 못했던 신성한 진리를 직관하고 있을 것이다. 그러니 동생이 행복하게 지내든, 아예 존재하지 않든, 내가 그리워하며 괴로워할 이유가 어디 있는가? 행복한 이를 위해 눈물 흘리는 것은 시기심이요, 존재하지 않는 이를 위해 우는 것은 어리석음이다.'

당신은 동생이 큰 영화를 누리지도 못한 채 세상을 떠난 것이 가슴 아프십니까? 그가 잃은 것이 많다고 여겨질 때면, 이제는 두려워하지 않아도 될 것이 더 많음을 생각하십시오. 분노가 그를 괴롭히지 않을 것이며, 질병이 그를 괴롭히지 않을 것이고, 의심이 그를 침범하지 않을 것이며, 남의 성공을 시기하고 무너뜨리려는 질투가 따라다니지 않을 것이고, 두려움이 그를 조바심나게 하지 않을 것이며, 변덕스러운 운명이 그를 불안하게 하지 않을 것입니다. 세어보면 그는 잃은 것보다 벗어난 것이 더 많습니다.

그는 부를 누리지 못하고, 사랑을 주고받지 못하며, 호의를 나누지는 못할 것입니다. 이런 것을 할 수 없어 불행하다고 보십니까, 아니면 이런 것이 필요 없어 행복하다고 보십니까? 저를 믿으십시오. 많이 가진 이보다 아무것도 필요 없는 이가 더 행복합니다. 겉보기에 좋아 보이는 허상의 즐거움으로 우리를 현혹하는 모든 것, 즉 돈, 지위, 권력 등 맹목적 욕망에 사로잡힌 인류를 현혹하는 것은 얻기 위해 고생해야 하고, 얻고 나면 시기를 부르며, 결국 그것으로 치장한 이들을 짓누릅니다. 그것은 이로움보다 위험이 더 크며, 언제 잃을지 모르는 불확실한 것으로, 소유해도 결코 행복하지 않습니다. 미래에 대한 두려움은 덜어줄지 모르나, 큰 행운을 지키는 것 자체가 고통이기 때문입니다.

6   진리를 우리보다 더 깊이 들여다본 이들의 말에 따르면, 모든 인생은 형벌입니다. 우리는 깊고 불안정한 바다에 던져져, 밀물과 썰물이 번갈아 찾아와 때로는 갑자기 들어 올려지고 때로는 더 깊이 추락하면서 한 곳에 머무르지 못하고 이리저리 흔들리며 부딪치다가, 끝내 늘 두려워하던 난파를 겪게 됩니다.

7   거센 풍랑이 몰아치는 바다를 항해하는 이들에게 죽음 말고는 항구가 없습니다. 그러니 당신의 동생을 시기하지 마십시오. 그는 이제 편안합니다. 드디어 자유를 얻었고, 드디어 안식을 찾았으며 마침내 영원한 존재가 되었습니다.

    그에게는 카이사르와 그의 모든 자손들, 당신을 비롯한 살아 있는 형제들이 있습니다. 운명이 그에 대한 은혜를 거두기 전, 아직 곁에

8   서 아낌없이 선물을 주고 있을 때 그는 우리 곁을 떠나, 이제는 아무런 방해도 없이 자유롭게 하늘을 즐기고 있습니다. 그는 이 낮고 천한 곳을 벗어나 높이 올라, 구속에서 풀려난 영혼들을 환대하는 곳에 이르러, 지금 그곳을 자유롭게 거닐며 자연이 준 모든 축복을 살피는 더없는 기쁨을 누리고 있습니다. 당신은 잘못 알고 계십니다. 동생은 빛을 잃은 것이 아니라 더 참된 빛을 얻었습니다. 그가 간 길은 우리 모두가 가야 할 길입니다.

9   그에게 정해진 운명을 보고 왜 울어야 합니까? 그는 우리를 버리고 간 것이 아니라 먼저 떠난 것뿐입니다. 저를 믿으십시오. 필멸의 운명 속에 큰 행복이 있습니다. 하루조차도 확실한 것이 없는데, 죽음이 동생을 시기한 것인지 아니면 보살펴준 것인지 어찌 알 수 있겠습니까?

제10장

당신이 그처럼 고귀한 동생을 잃은 것을 불의한 상실로 여기지 않 1
고, 오랜 시간 우애를 나눌 수 있었던 것을 오히려 은혜로 받아들인
다면, 그것이야말로 정의로운 당신에게 위안이 될 것입니다.

선물을 베푼 이의 정당한 권리를 인정하지 않으면서, 받을 때는 기 2
꺼이 누리면서 돌려줄 때만 손해라고 여기는 것은 탐욕입니다. 자연
이 베풀었던 즐거움을 거두어갔다고 해서 억울하다 여긴다면, 그것
은 배은망덕입니다.

지금 누리지 못하는 복은 무가치하다고 여기고, 이미 누렸던 복에
만족하지 못하며, 더는 사라질 염려가 없는 과거의 복을 확실한 가치
로 여기지 않는다면, 그것은 어리석은 태도입니다.

지금 누리는 즐거움만을 유익하다 여기고 과거의 같은 즐거움은 3
무가치하다 보는 것은 스스로의 즐거움을 지나치게 제한하는 일입니
다. 모든 즐거움은 우리를 빠르게 떠나가기 때문입니다. 즐거움은 흐
르고 지나가며, 오자마자 사라집니다. 그러므로 우리는 마음을 과거
로 돌려야 합니다. 한때 우리를 기쁘게 했던 모든 것을 되살려 자주
생각하고 곱씹어야 합니다. 현재의 즐거움보다 지나간 즐거움의 기
억이 더 오래 가고 더 믿을 만합니다. 그러므로 최고의 동생이 있었
다는 사실을 당신의 가장 큰 복 중 하나로 여기십시오!

앞으로 얼마나 더 함께할 수 있었을지가 아니라 얼마나 오래 함께 4
했는지를 생각하십시오. 자연은 다른 이들에게처럼 당신에게도 동생
을 소유가 아닌 빌린 것으로 주었습니다. 그리고 당신이 충분히 누렸
다고 여길 때가 아니라 자신의 법칙에 따라 때가 되었다고 판단할 때

거두어갔습니다.

5 누군가 이자도 받지 않고 돈을 빌려주었다가 그것을 돌려받으려 할 때 화내고 못마땅해한다면, 그야말로 불의한 사람이 아니겠습니까? 자연은 동생에게는 그의 인생을, 당신에게는 당신의 인생을 주었습니다. 누군가가 제 뜻에 따라 조금 일찍 빚을 거두어들인다 해도, 그것은 채권자의 당연한 권리일 뿐입니다. 그런 조건으로 빌려주었음은 이미 알려진 사실이니, 잘못은 채권자가 아닌 인간의 탐욕스러운 기대에 있습니다. 인간은 일깨워주지 않으면 자연이 어떤 것인지를 자주 잊어버리고, 자신의 처지를 돌아보지 않습니다.

6 그러므로 그토록 훌륭한 동생과 함께할 수 있어 즐겁고 유익했음을 기뻐하고, 비록 함께한 시간이 바라던 것보다 짧았더라도 그것을 복으로 여기십시오. 그런 동생이 있었다는 것은 더없는 기쁨이요, 그를 잃은 것은 인간의 숙명이라 생각하십시오. 그런 동생과 오래 함께하지 못한 것을 괴로워하면서도, 정작 함께했던 것은 기뻐하지 않는다면, 그것이야말로 모순입니다.

제11장

1 "하지만 나는 생각지도 못한 때에 갑자기 그를 잃었습니다." 사람은 누구나 쉽게 자신을 속이고, 사랑하는 이들도 언젠가는 죽는다는 사실을 애써 외면합니다. 자연은 이미 누구도 필연의 법칙에서 벗어날 수 없음을 충분히 보여주었습니다. 매일 아는 이와 모르는 이의 장례 행렬이 눈앞을 지나가지만, 우리는 그것을 외면하다가 평생 예

고되어 온 일이 막상 자신에게 닥치면 뜻밖의 일처럼 여깁니다. 이는 운명이 불공평해서가 아니라 인간의 마음이 욕심으로 가득 차 만족할 줄 모르기 때문입니다. 잠시 빌려 쓰던 것을 돌려달라 하면, 오히려 분개하는 것이지요.

아들의 죽음을 듣고 "내가 그를 낳을 때부터 언젠가는 죽을 존재임을 알고 있었다"고 말한 위인은 얼마나 정의롭고 공정합니까? 그런 사람에게서 용맹스럽게 죽을 수 있는 아들이 태어난 것은 당연합니다.[9] 그는 아들의 죽음을 뜻밖의 소식으로 받아들이지 않았습니다. 인생 전체가 죽음을 향한 여정인데, 어찌 죽음이 새삼스럽겠습니까? "내가 그를 낳을 때부터 언젠가는 죽을 존재임을 알고 있었다." 2

그는 이어서 더 큰 지혜와 용기를 보여주는 말을 했습니다. "나는 이 일을 위해 그를 키웠다." 우리는 모두 이를 위해 자랐습니다. 삶을 얻은 자는 누구나 죽게 마련입니다. 그러므로 우리는 받은 것을 기뻐하고, 돌려달라 할 때 돌려주어야 합니다. 운명이 부르는 때는 제각각이지만, 그 부름을 피하는 이는 없습니다. 마음은 늘 준비하고 있어야 하며, 필연적인 일은 두려워하지 말고, 불확실한 일은 항상 예상해야 합니다. 3

장군들과 그 자손들, 집정관과 승전으로 유명한 수많은 이들이 죽음이라는 냉혹한 운명을 맞이했음을 굳이 말할 필요가 있겠습니까? 4

---

9 여기서 '아들'은 텔라몬의 아들 아이아스를 가리킨다. 아이아스는 트로이아 전쟁에서 아킬레우스 다음가는 그리스의 장수였다. 트로이아 왕자 파리스의 화살에 쓰러진 아킬레우스의 시신을 오디세우스와 함께 구출했다. 이후 아킬레우스의 갑옷을 두고 오디세우스와 다투다 패배하자, 분노로 그리스 장수들을 죽이려 했으나 광기에 빠져 양 떼를 도륙했다. 정신이 돌아온 뒤 수치심에 자결했다. 그의 아버지 텔라몬은 아이기나섬의 왕 아이아코스의 아들로, 후에 살라미스의 왕이 되었다.

모든 왕국과 왕들, 백성과 통치자들도 죽음을 맞이했습니다. 모든 인간, 아니 만물은 종말의 날을 향해 가지만, 그 결말이 모두 같지는 않습니다. 어떤 이는 인생 중반에, 어떤 이는 시작에, 어떤 이는 너무 늦고 지쳐 삶을 놓고 싶을 때 떠납니다. 떠나는 때는 각각 다르지만, 우리는 모두 같은 곳으로 갑니다. 인간이 반드시 죽는다는 법칙을 모르는 것과 이를 받아들이지 않으려는 것 중 무엇이 더 어리석은지 알 수 없습니다.

5   그러니 이제 당신은 당신의 재능과 노력으로 되살려낸 두 위대한 시인의 작품을 다시 펼쳐 드십시오. 당신의 손으로 해석하고 풀어쓴 시들입니다. 비록 형식은 바뀌었을지라도, 그 본래의 아름다움은 여전합니다. 한 언어에서 다른 언어로 옮기면서도 본래의 매력을 유지한 것은 결코 쉬운 일이 아니었습니다. 어느 권을 펼치든, 불확실한 운명 앞에 비통해하고, 서로 다른 이유로 눈물 흘리는 수많은 인물들이 당신 앞에 다시 살아날 것입니다.

6   그 장엄한 글들을 큰 기개와 우렁찬 목소리로 읽으십시오. 당신은 갑자기 낙담하여 그토록 위대한 글들을 버린 것을 부끄러워하게 될 것입니다. 당신의 글을 모범으로 삼아 칭송해온 이들이, 어찌 그리 나약한 마음으로 저토록 장엄하고 힘찬 글들을 지을 수 있었는지 의아해하는 일이 없도록 하십시오.

제12장

1   당신을 괴롭히는 것보다는 위안이 되어주는 많은 것을 보십시오.

훌륭한 형제들을 보십시오. 아내와 자식을 보십시오. 운명은 동생을 데려가는 대신 그들 모두를 지켜주겠다는 약속을 당신과 맺은 것입니다. 당신을 위로할 수 있는 이가 많습니다. 그럼에도 단 한 사람을 잃은 슬픔이, 이 많은 위로를 가리게 해서는 안 됩니다. 수많은 위로보다 하나의 슬픔을 더 귀하게 여긴다는 평판은, 피해야 할 불명예입니다.

그들도 모두 이 일로 당신과 함께 상처받았습니다. 그리고 당신도 알듯이, 그들은 당신을 돕지 못할 뿐 아니라 오히려 당신의 도움을 기다리고 있습니다. 그들의 학식과 재능이 당신보다 부족할수록, 더욱 당신이 그들의 불행에 맞서야 합니다. 고통을 함께 나누는 것만으로도 위안이 됩니다. 많은 이가 나누면 당신의 몫은 작아질 수밖에 없습니다. 나는 계속해서 카이사르를 언급하지 않을 수 없습니다. 2

카이사르께서 이 세상을 통치하시며, 폭력이 아닌 은덕으로 제국을 다스리고, 인간사를 인도하고 계신 이때, 당신은 무언가를 잃었다고 생각할 이유가 없습니다. 카이사르 한 분만으로도 당신은 충분한 보호와 위안을 받고 있는 것입니다. 일어나십시오. 눈물이 고일 때마다 카이사르를 바라보십시오. 가장 위대하고 찬란한 신을 바라보면 슬픔의 눈물이 그칠 것입니다. 그의 빛나는 위용이 당신의 시선을 붙들어 더는 슬픔에 눈길을 돌리지 못하게 할 것입니다. 3

그를 밤낮으로 바라보고, 마음에 새기며, 늘 생각하면서 운명에 맞서 싸우면서 그에게 도움을 구하십시오. 그는 모든 이에게 지극히 자애롭고 인자하시니, 이미 많은 위안으로 당신의 상처를 감싸고 슬픔을 덜어줄 방도를 마련해두었으리라 믿습니다. 무엇이 더 필요하겠습니까? 설령 아무것도 하지 않는다 해도, 카이사르를 바라보고 생각하는 것만으로도 당신에게는 더없이 큰 위안이 되지 않습니까? 4

5 신들이여, 카이사르를 이 땅에 오래 머물게 하소서! 그의 업적이 신황 아우구스투스와 같게 하시되, 더 오래 살게 하소서! 그가 필멸의 인간들 속에 있는 동안, 그의 가문에는 그 누구도 죽음을 겪지 않게 하소서! 그가 아들[10]을 후계자로 삼기 전에, 함께 나라를 이끌 통치자로 인정하고 신뢰하게 하소서. 그리고 그가 마침내 하늘로 모시는 날이 너무 이르게 오지 않기를, 우리의 자식이 아니라 손자 세대가 그날을 맞이하게 하소서!

제13장

1 운명이여, 그에게서 손을 거두고, 그에게 이롭지 않다면 너의 힘을 과시하지 말라! 그가 오랫동안 병들어 고통받아 온 인류를 치유하고, 선황[11]의 광기로 어지러워진 모든 것을 제자리로 돌려놓을 수 있게 하라! 그가 찬란한 별이 되어 심연의 어둠에 잠긴 이 세상을 늘 밝게 비추게 하라!

2 그가 게르마니아를 평정하고 브리타니아를 개척하여, 부황의 개선

---

10 여기서 카이사르는 로마 제국의 제4대 황제 클라우디우스(재위 41-54년)를 가리킨다. 그는 세 번째 황후 메살리나와의 사이에서 브리타니쿠스(41-55년)를 낳았다. 처음에는 브리타니쿠스가 후계자였으나, 메살리나가 문란한 생활로 쫓겨난 뒤 클라우디우스가 네 번째 황후 아그리피나와 혼인하면서 그녀의 아들 네로를 양자로 삼았고, 이후 네로가 제5대 황제가 되었다.
11 로마 제국의 제3대 황제 칼리굴라(재위 37-41년)를 가리킨다.

식과 자신의 새로운 개선식을 거행하게 하라!¹²

그 미덕 가운데 으뜸인 관용이, 앞으로도 그러한 개선식을 우리 앞에 다시 펼쳐 보이겠노라 내게 약속합니다. 그는 나를 저버린 것이 아닙니다. 아니, 그는 나를 내친 것이 아니라, 운명의 타격에 쓰러진 나를 붙들어 일으켜주었고, 벼랑으로 추락하는 나를 신의 손으로 떠받쳐 부드럽게 내려놓았습니다. 그는 나를 위해 원로원에 탄원하여 내 목숨을 살려주었을 뿐 아니라 나를 위해 간청하기까지 했습니다. 그가 무엇을 바라든, 나는 그가 진실을 알고 나의 사건을 판단해주기를 바랍니다.¹³

나는 그가 자신의 정의로움으로 이 사건의 진실을 꿰뚫어보거나, 3
자신의 관용으로 나의 결백을 믿어주기를 바랍니다. 그가 나의 결백을 알게 되든 믿어주든, 어느 쪽이든 그가 내게 베푸는 은혜일 것입니다. 사람들을 불쌍히 여기는 그의 연민이 온 세상에 널리 알려져 있다는 사실은 불행한 처지의 내게 큰 위안이 됩니다. 지금 내가 머무는 이 외딴 땅에서도, 그는 과거에 잊힌 수많은 사람을 다시 빛 속으로 불러내어 구원해주었습니다. 그가 나만은 외면할 것이라 염려하지 않는 이유입니다. 그는 각자를 구원할 가장 알맞은 때를 알고 있습니다. 그가 내게 다가오는 것을 수치스럽게 여기지 않도록 나는

---

12 클라우디우스는 아우구스투스 이후 처음으로 대규모 영토 확장에 나선 황제였다. 게르마니아는 라인강 동쪽 지역이며, 갈리아는 라인강 서쪽 지역이다. 그의 가장 큰 원정은 브리타니아(현재의 영국) 원정이었다. 재위 3년 차인 43년에 브리타니아를 정복하여 속주로 삼았고, 원로원은 그에게 개선식을 허락했다.

13 41년에 세네카는 클라우디우스 황제의 조카딸 율리아 리빌라와 간통했다는 혐의로 원로원에서 사형 선고를 받았으나, 황제가 원로원에 탄원하여 유배형으로 감형받았다. 그는 코르시카섬에서 9년간 유배 생활을 한 뒤 49년에 로마로 돌아와 50년에는 집정관이 되었고, 후일 제5대 황제가 될 네로의 스승이 되었다.

모든 노력을 다하겠습니다.

4 카이사르여, 당신의 관용 덕분에 유배된 이들이 가이우스 치하의 고위 공직자 시절보다 더 평온하게 지내고 있으니, 당신의 관용은 얼마나 복된 것입니까! 그들은 이제 두려워 떨지도 않고, 매시간 칼날을 기다리지도 않으며, 배가 보일 때마다 겁에 질리지도 않습니다. 당신 덕분에 그들을 괴롭히던 운명의 광기도 잦아들었고, 지금 그들은 오히려 더 나은 미래를 희망하며 현재의 처지를 차분히 받아들이고 있습니다. 당신도 아시다시피, 운명의 벼락은 지극히 정의로워서 그 벼락을 맞은 이들조차 존중하는 법입니다.

제14장

1 그러므로 내가 잘못 알고 있는 것이 아니라면, 모든 이에게 위안이 되는 국가 원수가 이미 당신의 마음을 회복시켜주었고, 당신의 깊은 상처에 치유의 약을 발라주었습니다. 그는 이미 여러 방식으로 당신에게 힘을 더해주었고, 뛰어난 기억력으로 당신에게 평정심을 가져다줄 모든 선례를 들려주었으며, 평소의 달변으로 모든 현자들의 가르침을 설명해주었습니다.

2 따라서 위로자의 역할을 카이사르보다 더 잘할 수 있는 사람은 없습니다. 그가 말할 때면 그의 말은 신탁과도 같은 무게를 지닙니다. 그의 신적인 권위는 당신의 슬픔이 지닌 모든 힘을 부숴버립니다. 그러므로 그가 이렇게 말한다고 생각하십시오.

"운명이 오직 너만을 골라 그토록 큰 해악을 끼친 것이 아니다. 이 세상에서 곡소리 한 번 나지 않는 집은 없었고, 지금도 없다. 수많은 평범한 이들의 사례도 있겠으나, 나는 너를 더 높은 자리로 이끌겠다. 이제 너는 제국의 역사와 연대기 속에서 위대한 이들이 견뎌낸 고통을 보게 될 것이다.

너는 카이사르의 접대실을 가득 채운 이 흉상들을 아느냐? 그 가운데 가족의 비극을 겪지 않은 이는 없다. 한 시대를 찬란하게 빛낸 이들이지만, 그들 중에는 가족을 잃고 괴로워하지 않은 이가 없고, 그들 또한 누군가에게는 가슴 아픈 상실의 대상이었다. 3

내가 네게 스키피오 아프리카누스[14]를 일깨워줄 필요가 있겠느냐? 4
그는 유배지에서 동생의 부음을 들었다. 감옥에서는 동생을 구했으나 운명 앞에서는 구하지 못했던 것이다. 형제애가 각별했던 그는 법의 공정함조차 제쳐두었다. 그는 공직에 있지 않은 사이었음에도 집행인의 손에서 동생을 빼내며 호민관의 권한을 침해했으니 말이다. 그는 동생의 부음을 들었을 때도 동생을 옹호하고 감옥에서 구했을 때처럼 깊이 슬퍼했다.[15]

내가 네게 아이밀리아누스 스키피오[16]를 상기시킬 필요가 있겠느냐? 그는 아버지의 개선식과 두 형제의 장례식을 거의 같은 때에 지 5

---

14 대 스키피오로 알려진 스키피오 아프리카누스(기원전 약 235-183년)는 북아프리카의 카르타고를 공략하는 전략으로 한니발을 본국으로 유인해 기원전 202년 자마 전투에서 격파함으로써 제2차 포에니 전쟁을 승리로 이끌었다.

15 스키피오 아프리카누스의 동생 스키피오 아시아티쿠스는 로마 공화정의 장군으로, 기원전 190년 집정관이 되어 시리아의 안티오코스왕과의 전쟁에서 승리했으나, 왕에게서 뇌물을 받고 공금을 횡령했다는 혐의로 고발당했다.

16 소 스키피오로 불린 아이밀리아누스 스키피오(기원전 약 185-129년)는 제3차 포에니 전쟁(기원전 149-146년) 때 카르타고를 멸망시켜 소 아프리카누스라는 칭호를 얻었으며, 오랜 포위 작전으로 켈티베리아인의 도시 누만티아를 함락시켰다.

켜보았다. 카르타고가 로마보다 오래 버틸 수 없다는 운명을 드러내 보일 인물이었던 그는, 당시 어린 소년이었음에도 파울루스의 개선식 즈음에 닥친 집안의 갑작스러운 비극을 남자답게 의연히 견뎌냈다.[17]

제15장

I 내가 굳이 네게 죽음으로 우애가 끊어진 루쿨루스 형제를 떠올리게 해야 하겠느냐? 폼페이우스 가문은 또 어떠했던가? 광기 어린 운명은 그들이 한 곳에서 함께 죽는 것조차 허락하지 않았다. 섹스투스 폼페이우스는 여동생보다 오래 살았는데, 이 여동생의 죽음으로 로마인들을 하나로 묶어둔 평화의 끈이 끊어졌다. 이어 그는 자신의 훌륭한 형보다도 오래 살았는데, 운명은 그의 아버지를 내던진 바로 그 높은 자리로 형마저 데려가버렸다. 섹스투스 폼페이우스는 이런 불운을 겪고도 슬픔을 안은 채 전쟁까지 치러야 했다.[18]

---

17 소 스키피오의 아버지 파울루스(기원전 약 229-160년)는 공화정에서 두 차례 집정관을 지냈고, 제3차 마케도니아 전쟁(기원전 171-168년)에서 마케도니아를 정복한 장군이다. 두 번째 집정관 재임 중이던 기원전 168년에 피드나 전투에서 마케도니아의 왕 페르세우스(기원전 약 212-166년)를 사로잡아 전쟁을 종결했으나, 이 전투에서 두 아들을 잃었다. 스키피오 아프리카누스(기원전 약 235-183년)의 장자로 입양된 아이밀리아누스 스키피오(기원전 약 185-129년)가 그의 둘째 아들이다.

18 섹스투스 폼페이우스(기원전 35년 사망)와 그의 '훌륭한 형' 그나이우스 폼페이우스(기원전 약 75-45년)는 공화정 말기의 명장 폼페이우스 마그누스(기원전 106-48년)의 아들들이다. 가이우스 카이사르(기원전 100-44년)는 어린 딸 율리아를 그나이우스 폼페이우스의 아내로 맺어 삼두정치를 공고히 하려 했으나, 율리아의 죽음으로 이 동맹이 깨져 내전이 발발했고, 그나이우스 폼페이우스는 카이사르에게 패해

형제들이 사별한 예는 곳곳에 셀 수 없이 많지만, 형제들이 함께 2
늙어간 예는 찾아보기 어렵다. 그러나 나는 우리 황실의 예만 들겠
다. 운명이 카이사르의 눈물까지 탐했다는 사실을 안다면, 감히 운명
을 원망하며 자신의 슬픔만을 탓하는 어리석음은 범하지 않을 것이
기 때문이다.

신황 아우구스투스는 가장 사랑하는 누이 옥타비아[19]를 잃었다. 3
자연은 하늘이 정한 이별의 슬픔을 아우구스투스라 해서 비켜 가지
않았다. 오히려 그는 온갖 이별의 고통을 겪었고, 후계자로 정한 조
카마저 잃었다.[20] 그는 사위들과 자식들, 손자들을 모두 잃었기에,[21]
그가 겪은 모든 이별을 하나하나 언급할 수조차 없다. 그는 사람들

죽었다. 세네카는 카이사르의 딸 율리아를 섹스투스 폼페이우스의 여동생으로 혼동한 듯하다. 형 그나이우스 폼페이우스의 죽음 이후 섹스투스 폼페이우스는 다시 군대를 모아 큰 세력을 이루었으나, 제2차 삼두정치를 맺은 옥타비아누스와 안토니우스에게 패해 붙잡혀 처형당했다.

19 옥타비아(기원전 약 66-11년)는 아우구스투스 황제의 손위 누이다. 그녀는 로마 역사에서 가장 뛰어난 여성 중 한 사람으로, 로마의 전통적 여성 덕목을 지키면서도 충절과 품격, 인간성으로 존경과 칭송을 받았다.

20 마르켈루스(기원전 42-23년)는 옥타비아의 아들이자 아우구스투스의 조카로, 황제의 전적인 신임을 받아 일찍이 후계자로 지목되었다. 그는 로마의 마지막 이베리아 정복 전쟁인 칸타브리아 전쟁(기원전 29-19년)에서 후일 제2대 황제가 될 티베리우스와 함께 아우구스투스 휘하에서 복무했다. 기원전 25년에 로마로 돌아와 아우구스투스의 딸 율리아와 혼인했으나, 기원전 23년 로마를 덮친 전염병으로 목숨을 잃었다.

21 로마 제국의 초대 황제 아우구스투스(기원전 63년-기원후 14년)에게는 딸 율리아만 있었다. 그는 누이 옥타비아의 아들이자 자신의 사위 마르켈루스(기원전 42-23년)를 총애했으나 일찍 잃었다. 이어 딸 율리아를 아그리파와 재혼시켜 얻은 세 손자 중 가이우스 카이사르(기원전 20년-기원후 4년)와 루키우스 카이사르(기원전 17년-기원후 2년)를 양자로 삼았으나 둘 다 요절했다. 또한 세 번째 황후의 전 남편 소생인 두 양자 중 드루수스(기원전 38-9년)를 아꼈으나 그마저 일찍 죽어, 나머지 양자 티베리우스(기원전 42년-기원후 37년)가 제위를 계승했다.

가운데서 살았지만, 그 누구보다도 깊이 자신의 인간적 한계를 체감한 이였다. 신황 아우구스투스는 그 넓은 가슴으로 이처럼 많고 큰 슬픔을 모두 견뎌냈기에, 외적만이 아니라 내면의 고통까지도 이겨낸 진정한 승리자였다.

4 신황 아우구스투스의 손자이자 나의 큰 외삼촌인 가이우스 카이사르[22]는 성인이 된 지 얼마 되지 않아 가장 아끼던 동생 루키우스를 잃었다. 로마 청년들의 수장이었던 그는 페르시아와의 전쟁을 준비하던 중, 로마 청년들의 또 다른 지도자였던 동생을 잃었는데, 동생을 잃은 마음의 상처는 나중에 전장에서 입은 몸의 상처보다 더욱 아팠다. 하지만 그는 깊은 우애와 비범한 용기로 이 두 상처를 모두 견뎌냈다.

5 나의 삼촌 티베리우스 카이사르는 나의 아버지이자 자신의 아우인 드루수스 게르마니쿠스를 잃었다.[23] 게르마니아의 최심부까지 진격해 가장 포악한 종족들을 로마 제국에 복속시킨 아버지를, 카이사르는 마지막 입맞춤과 함께 떠나보내야 했다. 하지만 그는 자신만이 아닌 다른 이들을 위해서도 슬픔을 다스렸다. 드루수스의 시신을 돌려달라며 비통에 잠긴 전군 앞에서, 그는 비통한 가운데서도 질서를 지켜야 한다는 생각으로, 전투에서처럼 애도의 자리에서도 로마적 규율과 절제를 잃지 않고 군을 이끌었다. 만일 그가 먼저 자신의 눈물을 억누르지 못했더라면, 다른 이들의 눈물을 멈추게 할 수 없었을 것이다.

---

22 가이우스 카이사르는 제3대 황제 칼리굴라를 가리킨다.
23 제5편의 주석 7과 9를 참고하라.

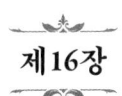

제16장

나의 조부 마르쿠스 안토니우스는 자신을 이긴 단 한 사람을 제외 1
하고는 누구에게도 뒤지지 않았으나, 삼두정치의 주역으로서 국가
질서를 확립하고, 자신 위에 아무도 없고 두 명의 동료를 제외한 모
든 이가 그 아래 있던 바로 그때, 동생의 부음을 들었다.[24]

무자비한 운명이여, 너는 인간의 불행을 가지고 무슨 장난을 치는 2
가! 마르쿠스 안토니우스가 시민들의 생살여탈권을 쥐고 있던 바로
그때, 그의 동생은 사형 선고를 받았다.[25] 하지만 그는 다른 모든 역
경을 견뎌냈던 그 대담한 마음으로 이 쓰라린 상처도 견뎌냈다.
20개 군단의 피로써 동생의 원혼을 달래는 것이 그의 애도 방식이
었다.[26]

황실의 다른 이들이 죽어 장례를 치른 여러 사례는 모두 넘어가더 3

---

24 마르쿠스 안토니우스(기원전 83-30년)는 옥타비아누스(기원전 63년-기원후 14년, 후일의 아우구스투스), 레피두스와 함께 삼두정치를 이룬 인물이다. 레피두스가 죽고 삼두정치가 무너진 후 파르티아 원정에서 패배하자 원로원의 신임을 잃었다. 이를 계기로 옥타비아누스는 그를 제거하기로 결심했고, 안토니우스는 기원전 31년 악티움 해전에서 패한 후 이집트로 도주했다가 자결했다.

25 마르쿠스 안토니우스의 동생 가이우스 안토니우스(기원전 82-42년)는 카이사르파였으며, 카이사르가 암살된 후 마케도니아 속주의 총독이 되었다. 그러나 카이사르를 암살한 일당이 카이사르의 양자 옥타비아누스를 피해 마케도니아로 도망쳤고, 브루투스는 그가 명령을 거부하자 총독직에서 몰아낸 뒤 결국 그를 처형했다.

26 마르쿠스 안토니우스와 옥타비아누스는 기원전 42년 19개 군단을 이끌고 원정을 나서 필리피 전투에서 브루투스와 카시우스의 군대를 격파했다. 안토니우스는 반란군을 관대히 처리했으나, 옥타비아누스는 그들을 가혹하게 다루었고 브루투스의 시신마저 참수했다.

라도, 운명은 나를 공격하여 두 번이나 형제와 사별하게 했다.[27] 그러나 운명은 내게 두 번이나 상처를 주었으되 나를 이길 수 없음을 알았다. 나는 동생 게르마니쿠스를 잃었는데, 우애 깊은 형제들이 서로를 얼마나 사랑하는지 아는 이라면 누구나 내가 동생을 얼마나 사랑했는지를 알 것이다. 그런데도 나는 슬픈 감정을 다스려 좋은 형으로서 모든 본분을 다했을 뿐 아니라, 국가 원수로서 비난받을 일은 전혀 하지 않았다."

4   이것은 모든 이의 아버지가 당신에게 들려준 사례들이라 생각하십시오. 운명에게는 신성불가침인 곳이 없어서, 신들이 주관하는 가문에서도 장례 행렬이 나올 수밖에 없음을 보여줍니다. 따라서 운명이 하는 일이 잔혹하고 불공평하다 해서 누구도 놀라서는 안 됩니다. 그토록 자주 무자비하게 신들의 좌대[28]을 살육으로 더럽힌 운명이 보통 사람들의 집을 공격할 때 무슨 공평함이나 절제를 알겠습니까?

5   우리뿐 아니라 모든 이가 온갖 말로 비난해도 운명은 꿈쩍도 하지 않을 것입니다. 우리의 모든 간청과 불평에도 운명은 자기 뜻을 밀어붙일 것입니다. 인간사에서 운명은 늘 그러했고, 앞으로도 그럴 것입니다. 운명은 모든 것에 손을 뻗쳤고, 그 무엇 하나 그냥 지나치지 않았습니다. 운명은 늘 그래왔듯 모든 곳에 침입할 것이며, 신들을 모신 곳을

---

[27] 클라우디우스의 남동생 게르마니쿠스(기원전 15년-기원후 19년)는 아시아의 속주와 왕국들을 재정비하는 임무를 받고 시리아에 갔다가 낙마 후 병으로 사망했다. 클라우디우스의 여동생이자 티베리우스 황제의 황후였던 리빌라(기원전 약 13-31년)는 티베리우스의 친아들 드루수스를 독살한 혐의로 친정에 유폐되어 생을 마쳤다.

[28] '풀비나리움'(pulvinarium)은 신들이나 신적 예우를 받는 이들을 위해 마련된 방석들로 이루어진 좌대를 말한다. 여기서는 황실을 뜻한다.

지나야만 들어갈 수 있는 집들도 아랑곳하지 않고 들어가 해를 끼칠 것이며, 월계수로 장식된 대문을 지닌 집에도 상복을 입힐 것입니다.

운명이 아직 인류를 멸망시키기로 작정하지 않았고 로마인이란 6 이름을 호의적으로 바라본다면, 온 나라가 한마음으로 맹세하고 빌어서라도 이 단 하나만은 운명에게서 얻어내야 합니다. 그것은 인간에게 주어진 유한한 것 가운데 모든 이가 신성하게 받드는 이 국가 원수만큼은 운명조차 신성하게 여기게 해달라는 것입니다. 그의 관용을 본받아, 모든 통치자 중 가장 자애로운 그를 운명도 자애롭게 대하길 바라는 것입니다.

제17장

따라서 당신은 내가 방금 언급한 모든 이들, 즉 하늘에 오른 이들 1 이나 곧 오를 이들을 생각하며, 운명이 당신에게 손을 뻗을 때 담담히 받아들여야 합니다. 운명은 우리가 맹세할 때 그 이름을 부르는 이들조차 가만두지 않습니다. 당신은 그들의 굳센 마음을 본받아, 인간이 신들의 발자취를 따르려 할 때 허락된 범위 안에서는 슬픔을 끝까지 견뎌 이겨내야 합니다.

다른 것은 지위와 신분에 따라 차이가 크지만, 미덕은 중심에 있어 2 누구나 다가갈 수 있습니다. 자신이 미덕을 갖추어야 할 사람이라 여기기만 하면, 미덕은 그를 멸시하거나 배척하지 않습니다. 어떤 이들은 이런 불행을 피하지 못한 것에 분노할 수 있겠으나, 이는 모든 이가 똑같이 겪는다는 점에서 불의나 부당함이 아닌 인간의 숙명이라 여기며, 이러한 불행에 지나치게 비통해하거나 격렬히 반응하지도, 나약하고 유약하게 대응하지도 않은 채 잘 견뎌냅니다. 당신은 그들을 본받아야 합니다. 불행을 느끼지 못하는 것은 인간이 아니며, 불행을 견뎌내지 못하는 것은 남자답지 못하기 때문입니다.

3 나는 운명에 의해 형제자매를 잃은 카이사르들을 두루 거론했으나, 카이사르의 명단에서 마땅히 지워야 할 그 카이사르[29]도 그냥 넘길 수는 없습니다. 자연은 인류에게 수치를 안기고 인류를 멸망시키고자 그를 태어나게 했습니다. 그로 인해 제국은 완전히 불타 무너졌으나, 가장 자애로운 국가 원수[30]의 관용으로 다시 일어서고 있습니다.

4 가이우스 카이사르[31]는 누이 드루실라를 잃었을 때 슬퍼하기는커녕 오히려 즐거워했던 자입니다. 그는 시민들의 시선을 피하고 그들과 어울리지 않으려 누이의 장례식에 참석하지 않았고, 장례를 준비하는 대신 알바[32]의 별장에서 주사위놀이나 그와 비슷한 여러 오락을 즐기며 비통한 죽음의 고통을 달랬습니다. 제국의 치욕이여! 누이의 죽음을 애도해야 할 로마의 국가 원수가 주사위놀이로 위안을 삼았다니 말입니다.

5 이 가이우스는 수염과 머리카락을 때로는 길게 기르고 때로는 짧

---

29 폭군이었던 제3대 황제 칼리굴라를 가리킨다.
30 제4대 황제 클라우디우스를 가리킨다.
31 칼리굴라를 가리킨다. 그의 누이 드루실라(16-38년)는 38년 로마를 덮친 전염병으로 22세에 목숨을 잃었다. 누이를 깊이 사랑했던 칼리굴라는 그녀를 신격화하여 '디바 드루실라'(여신 드루실라)라 명명했다.
32 알바(Alba)는 로마의 모태가 된 지역이다. 이탈리아반도 중서부 라티움 지방에 있는 알바는 로마에서 남동쪽으로 20킬로미터 떨어진 '몬스 알바노스'(알바인들의 산)를 중심으로 한 알바인의 터전이었다.

게 자르며, 이탈리아와 시칠리아 해변을 정처 없이 떠돌았습니다. 누이를 애도하려 한 것인지 기리려 한 것인지는 불분명하나, 누이를 위해 신전과 성소를 세우는 동안 애도가 부족해 보이는 이들을 극히 잔인하게 처벌하는 등 광기와 변덕을 부렸습니다. 모든 일이 순조로울 때는 인간의 한계를 넘어설 만큼 오만방자했던 그는, 역경이 닥쳤을 때도 같은 무절제한 마음으로 대처하려 했던 것입니다.

로마의 모든 남자는 그를 본받아서는 안 됩니다. 슬퍼해야 할 때 해서는 안 될 일들로 슬픔을 잊으려 해서도 안 되고, 추하고 혐오스러운 상복으로 슬픔을 자극해서도 안 되며, 타인에게 고통을 가하는 잔혹한 방식으로 위안을 얻으려 해서는 결코 안 됩니다. 6

제18장

하지만 당신이 지금까지 걸어온 길을 바꿀 필요는 없습니다. 당신은 이미 깊이 학문을 사랑하고 있는데, 학문은 행복을 한껏 높여주고 불행을 가장 쉽게 덜어주며, 인간에게 최고의 장식이자 위안이기 때문입니다. 이제 학문에 더욱 정진하여 슬픔이 스며들 틈 없이 마음의 성채인 학문으로 자신을 에워싸십시오. 1

동생에 관한 기억을 글로 남겨 영원히 간직하십시오. 인간의 모든 일 가운데 오직 글만이 시간의 침식을 견디고 오래도록 남을 수 있기 때문입니다. 돌로 쌓은 것이나 대리석으로 만든 것, 흙으로 쌓아 올린 거대한 봉분도 긴 세월을 견디지 못하고 사라지기에, 그것으로는 오래도록 기억할 수 없습니다. 반면 글로 남긴 기억은 영원합니다. 2

동생에 관한 글을 많이 써서 그를 그 안에 보존하십시오. 헛되이 슬퍼하고 애도하기보다는 당신의 글쓰기로 그를 영원히 기억되는 존재로 만드는 것이 더 나을 것입니다.

3   운명이 우리에게 모든 것을 주었는데도 그중 하나를 빼앗았다고 당신이 불평하고 있기에, 지금은 운명을 변호할 수 없습니다. 하지만 세월이 흘러 당신이 공정하게 판단할 수 있게 되면 즉시 운명을 변호해야 할 것입니다. 그때가 되면 당신은 운명과 화해할 수 있을 것입니다. 운명은 이미 이 손실을 보상할 많은 것을 당신에게 주었고, 앞으로도 줄 것이기 때문입니다. 그리고 이 손실조차도, 따지고 보면 운명이 당신에게 주었던 것을 다시 가져간 것에 지나지 않습니다.

4   그러므로 당신의 재능을 헛되이 쓰지 말고 슬픔에 매몰되지 마십시오. 당신의 글솜씨는 작은 일을 크게 만들 수도, 큰일을 작게 만들 수도 있습니다. 하지만 그러한 능력은 다른 기회를 위해 남겨두고, 지금은 오로지 자신을 위로하는 데 쓰십시오. 그리고 자연이 우리에게 어떤 것을 요구할 때, 우리는 종종 운명이 요구하는 것 이상을 내어준다는 말도 결코 가볍게 넘길 수는 없습니다. 이 점을 곰곰이 되새기시기 바랍니다.

5   하지만 나는 당신에게 전혀 슬퍼하지 말라고 하지는 않겠습니다. 현자들 중에도, 현자는 슬퍼해서는 안 된다고 말하는 이들이 있습니다. 그러나 내가 보기엔 그들은 용감하다기보다는 냉혹한 자들입니다. 내가 보기에 그들은 이런 불행을 겪어보지 못한 듯합니다. 만약 그들이 이런 불행을 겪었더라면, 운명은 그들의 오만한 지혜를 꺾어버리고 그들이 꺼리던 진실을 인정하게 했을 것입니다.

6   이성이 슬픔에서 지나치고 넘치는 부분을 덜어냈다면, 그것만으로도 충분히 제 역할을 한 것입니다. 누구도 이성이 슬픔을 완전히 없

애주길 바라서는 안 됩니다. 오히려 이성은 우리를 냉정하거나 광기에 빠지지 않은 상태, 즉 우애를 지키면서도 평정을 잃지 않은 상태에 두어야 합니다. 눈물을 흘릴 수도, 그칠 수도 있어야 하며, 깊은 비탄을 느낄 수도, 그것을 끝낼 수도 있어야 합니다. 현자들과 동생들도 인정할 만큼 당신의 마음을 다스리십시오.

7 동생에 대한 기억을 기꺼이 자주 떠올리고, 대화 속에서 그를 자주 언급하며, 늘 그를 회상하십시오. 이는 당신이 동생에 대한 기억을 슬픔이 아닌 기쁨으로 만들었을 때만 가능합니다. 회상할 때마다 슬픔이 밀려오는 일에서는 마음이 자연히 멀어지기 마련이기 때문입니다.

8 동생의 절제된 품행을 생각하고, 모든 일을 지혜롭고 노련하게 처리했던 그를, 한결같이 성실했던 그를, 약속을 언제나 지켰던 그를 떠올리십시오. 그의 모든 언행을 다른 이들에게 들려주고 스스로도 되새기십시오. 그가 어떤 사람이었고 장차 어떤 사람이 될 것이라 기대했는지를 생각하십시오. 당신이 그에 대해 어떤 기대를 했든, 그것은 반드시 이루어졌을 테니까요.

9 나의 마음은 이미 오래전에 무뎌지고 닳아버렸지만, 이 글을 쓰는 데에는 최선을 다했습니다. 혹여 이 글이 당신의 학식과 성품에 미치지 못하거나, 당신의 슬픔을 온전히 어루만지기에 부족해 보일지라도 너그러이 헤아려주시기 바랍니다. 불운에 깊이 빠져든 내가 타인을 위로할 마음의 여력조차 없는 처지라는 점, 그리고 교양 있는 야만인들마저 괴로워하는 거친 소음 속에서, 라틴어 표현 하나 떠올리는 일조차 어려운 환경에 놓여 있다는 점을 이해해주셨으면 합니다.[33]

---

33 세네카는 코르시카섬 유배 시절에 이 서신을 썼다. 현재, 코르시카는 지중해에 있는 프랑스령 섬으로, 나폴레옹의 출생지로도 알려져 있다.

해설 일러두기

독자의 이해를 돕기 위해 1권과 2권(현대지성 클래식 67·68)에는 동일한 해설을 수록했다. 수록 작품은 각 권별로 주제에 따라 나뉘어 있으나, 세네카 에세이 전체의 철학적 맥락과 흐름을 함께 조망할 수 있도록 공통 해설을 제공한다. 따라서 두 권 중 어느 한 권만 읽더라도 전체 구성과 의도를 이해하는 데 어려움이 없도록 구성했다.

| 해설 |

불안과 분노가 나를 뒤흔들 때
세네카가 전하는 단단한 삶의 기술

박문재

세네카(기원전 약 4년-기원후 65년)는 로마의 황금기를 관통한 사상가이다. 아우구스투스 황제가 세운 로마 제정이 시작된 지 20년 후에 태어나, 티베리우스, 칼리굴라, 클라우디우스, 네로로 이어지는 초기 다섯 황제의 시대를 살았던 인물이다. 그의 14편의 저작을 살펴보면, 한 가지 핵심 주제가 떠오른다. 바로 "인간의 의지로는 어찌할 수 없는 운명을 어떻게 극복할 것인가"라는 질문이다.

삶이란 본래 불확실한 것이지만, 특히 전쟁과 재해가 끊이지 않던 고대인들에게 운명을 이겨내는 길은 없었을까? 자연이 부여한 운명의 굴레에서 벗어나 인간이 주체성을 발휘할 수 있는 영역은 과연 존재하는가? 세네카는 이 답을 '영혼'에서 찾았고, 영혼의 평정심과 항상심을 추구하는 스토아학파 철학에서 참된 자유를 발견했다.

선배 철학자인 스토아학파의 키케로(기원전 106-43년)가 정치인으로 현실 정치에 깊이 관여하면서도 은둔 시절에 쓴 저작들은 『의무론』을 제외하면 대체로 철학적 성격이 강했다. 반면 세네카는 네로의 스승이자 고문으로 활동하며 철학적 삶을 추구했음에도, 그의 에세이들은 놀라울 만큼 현실적이다. 『인생의 짧음에 대하여』에서 파울리누스에게 공직을 내려놓고 은둔생활을 시작하라고 권하는 대목이 이를 잘 보여준다.

네로의 고문으로 있으면서도 세네카는 명예욕과 야심, 권력욕에서 자유로운, 초연한 마음으로 조언했다. 이런 태도 덕분에 네로 치세 초기에 황제를 올바른 방향으로 이끌어 선정을 펼치게 할 수 있었다. 하지만 그는 결국 정치적 음모에 휘말려 네로에게 자결 명령을 받고 생을 마감했다. 현실 정치의 무자비함은 세네카마저도 비켜 가지 않았다.

세네카는 자신의 철학적 신념에 따라 죽음이라는 운명조차 담담히 받아들였다. 그에게는 오히려 평생 추구해온 영혼의 자유를 완성하는 순간이었을 것이다. 외부의 시선으로는 그의 최후가 비참해 보일지 모르나, 비록 완벽한 현자의 경지에는 이르지 못했더라도, 그는 자신이 가르쳐온 영혼의 평정심과 항상심을 몸소 실천하며 초연한 삶의 완성을 이루어냈다.

세네카와 그의 저작들은 우리에게 인생의 목표를 다시 생각해보게 한다. 세속적 성공과 출세, 개인의 취향에 따른 삶도 중요하지만, 과연 이것이 인생의 궁극적 목표가 될 수 있을까? 비록 이런 것에서 완전히 자유로울 수는 없더라도, 우리가 지향해야 할 더 높은 차원의 인생 목표가 있지 않을까? 사람다움의 본질은 무엇이며, 인생이란 과연 무엇일까? 스토아학파를 비롯한 모든 고대 그리스 철학은 이 질문에 답하고자 고뇌했고, 각자의 방식으로 해답을 제시했다.

그리스 철학의 원천은 소크라테스에게서 비롯되며, 소크라테스 철학의 핵심은 '오직 이성'이었다. 분노에 관한 분석에서 볼 수 있듯이, 세네카는 자신의 저작들에서 명료한 이성을 통해 이 문제들을 해결하고자 했다. 공화정 말기에서 제정 초기까지 로마의 지성인들을 매료시켰던 스토아 철학을 바탕으로, 세네카는 이 책에서 인생의 난제들에 대한 해법을 제시한다.

I. 세네카의 삶과 역사적 배경

앞서 언급했듯이 세네카(기원전 약 4년-기원후 65년)는 아우구스투스가 세운 로마 제정이 시작된 지 약 20년 뒤에 태어나, 티베리우스, 칼리굴라, 클라우디우스, 네로에 이르는 초기 다섯 황제의 시대를 살아갔다. 이에 따라 세네카의 생애는 네 시기로 구분하여 살펴보는 것이 합당하다.

1. 아우구스투스 황제부터 티베리우스 황제 시대까지

로마 제국의 첫 황제 아우구스투스(재위 기원전 27년-기원후 14년)의 이야기는 극적인 사건에서 시작된다. 기원전 44년, 율리우스 카이사르가 벌족파에 의해 암살된 것이다. 당시 옥타비아누스(후일 아우구스투스)는 젊은이로서, 어린 시절부터 총명함과 영민함을 발휘해 카이사르의 신임을 얻었고, 카이사르 누나의 외손자였음에도 카이사르의 친아들을 제치고 후계자로 지목되었다.

겨우 19세의 나이에 정치적 소용돌이 한가운데에 던져진 옥타비아누스는 기원전 43년, 안토니우스, 레피두스와 함께 제2차 삼두정치를 결성해 벌족파와 전쟁에 나섰다. 이후 레피두스가 사망하면서 삼두정치는 붕괴하고, 옥타비아누스는 기원전 31년 악티움 해전에서 안토니우스를 격파해 전권을 장악했다. 100년 넘게 이어진 공화정 말기의 내전을 종식시킨 그는, 모든 권한을 원로원과 평민에게 환원하는 파격적인 선택을 한다.

이에 원로원은 기원전 27년, 그에게 '존엄한 자'라는 뜻의 아우구스투스라는 칭호를 수여했고, 이로써 겉으로는 공화정 형태를 유지하면서도 실질적인 제정 체제가 출범한다. 그러나 이 변화는 결코 평탄하지 않았다. 아우구스투스는 벌족파의 끊이지 않는 반란과 암살 시도에 맞서며 수 차례 피비린내 나는 숙청을 단행해야 했다. 그럼에도 그의 관용 정책은 점차 효과를 발휘하여 벌족파의 저항을 잠재울 수 있었다. 아우구스투스 치세 동안 베르길리우스, 호라티우스, 리비우스 같은 대문호들이 등장하면서 라틴 문화의 황금기가 열렸고, 제국 전역에는 '팍스 로마나'(pax Romana, 로마의 평화)라 일컫는 황금시대가 열렸다.

제2대 황제 티베리우스(재위 14-37년)는 아우구스투스의 정책을 충실히 계승했다. 그는 공화정과 민주주의 원리를 존중하고, 사치와 향락을 억제했으며, 빈민 구제를 위한 식량 배급 등 실용적이고 합리적인 정책을 펼쳐 로마의 태평성세를 이어갔다. 그러나 그의 치세에도 어두운 그림자는 존재했다. 정적에 대한 가혹한 처벌과 제거, 궁정 내 음모, 특히 근위대장 세야누스의 권력 남용은 티베리우스 치세의 큰 오점으로 남았다.

기원후 26년, 티베리우스는 세야누스에게 권력을 맡긴 채 카프리섬으로 은둔했다. 이 시기 세야누스의 횡포는 절정에 이르렀고, 결국 권력 찬탈을 꾀하는 지경에 이르렀다. 이때 뿌리내린 근위대의 폐단은 네로 황제 시기까지 이어져, 온갖 권력 남용과 음모의 온상으로서 로마 정치의 혼란을 부추기게 된다.

세네카, 본명 루키우스 안나이우스 세네카(Lucius Annaeus Seneca)는 바로 이 격변기의 한가운데서 태어났다. 그는 아우구스투스 치세인 기원전 4년과 1년 사이, 히스파니아(현재의 스페인) 바이티카 속주의 코르도바에서 기사 계급의 부유한 가문 출신으로 태어났다. 그의 아버지 루키우스 안나이우스 세네카 1세는 로마에서 수사학 교사이자 작가로 명성을 떨쳤으며, 세네카는 기원후 5년경 가족과 함께 로마로 이주해 그곳에서 성장했다. 어머니 헬비아는 바이티카 지역의 명문가 출신이었다.

세네카 가문의 영향력은 형제들을 통해서도 확인할 수 있다. 형 안나이우스 노바투스는 훗날 유니우스 갈리오로 개명하여 아카이아 속주의 총독을 지냈고, 그곳에서 기독교의 사도 바울을 만나기도 했다(사도행전 18:12). 동생 안나이우스 멜라는 공직을 멀리하고 은둔 생활을 선택했으나, 그의 아들 마르쿠스는 후일 네로 황제 암살 음모에 연루되어 비극적인 최후를 맞는다.

세네카는 어린 시절부터 문학, 문법, 수사학을 두루 익혔고, 티베리우스 시대에는 당대 최고의 사상가들에게 철학을 배웠다. 스토아학파의 아탈로스, 스토아와 피타고라스주의를 접목한 섹스티우스학파의 소티온, 그리고 파피리우스 파비아누스 등이 그의 스승이었다.

그러나 세네카는 건강이 좋지 않았다. 소아 천식으로 고통받았고, 20대 중반 무렵(약 20년경)에는 결핵까지 앓았다. 건강 회복을 위해 그는 외숙부 가이우스 갈레리우스가 총독으로 재임 중이던 이집트(16-31년)로 보내졌고, 외숙모의 세심한 보살핌 아래 약 10년간 머물렀다. 이 시기에 대해 세네카는 『헬비아에게 보내는 위로』에서 따뜻한 필치로 외숙모를 회상한다.

31년, 외숙부가 임기를 마치고 귀환하던 중 난파로 사망했지만, 세네카와 외숙모는 무사히 로마로 돌아왔다. 이후 외숙모의 후원을 받아, 37년 41세의 나이에 재무관으로 선출되면서 원로원 의석을 얻고 정계에 본격적으로 발을 들이게 된다.

세네카의 저작에서 특히 주목할 점은 그의 균형 잡힌 역사관이다. 그는 아우구스투스를 성군으로 평가하면서도, 티베리우스에 대해서는 극단적인 비난을 삼가며 비교적 객관적인 시각을 견지했다.

2. 칼리굴라 황제 시대

로마 제국의 제3대 황제 칼리굴라(재위 37-41년)는 원로원의 지지를 등에 업고 황위에 올랐다. 그의 통치 초기에는 기대가 컸다. 세금을 감면하고, 검투사 시합과 전차 경주를 부활시키는 등 민심을 사로잡는 정책을 펼치며 원로원, 군대, 평민 모두로부터 높은 인기를 얻었다. 아우구스투스와 티베리우스가 다져놓은 제국 통치 기반을 이어받아 급격한 변화를 피했던 덕분에, 로마는 한동안 안정세를 유지할 수 있었다.

그러나 시간이 흐르면서 칼리굴라의 통치는 급속히 극단으로 치달았다. 자신이 신의 화신이라는 망상에 사로잡혀, 최고신 유피테르와 동등한 존재로 자처했다. 무차별적인 학살과 폭압이 이어졌고, 초기의 인기 정책들은 결국 국고를 고갈시키는 결과를 초래했다. 재정이 악화되자 그는 땔감에까지 세금을 부과하는 등 무리한 조세 정책을 남발했다. 이같은 모순된 통치는 민심의 급격한 이탈을 불러왔고, 결국 그는 근위대 병사들의 손에 암살당했다.

세네카의 정계 입문은 칼리굴라 즉위 초기에 이루어졌다. 그의 탁월한 대중 연설 능력은 많은 주목을 받으며 순조로운 출발을 알렸다.

하지만 이런 성공이 오히려 화를 불렀다. 세네카의 인기를 시기한 칼리굴라는 그에게 자결을 명령했다. 다행히 세네카가 중병을 앓고 있어 오래 살지 못할 것이라는 말에 칼리굴라가 명령을 철회하면서 겨우 목숨을 부지할 수 있었다. 이런 경험 때문인지 세네카는 자신의 저작에서 칼리굴라를 '괴물' 같은 최악의 폭군으로 묘사했다.

여기서 주목할 점이 있다. 칼리굴라의 본명은 '가이우스 카이사르 게르마니쿠스'였기 때문에, 세네카는 그의 이름을 '가이우스 카이사르'로 기록한다. 이는 공화정 말기의 위대한 지도자 가이우스 율리우스 카이사르(기원전 100~44년)와 혼동하지 않기 위한 구분이다.

3. 클라우디우스 황제 시대

로마 제국의 제4대 황제 클라우디우스(재위 41-54년)의 즉위는 누구도 예상치 못한 일이었다. 율리우스 가문 출신이 아니었던 그는 칼리굴라 치하에서 정치적으로 철저히 배제되어 있었고, 대신 『에트루리아의 역사』, 『카르타고의 역사』 등 역사 연구와 저술에 몰두하고 있었다. 그러나 칼리굴라가 갑작스럽게 암살되자, 근위대의 지지를 받아 황제 자리에 올랐다.

집권 후 클라우디우스는 체계적인 관료제도를 도입하고, 칼리굴라 시대에 바닥난 제국 재정을 긴축 정책으로 회복시켰다. 과도한 축제와 행사를 대폭 축소해 국고 낭비를 막았고, 아우구스투스와 티베리우스 시대의 통치 체계를 복원하여 원로원의 신임을 얻었다.

그러나 황실의 사생활은 문제를 일으켰다. 첫 번째 황후 메살리나는 극도로 방탕한 생활을 일삼았으며, 심지어 밤에는 사창가에 나가 매춘을 일삼기도 했다. 결국 간통 사건이 발각되어 황제의 측근들에 의해 처형되었다. 이후 클라우디우스는 조카이자 과부였던 아그리피

나를 새 황후로 맞아들였지만, 이는 또 다른 비극의 서막이 되었다.

정치적 야망이 강했던 아그리피나는 전 남편과의 사이에서 낳은 아들 도미티우스를 황제 자리에 올리려 했다. 그녀는 도미티우스를 클라우디우스의 양자로 삼아 이름을 네로로 바꾸고, 황제의 친딸 옥타비아와 결혼시켰다. 후계 구도를 다진 뒤, 아그리피나는 클라우디우스를 독살하고, 근위대의 힘을 빌려 네로를 황제로 즉위시켰다.

이 시기는 세네카에게도 시련의 시기였다. 41년, 황후 메살리나는 정적 제거를 위해 세네카가 칼리굴라의 누이 율리아 리빌라와 간통했다고 거짓 고발했다. 원로원은 세네카에게 사형을 선고했으나, 클라우디우스가 이를 유배형으로 감형했다.

이로써 세네카는 41년부터 49년까지 8년간 코르시카섬에 유배되어 지냈다. 이 기간에 그는 『헬비아에게 보내는 위로』와 『폴리비우스에게 보내는 위로』라는 두 편의 위로서를 집필했다. 전자는 유배된 아들을 걱정하는 어머니 헬비아를 위로하는 글이고, 후자는 동생을 잃은 황제의 측근 폴리비우스를 위로하는 내용이다.

49년, 새 황후 아그리피나의 도움으로 세네카는 로마로 복귀했다. 그는 재무관직을 맡았고, 네로의 교육을 담당하는 스승으로 임명되었다. 세네카의 저작에서 클라우디우스는 칼리굴라 치하에서 무너진 나라를 다시 일으켜 세운 인물로 평가된다.

4. 네로 황제 시대

로마 제국의 제5대 황제 네로(재위 54-68년)는 율리우스-클라우디우스 왕조의 마지막 통치자로, 아우구스투스부터 시작된 이 왕조의 막을 내린 인물이다. 16세의 나이에 근위대의 추대를 받아 황제가 된 그는, 초기 5년간은 뛰어난 통치력을 보여주었다. 국사 세네카와 근위대장 부루스의 조언을 받아들여 해방 노예 중용, 감세 정책, 원로원 존중, 매관매직 근절 등 개혁적인 정책들을 시행했다.

하지만 시간이 흐르면서 네로의 본성이 드러나기 시작했다. 어머니 아그리피나의 통제에서 벗어나려는 시도는 연쇄적인 비극을 초래했다. 그는 먼저 잠재적인 경쟁자이자 클라우디우스의 친아들이기도 했던, 의붓동생 브리타니쿠스를 제거했으며, 59년에는 포파이아 사비나와의 결혼을 반대한 어머니 아그리피나마저 살해했다. 이후 황비 옥타비아를 섬으로 유배 보낸 뒤 처형하고, 포파이아와 결혼했다.

그럼에도 대외적으로는 성공적인 통치를 펼쳤다. 브리타니아에서 일어난 반란을 진압하고, 동방 원정대를 보내 아르메니아를 점령했으며, 강대국 파르티아와 평화협정을 맺는 등 외교적인 성과를 거두었다. 그로 인해 로마에서 네로의 인기는 여전히 높았다.

그러나 상황은 급격히 악화되었다. 최측근이자 근위대장인 부루스가 병으로 세상을 떠나고, 세네카마저 고향으로 돌아가며 네로는 현명한 조언자들을 잃게 되었다. 64년, 로마 대화재가 발생해 팔라티노 언덕과 첼리오 언덕의 왕궁과 주택가가 모두 잿더미로 변했다. 네로는 9일 동안 계속된 이 화재의 책임을 그리스도교도들의 방화로 돌리고, 300여 명을 잔혹하게 처형했다. 이 사건을 계기로 네로에 대한 여론은 급격히 나빠졌다.

결국 68년, 히스파니아의 총독 갈바가 반란을 일으키며 로마로 진군했다. 원로원과 시민들, 심지어 근위대까지 갈바의 편에 서자, 네로는 로마를 탈출해 교외의 하인 집에 숨어 자살로 생을 마감했다. 네로의 죽음으로 율리우스-클라우디우스 왕조는 막을 내렸고, 그 후 1년 동안 네 명의 황제가 교체되는 혼란기가 시작되었다.

세네카는 네로가 즉위한 54년부터 62년까지 근위대장 부루스와 함께 황제의 최측근 고문으로 활동했다. 그는 네로의 즉위 연설문을 작성하며 사법 절차의 정당성과 원로원의 권위 회복을 약속했고, 클라우디우스 황제의 장례식 조사도 썼다. 55년, 네로가 클라우디우스 황제의 친아들인 브리타니쿠스를 살해한 후, 세네카는 『관용에 대하여』라는 글을 통해 네로를 경계하려 했다. 이 글은 겉으로는 아부가 담겨 있었으나, 실제로는 통치자가 따라야 할 스토아 철학의 덕성을 제시하려는 의도가 깔려 있었다.

62년, 부루스의 사망 이후 세네카의 영향력은 급격히 쇠퇴했다. 그는 62년과 64년 두 차례에 걸쳐 사임을 청했으나, 네로는 이를 거부했다. 결국 세네카는 시골 영지로 물러나 연구에 전념하며 로마와 왕궁을 멀리했다. 65년, 로마의 지도적인 정치인 피소의 네로 암살 음모가 발각되면서 많은 이들이 처형되었고, 피소와 세네카, 그리고 세네카의 조카 마르쿠스에게도 자살 명령이 내려졌다. 세네카는 로마의 전통에 따라 동맥을 끊어 생을 마감했다.

II. 철학자 세네카와 스토아 철학

세네카의 정치 경력은 사실상 황후 아그리피나에 의해 네로의 스승으로 발탁되어, 황제를 교육하고 정치 고문 역할을 수행한 것이 전부였다. 공화정 말기의 스토아 철학자 키케로가 정계에 입문해 집정관을 지내고 중앙 정계에서 뚜렷한 족적을 남긴 것과는 대조적이다. 세네카는 오히려 스토아 철학을 담은 저술 활동을 통해 더 큰 명성을 얻었다. 따라서 스토아 철학과 철학자 세네카에 대해 보다 자세히 살펴볼 필요가 있다.

1. 철학자 세네카

세네카는 로마 제국 시대를 대표하는 스토아 철학자다. 그는 특히 윤리학 분야에서 탁월한 저술 활동을 펼쳤으며, 그의 글에서는 제논, 클레안테스, 크리시포스와 같은 고대 스토아 철학자들의 사상이 자주 언급된다. 당시 로마 사회에서 스토아 철학은 상당한 영향력을 발휘했고, 특히 상류층은 이를 정치적 처신의 지침으로 삼았다.

세네카의 저작은 윤리학 이론과 실천적 조언을 함께 다루되, 이 둘이 구분되면서도 긴밀히 연결되어야 한다는 점을 강조한다. 그는 철학을 "인생의 상처를 치유하는 연고"로 비유했다. 분노나 슬픔 같은 파괴적 감정은 이성으로 극복하거나 다스려야 하며, 죽음처럼 거스를 수 없는 운명 앞에서도 흔들리지 않는 영혼의 미덕을 세워야 한다고 그는 강조했다. 세네카의 모든 저술은 이러한 스토아 철학의 근본 사상을 바탕으로 전개된다.

2. 스토아 철학

스토아학파는 제논(기원전 약 335-263년)에 의해 창시되었다. 플라톤의 『대화편』에 등장하는 소크라테스의 논리와 입장을 체계화한 철학이라 할 수 있다. 이 철학의 핵심에는 "인생에서 가장 중요하고 돌볼 가치가 있는 것은 오직 영혼뿐"이라는 사상이 자리 잡고 있다. 한 인간이 어떤 삶을 살았든, 그의 영혼이 운명을 초월해 평정심과 항상심을 얻었다면 그것이야말로 훌륭한 삶이라 여겼다.

이러한 삶을 위해서는 선악에 대한 분명한 통찰이 필요하다. 스토아학파가 추구한 것도 바로 이 지식이었으며, 고대 그리스에서 전통적으로 중시된 미덕들은 이 지식이 다양한 형태로 표현된 것에 지나지 않았다. 따라서 신분의 고하, 부와 빈곤, 삶과 죽음 같은 외적이고 운명적인 요소들은 영혼의 상태와 무관하며, 훌륭한 삶에 영향을 미치지 않는 도덕적 중립지대에 속한다고 보았다.

스토아 철학에 따르면 오직 미덕만이 참된 선이며, 행복에 이르는 충분조건이다. 미덕의 삶이란 우주적 이성('로고스')에 근거해 사적 영역과 공적 영역 모두에서 어떻게 처신해야 하는지를 아는 것을 의미한다. 스토아학파가 말하는 '자연에 일치하는 삶'이란 바로 이 로고스, 즉 우주적 이성의 질서에 부합하는 삶을 뜻한다. 인간은 본성적으로 우주적 이성에 따라 살아가도록 만들어졌으며, 이 세계 역시 자연, 신 혹은 로고스라 불리는 최고의 이성적 질서 아래에 존재한다고 보았다.

스토아 철학에서 인식론은 윤리학의 토대를 이룬다. 자연, 신, 로고스에 따라 살아야 한다는 신념을 가진 이들에게 참과 거짓을 구별하는 일은 가장 중요한 과제였다. 이는 소크라테스가 자연철학적 논쟁을 제쳐두고 오직 이성만을 진리의 기준으로 삼은 태도와도 맥을 같이한다. 소크라테스가 대화법을 통해 거짓된 입장을 논파했듯, 스토아 철학자들은 감정을 일종의 왜곡된 판단으로 보았다. 세네카 역시 여러 저작에서 평정심을 해치는 과도한 슬픔과 분노가 얼마나 비이성적인지를 논리적으로 밝혀냈다.

플라톤이 『국가』에서 여러 계층이 조화를 이루는 이상 국가를 구상했다면, 제논은 자신의 『국가』에서 오직 현자들로만 이루어진 이상 공동체를 그렸다. 비록 제논이 스토아학파의 기초를 놓았지만, 오늘날 우리가 알고 있는 스토아 철학의 대부분 체계를 정립한 인물은 제3대 학장 크리시포스(기원전 약 280-206년)였다. 그가 제시한 혁신적 개념 중 하나는 국적을 넘어선 이성적 인간들의 공동체, 즉 세계시민('코스모폴리테스') 사상이었다.

파나이티오스(기원전 약 185-110년)와 포시도니우스(기원전 약 135-50년)가 이끈 중기 스토아학파는 새로운 방향을 열었다. 특히 파나이티오스는 도달하기 힘든 현자의 이상을 내세우기보다는, 현자가 되기 위해 노력하는 현실 인간을 위한 윤리 체계를 제시했다. 이를 통해 중기 스토아 철학은 우주적 관점을 넘어, 개별 국가의 정치 윤리와 개인적 의무의 문제까지 포괄할 수 있게 되었다. 키케로의 『의무론』도 파나이티오스의 사상을 바탕으로 쓰였다.

로마 시대에 들어 세네카, 루푸스(30-100년), 에픽테토스(55-135년), 마르쿠스 아우렐리우스 황제(121-180년) 등이 스토아 철학을 대중적으로 확산시켰다. 이들 중 유일하게 세네카만이 라틴어로 저술했다는 점은 특기할 만하다.

스토아 철학이 로마 상류층에 깊은 영향을 끼칠 수 있었던 것은 로마 고유의 전통 윤리와 친화적이었기 때문이다. 로마의 핵심 미덕으로는 '피데스'(신의), '비르투스'(용기), '피에타스'(경건과 충효)가 있다. '피데스'는 로마법의 기초가 된 신의성실의 원칙을 의미했으며, '비르투스'는 전쟁에서의 용맹을 넘어 보편적 미덕으로 확장되었다. '피에타스'는 신과 인간, 조국과 가정 사이에서 요구되는 의무와 본분을 뜻하는데, 신에 대한 경건, 조국에 대한 충성, 부모에 대한 효도로 구체화되었다.

스토아학파의 영향력은 키케로 시대부터 본격적으로 확대되었다. 아테네가 철학의 중심지로서의 위상을 잃어가던 시기에, 로마 황제들은 스토아 철학을 국가 이념으로 채택했고, 특히 아우구스투스는 로마 공화정의 가치 계승을 강조하는 과정에서 스토아 철학을 적극 활용했다. 스토아의 '현자' 개념은 이상적 정치 지도자의 모델로 자리 잡았으며, 세네카의 저작들은 이러한 시대적 흐름 속에서 스토아 실천 철학의 구체적 방향을 제시했다.

III. 세네카의 저작 및 내용 소개

세네카의 문학적 유산은 놀라울 만큼 폭넓고 다양하다. 그의 이름으로 전해지는 10편의 희곡 중 8편이 진짜 그의 작품으로 인정되는데, 이 희곡들은 세네카의 스토아 철학적 신념과는 상당히 다른 특징을 보인다. 억제되지 않은 감정이 불러오는 광기와 파멸 그리고 운명의 압도적 힘을 강조하는 그의 희곡들은, 16세기까지 학자들 사이에서 철학자 세네카와 극작가 세네카를 서로 다른 인물로 여길 정도였다. 이 작품들은 중세와 르네상스 시대 유럽 대학에서 널리 읽히며 막대한 영향력을 끼쳤다.

산문 부문에서는 14편의 에세이와 124편의 서신이 전해진다. 저술 연대순으로 보면 『마르키아에게 보내는 위로』(40년), 『분노에 대하여』(41년, 3권), 『어머니 헬비아에게 보내는 위로』(42년), 『폴리비우스에게 보내는 위로』(44년), 『인생의 짧음에 대하여』(49년), 『현자의 항상심에 대하여』(55년), 『행복한 삶에 대하여』(58년), 『은둔에 대하여』(62년), 『평정심에 대하여』(63년), 『섭리에 대하여』(64년)가 있다.

전통적으로는 이들 저작의 배열 순서가 다르게 전해지는데, 이는 당시 정확한 연대 추정이 어려웠기 때문으로 보인다. 여기에 네로 황제를 위해 쓴 『관용에 대하여』(56년, 2권)를 추가하면 총 14편의 에세이가 된다.

한편, 세네카의 서신은 정계 은퇴 후 은둔 생활을 하던 시기에, 친구이자 시칠리아 총독이었던 루킬리우스 유니오르에게 보낸 124편의 편지로 구성되어 있다.

　현대지성 클래식은 세네카의 대표적 산문 에세이 14편 가운데 오늘의 독자들에게 가장 깊은 울림을 줄 수 있는 텍스트 전체를, 주제별로 두 권으로 나누어 소개한다. 철학자 세네카는 단지 고대 로마 스토아주의의 대표자가 아니라, 수천 년이 지난 오늘에도 여전히 유효한 '내면의 기술'을 전하는 실천 철학자다. 특히 분노, 불안, 상처, 두려움 등 감정의 소용돌이 속에서 어떻게 흔들리지 않고 살아갈 것인가에 대해 세네카가 남긴 통찰은, '멘탈 회복력'과 '감정 관리'가 핵심 화두가 된 현대 사회에서 더욱 실질적인 가치를 지닌다.

　제1권 『화에 대하여』는 '감정에 휘둘리지 않는 삶'을 주제로, 스토아 철학의 핵심인 자기 통제와 평정심의 덕을 탐구한다. 『분노에 대하여』에서는 인간을 파괴하는 가장 위험한 감정인 '화'의 본질과 그것을 다스리는 방법을, 『관용에 대하여』는 타인의 실수와 결점 앞에서 왜 용서가 필요한지를 설명한다. 『평정심에 대하여』와 『현자의 항상심에 대하여』는 삶의 불안과 고난 속에서도 흔들리지 않는 단단한 내면을 어떻게 구축할 수 있는지 알려준다.

　여기에 더해 제2권 『인생의 짧음에 대하여』는 시간과 운명, 인간 존재의 본질에 관한 세네카의 통찰을 담고 있다. 『인생의 짧음에 대하여』는 "시간이 부족하다"고 말하는 현대인들에게, 사실은 '삶이 짧은 게 아니라 시간을 낭비하고 있을 뿐'이라는 도발적 메시지를 던진다. 『행복한 삶에 대하여』는 외부 조건이 아닌 내면의 이성과 덕에서 비롯된 진정한 행복을 말하고, 『은둔에 대하여』에서는 세상의 번잡함으로부터 한 걸음 물러나는 것이 결코 패배가 아닌 철학적 선택임을 강조한다. 『섭리에 대하여』는 "왜 선한 사람에게도 불행이 닥치는가"라는 보편적 질문에 우주적 질서와 내면 단련의 관점에서 답하며, 세 편의 위로의 글(『마르키아에게 보내는 위로』, 『헬비아에게 보내는 위로』, 『폴리비우스에게 보내는 위로』)에서는 상실과 죽음을 받아들이고 이겨내는 법을 따뜻하고 단단한 언어로 들려준다.

이 두 권의 책은 고대 철학의 문장을 되살리는 데 그치지 않고, 감정에 휘둘리고 시간에 쫓기는 시대를 살아가는 독자들에게 '자기 통제'와 '마음의 단련', 그리고 '삶의 본질에 대한 성찰'이라는 화두를 다시 꺼내 들게 한다. 철학이 삶을 위한 것이라면, 세네카만큼 그것을 자신의 언어로 끝까지 밀고 나간 인물도 드물다. 고통과 분노, 불안과 상실, 그리고 허망한 시간 속에서 흔들리는 인간에게 그의 문장은 시대를 넘어, 다시 우리를 위한 도구로 다가온다.

이제 1권에 수록된 세네카의 주요 저작들을 조금 더 깊이 살펴보자.

1. 『분노에 대하여』(41년, 3권)

이 작품은 분노라는 감정을 스토아 철학의 관점에서 깊이 있게 분석한다. 분노의 본질을 파헤치고, 이를 다스리는 실천적인 방법을 제시한다. 이 글은 스토아학파 제3대 학장 크리시포스(기원전 약 279-206년)의 『정념에 대하여』('페리 파톤')로부터 큰 영향을 받았다.

정확한 집필 시기는 알려져 있지 않지만, 대체로 40년대 초반으로 추정된다. 세네카의 형 루키우스 노바투스(후일 갈리오로 개명)가 분노를 다스리는 방법에 대해 질문한 것이 이 책의 집필 계기가 되었다.

이 저작은 크게 두 부분으로 나뉜다. 첫 번째 부분(1-2.17)에서는 분노의 이론적 측면을 다룬다. 분노가 초래하는 파괴적 결과를 서술

한 뒤, 분노의 본질을 정의하고 다음과 같은 핵심 질문들을 탐구한다. "분노는 인간 본성에 뿌리내린 것인가? 완화할 수 있는가? 피할 수 없는가? 완전히 제거할 수 있는가?"

두 번째 부분(2.18-3)에서는 실천적 처방을 제시한다. 어린이와 성인 모두에게 나쁜 기질을 피하는 법을 교육하는 방법을 논하고, 분노를 예방하거나 제거하기 위한 구체적인 실천 방안을 제시한다.

스토아 철학의 핵심 목표는 악덕의 굴레에서 벗어나 미덕이 이끄는 자유로운 삶을 향해 나아가는 것이다. 이를 위해서는 분노를 비롯한 감정들을 이성의 통제 아래 두어야 한다. 세네카는 감정과 이성의 관계에 대해 독특한 통찰을 보여준다. 그는 이성적 지성 안에서 감정이 발생하는 이유를 "진리에 대한 불완전한 이해" 때문이라고 보았다. 즉, 감정은 '불완전한 인식'에서 비롯된다는 것이다. 스토아 철학은 이러한 관점에서, 분노를 인간 본성에 어긋나는 것으로 간주했다.

2. 『관용에 대하여』(56년, 2권)

이 저작은 세네카가 네로의 고문으로 활동하며, 초기 5년간 네로의 선정을 이끌어내기 위해 쓴 글이다. 특히 55년, 네로가 정적이자 클라우디우스 황제의 친아들인 브리타니쿠스를 살해한 직후 집필된 것으로, 특별한 의미를 지닌다.

세네카는 이 글에서 시라쿠사의 폭군 디오니시오스와 로마의 술라 같은 폭군들을 아우구스투스 황제와 대비시킨다. 특히 암살을 시도한 킨나를 관용으로 포용했던 아우구스투스의 사례를 들어, 네로에게 관용의 덕목을 본받을 것을 권유한다.

그는 스토아 철학의 핵심 개념인 우주적 이성(로고스)에 부합하는 통치만이 진정한 권력이 될 수 있다고 주장한다. 관용은 단순한 동정이나 나약함이 아닌, 더 높은 차원의 덕목이며, 우주의 이치에 합당한 통치자만이 진정한 권력을 얻을 수 있다는 것이다. 세네카는 이러한 스토아 철학적 이상을 바탕으로, 물리적 강제력이 아닌 이성과 덕에 근거한 통치의 중요성을 설득력 있게 강조한다.

3. 『평정심에 대하여』(63년)

이 글은 62년경, 친구 세레누스의 고민에 답하는 형식으로 쓰였다. 세레누스는 어떻게 하면 걱정과 불안, 삶에 대한 권태를 이겨낼 수 있는지 세네카에게 물었다. 세네카는 데모크리토스(기원전 약 460-370년)의 『쾌활함에 대하여』('페리 에우튀미에스')에서 영감을 받아, 그리스어 '에우튀미아'(모든 불안에서 벗어난 쾌활한 상태)를 라틴어 '트란퀼리타스'(tranquillitas, 평정심)로 옮겨 논의를 전개한다.

글은 세 부분으로 구성된다. 1-10장에서는 극단을 피하고 중용을 취하는 유연한 삶으로 평정심을 얻을 수 있다고 설명하며, 사치를 경계하고 검소함을 권장한다. 11-15장에서는 현자의 평정심('아타락시아')이 세계에 대한 올바른 이해에서 비롯된다는 점을 논증한다. 이성적 추론, 세심한 주의, 예견이 평정심을 가능하게 하며, 이에 도달한 현자는 인류의 불의와 타락에도 흔들리지 않는다. 마지막 16-17장에서는 자연의 질서에 따라 사회생활과 개인의 삶, 노동과 여가 사이의 균형을 이루는 것이 평정심을 얻는 길이라고 결론짓는다.

4. 『현자의 항상심에 대하여』(55년)

이 글은 세네카가 친구 안나이우스 세레누스를 위해 쓴 것으로, 『평정심에 대하여』, 『은둔에 대하여』와 함께 세레누스를 위한 3부작을 이룬다. 세 작품 모두 세속적 삶을 초월한 현자의 모습을 탐구한다.

세네카는 이 글에서, 스토아 철학이 흔히 생각하는 것처럼 냉혹하거나 가혹한 것이 아님을 설명한다. 그는 카토 2세를 비롯한 다양한 역사적 인물들의 사례를 통해, 현자는 운명의 부침에도 흔들리지 않는 존재임을 보여준다. 일반인의 눈에는 비참해 보이는 상황조차 현자에게는 자신의 철학을 실천하고 입증할 기회에 불과하다는 것이다.

스토아 철학의 궁극적 이상은 운명과 세속적 사건에 흔들리지 않는 자유로운 존재가 되는 것이다. 이는 자연의 이치에 부합하는 삶을 의미하며, 이를 위해 올바른 지식에 근거하여 감정에 휘둘리지 않는 평정심과 항상심을 갖추어야 한다. 세네카는 비록 모든 이가 완전한 현자가 될 수는 없더라도, 현자를 목표로 끊임없이 정진해야 한다고 강조한다.

2권에는 인생의 본질과 시간, 죽음, 운명에 대한 성찰을 담은 다음의 글들이 실려 있다.

1. 『인생의 짧음에 대하여』(49년)

49년경, 장인 파울리누스에게 보낸 이 글은 시간의 본질에 대한 스토아 철학의 깊이 있는 통찰을 담고 있다. 당시 파울리누스는 로마 제국의 곡물 공급을 총괄하는 중책을 맡고 있었다.

세네카는 자연이 인간에게 충분한 시간을 주었음에도, 사람들이 스스로 시간을 허비하기 때문에 인생이 짧게 느껴진다고 지적한다. 그는 시간을 올바르게 활용하려면 목적의식을 가지고 현재에 충실히 살아야 한다고 강조한다.

이 글은 시간과 삶의 관계를 체계적으로 탐구한다. 먼저 1장에서는 "인생이 짧다"는 일반적인 한탄에 대해, 시간을 올바르게 사용한다면 인생은 충분히 길다는 역설적인 깨달음을 전한다. 이어 2장부터 9장까지는 사람들이 시간을 낭비하는 다양한 방식을 날카롭게 분석한다.

중반부(10-17장)에서는 은둔 생활('오티움')의 본질을 다루는데, 세네카는 은둔을 단순한 도피로 오해하는 대중적 인식과 진정한 철학적 은둔의 의미를 구분해 설명한다. 마지막 18장부터 20장까지는 현자의 이상적 삶을 그린다. 끊임없이 분주한 일상에 매몰되어 시간을 허비하는 대중과 달리, 현자는 과거, 현재, 미래를 꿰뚫는 통찰을 바탕으로 시간을 자유롭게 다루는 삶을 산다는 것이다.

이러한 철학적 고찰을 바탕으로 세네카는 파울리누스에게 공직에서 물러나 철학적 은둔의 삶을 통해 진정한 자유를 추구할 것을 권고한다.

2. 『행복한 삶에 대하여』(58년)

이 글은 세네카가 형에게 보낸 것으로, 『분노에 대하여』에서는 그의 본명 노바투스로, 여기서는 입양 후의 이름인 갈리오로 언급된다. 정식 제목은 "행복한 삶에 대하여 갈리오에게"(*Ad Gallionem de Vita Beata*)이며, 세네카의 도덕 사상이 가장 원숙하게 드러난 작품이다.

저작은 크게 두 부분으로 구성된다. 첫 번째 부분(1-17장)에서는 행복한 삶의 개념을 정의하고, 그 도달 방법을 논의하면서 에피쿠로스학파의 주장을 반박한다. 두 번째 부분(17-28장)에서는 철학적 이상과 현실 삶의 관계를 다룬다. 특히 21-24장에서는 스토아 철학자가 부를 소유하는 것이 위선이라는 비판에 답한다. 이 논의는 여러

지역에 대규모 영지를 소유했던 부자 세네카가 58년 원로원 의원 푸블리우스 루푸스로부터 부정 축재 혐의로 고발당했던 사건과 밀접한 관련이 있다. 이 부분은 거기에 대한 일종의 철학적 해명이라 할 수 있다.

3. 『은둔에 대하여』(62년)

네로 황제의 고문직에서 물러나 은둔 생활을 하던 시기에 친구 세레누스를 위해 쓴 이 글은 단편 형태로만 전해진다. 세네카는 이 글에서 은둔 생활을 통해 자연과 우주를 깊이 있게 이해할 수 있다고 설명한다.

'오티움'(otium)으로 번역된 은둔은 단순한 여가가 아니라, 공적 의무에서 벗어난 자유로운 삶을 의미한다. 스토아학파는 원칙적으로 현자의 공적 참여를 지지했지만, 세네카는 뜻을 펼칠 수 없는 상황에서는 은둔이 오히려 더 현명한 선택이 될 수 있다고 주장한다. 은둔한 현자는 국가라는 한정된 시각을 넘어, 우주적 시각에서 근본적인 질문을 탐구함으로써 인류에 기여할 수 있다고 본다.

4. 『섭리에 대하여』(64년)

시칠리아 총독이었던 친구 루킬리우스에게 보낸 이 글의 정식 제목은 "섭리가 존재한다면, 왜 선한 사람들에게 많은 불행이 닥치는가"(Quare bonis viris multa mala accidant, cum sit providentia)이다. 제목이 시사하듯, 이 글은 섭리 자체보다는 선한 사람들이 겪는 불행의 의미를 해명하는 데 초점을 맞춘다.

대화 형식으로 전개되는 이 글에서 세네카는 스토아 철학의 관점에서 흥미로운 답변을 제시한다. 일반적으로 '불행'이라 불리는 것들은 사실 선한 사람의 덕성을 시험하는 계기일 뿐, 참된 불행이 아니라고 본다. 따라서 선한 사람, 즉 현자에게는 진정한 의미의 불행이 존재하지 않는다. 겉보기에 불행해 보이는 상황조차 현자의 덕성을 시험하고 드러내는 기회가 된다는 것이다. 현자는 운명과 그 목적을 이해하고 있으며, 필요한 모든 미덕을 자신 안에 지니고 있기에 운명에 의존하지 않는다. 세네카에 따르면 현자에게 진정한 불행은 오직 미덕을 잃는 것, 즉 악한 생각을 품거나 범죄를 저지르거나 물질과 명예를 탐하는 데 있다.

5. 『마르키아에게 보내는 위로』(40년)

세네카의 '위로' 시리즈 세 편은 기원전 5세기까지 거슬러 올라가는 고대 위로 문학의 전통을 계승하고 있다. 이 작품들은 세네카의 스토아 철학 사상을 가장 선명하게 드러낸다. 개인에게 보내는 서신 형식을 취하고 있지만, 실질적으로는 철학적 에세이에 가깝다.

『마르키아에게 보내는 위로』는 세네카가 간통 혐의로 유배되기 1년 전에 집필한 작품이다. 전통적인 위로 문학의 형식을 따르면서도 개인 서신과 철학적 에세이를 절묘하게 조화시켰으며, 삶과 죽음에 대한 스토아 철학의 깊이 있는 통찰을 담고 있다.

수신자인 마르키아는 저명한 역사가 아울루스 코르두스(25년 사망)의 딸로, 막강한 부와 영향력을 지닌 가문의 일원이었다. 그녀는 아들 메틸리우스의 죽음 이후 3년이 넘도록 깊은 애도에 잠겨 있었다. 세네카는 이 글에서 젊은 자녀를 잃은 어머니들의 다양한 사례를 제시하며, 이런 비극이 결코 이례적인 일이 아님을 강조한다. 그리고 스토아 철학의 핵심 교훈에 따라, 최악의 운명마저도 언제나 예상하고 받아들일 준비가 되어 있어야 함을 역설한다.

특히 세네카는 두 가지 대조적 사례를 들어 설명한다. 아우구스투스 황제의 누이 옥타비아 2세는 20대에 요절한 아들 마르켈루스를 잃은 슬픔에 평생 잠겨 살았다. 반면 황후 리비아는 젊은 나이에 잃은 아들 드루수스에 대한 슬픔을 절제했는데, 이는 황제와 남은 아들 티베리우스를 위해 자신이 해야 할 도리라고 여겼기 때문이었다. 세네카는 리비아의 태도를 이성적 슬픔 극복의 모범으로 제시한다.

6. 『어머니 헬비아에게 보내는 위로』(42년)

이 글은 세네카가 갑작스러운 유배로 상심한 어머니 헬비아를 위로하기 위해 42년(혹은 43년경)에 쓴 작품이다. 전통적인 위로 문학의 수사적 기법을 따르면서도, 스토아 철학의 깊이 있는 통찰을 담아냈다.

세네카는 정치적 음모에 희생되어 유배를 당했다. 41년, 그는 칼리굴라 황제의 누이 율리아 리빌라와의 간통 혐의로 고발당했다. 실제로는 황후 메살리나가 정적 율리아 리빌라를 제거하기 위해 꾸민 계략이었지만, 세네카는 이 사건으로 인해 8년간 코르시카섬으로 유배당했다.

이 글에서 세네카는 자신의 처지가 결코 비참하지 않다고 강조한다. 유배는 단순히 거처를 옮기는 것에 불과하며, 물질적 결핍 또한 욕망을 초월한 인간에게는 아무런 의미가 없다고 강조한다. 특히 그는 어머니 헬비아가 살아온 강인한 삶을 되새기며, 과거의 시련들을 견뎌낸 것처럼 이번 시련 역시 극복할 수 있다고 격려한다.

7. 『폴리비우스에게 보내는 위로』(44년)

43년 또는 44년경, 유배 생활 중에 집필한 이 글은 세네카의 유배

경험을 생생하게 전해준다. 수신자인 폴리비우스는 클라우디우스 황제의 서기관으로, 동생의 죽음으로 깊은 슬픔에 빠져 있었다. 세네카는 이 글을 통해 죽음이라는 피할 수 없는 운명에 대해 스토아 철학의 통찰을 전한다.

특히 주목할 점은, 이 글이 폴리비우스 개인에 대한 위로보다는 사별과 슬픔에 대한 보편적이고 철학적인 성찰에 더 중점을 두고 있다는 사실이다. 실제로 폴리비우스의 동생 이름조차 언급되지 않는다. 세네카는 개인적 애도보다는 현실적인 해결책을 제시한다. 곧, '신과 같은' 클라우디우스 황제를 의지하고, 황제를 보필하는 중대한 임무에 몰두함으로써 슬픔을 극복할 것을 권유한다.

IV. 텍스트

이 책에 수록된 세네카의 14편 에세이는 John W. Basore, *Seneca: Moral Essays*, 2 Volumes (London and New York: Heinemann, 1928, 1932)에 수록된 라틴어 원문을 대본으로 삼았다. 영어 번역본으로는 Basore의 영어 대역본과 John Davie, *Seneca: Dialogues and Essays*, Oxford World's Classics (Oxford: Oxford University Press, 2007)를 참조했다.

라틴어 고유명사는 외래어 표기법에 따랐으나, 그리스어에서 음역된 경우에는 그리스어 본래 발음을 기준으로 표기했다.

본문의 난외주에 표시된 숫자는 절(節) 번호를 가리킨다. 에라스무스(1469-1536)는 1515년, 세네카 전집의 라틴어 판본을 출간하면서 최초로 기본적인 텍스트 구분 체계를 도입했다. 이어 립시우스(1547-

1606)는 1605년에 세네카 전집을 편집하며 오늘날 사용되는 장(章)과 절(節) 구분의 기초를 마련했다. 그러나 현재 널리 통용되는 장절 체계를 확립한 것은 독일의 고전문헌학자 하아제(1808-1867)이다. 그는 1852-1853년에 토이프너 출판사를 통해 3권으로 구성된 비평판 세네카 전집을 간행했다. 이후 라틴어로 출간되는 대부분의 세네카 저작은 토이프너 판본의 장절 체계를 따르고 있다.

1852-1853년에 간행된 토이프너 판본의 공식 명칭은 *Lucius Annaei Senecae Opera Quae Supersunt*("루키우스 안나이우스 세네카의 현존하는 작품들")이며, 이 명칭은 오늘날까지 세네카 전집을 대표하는 표준 라틴어 제목으로 널리 사용되고 있다.

현대지성 클래식은 세네카의 에세이 전체 14편을 수록하면서, 이 전집을 *Lucius Annaei Senecae Opera*("루키우스 안나이우스 세네카 전집")라는 명칭으로 소개한다. 각 권의 한글판 제목은 해당 권에서 가장 대표적이면서도 오늘의 독자에게 깊은 울림을 주는 에세이의 제목을 따왔으나, 전체 구성은 에세이 전체를 주제별 흐름에 따라 새롭게 분류한 것이므로, 원서명은 1권과 2권 모두 동일하게 유지한다.

| 세네카 연보 |

기원전

106년	키케로 출생
100년	가이우스 율리우스 카이사르 출생
44년	가이우스 율리우스 카이사르 암살
43년	키케로 암살
31년	악티움 해전에서 옥타비아누스가 안토니우스를 격파
27년	옥타비아누스, 원로원으로부터 아우구스투스 칭호를 받음
	로마 제국의 실질적 시작
4년	세네카, 히스파니아의 코르도바에서 출생

기원후

5년	세네카, 로마에서 수사학과 철학 교육을 받기 시작
14년	제1대 황제 아우구스투스 서거. 제2대 황제 티베리우스 즉위
21년	세네카, 이집트 총독이던 외숙부 집에서 요양
31년	세네카, 로마 귀환
37년	제2대 황제 티베리우스 서거. 제3대 황제 칼리굴라 즉위
	세네카, 재무관 선출
40년	『마르키아에게 보내는 위로』 저술
41년	제3대 황제 칼리굴라 암살.
	제4대 황제 클라우디우스 즉위.
	『분노에 대하여』 저술
	세네카, 율리아 리빌라와의 간통 혐의로 코르시카섬 유배

42년	『어머니 헬비아에게 보내는 위로』 저술
44년	『폴리비우스에게 보내는 위로』 저술
49년	세네카, 황비 아그리피나의 청원으로 로마 귀환
	네로의 스승으로 임명
	『인생의 짧음에 대하여』 저술
54년	제4대 황제 클라우디우스 서거
	제5대 황제 네로 즉위
	세네카, 근위대장 부루스와 함께 네로의 고문 취임
55년	네로, 이복동생 브리타니쿠스 독살
	『현자의 항상심에 대하여』 저술
56년	『관용에 대하여』 저술
58년	『행복한 삶에 대하여』 저술
59년	네로, 모친 아그리피나 살해
62년	근위대장 부루스 사망
	세네카, 정계 은퇴
	『은둔에 대하여』 저술
63년	『평정심에 대하여』 저술
64년	『섭리에 대하여』 저술
65년	피소의 네로 암살 음모 발각
	세네카의 조카 마르쿠스 처형
	세네카, 네로의 자결 명령으로 생을 마감
68년	네로, 반란으로 축출되어 로마 근교에서 자결
69년	갈바를 시작으로 한 해 동안 네 황제가 교체되는 혼란기 도래

옮긴이 **박문재**

서울대학교 법과대학 법학과와 장로회신학대학교 신학대학원 및 동 대학원을 졸업했고, 독일 보쿰 대학교에서 수학했다. 고전어 연구 기관인 비블리카 아카데미아에서 고대 그리스어와 라틴어 원전들을 공부했다. 대학 시절에는 역사와 철학을 두루 공부했으며, 전문 번역가로서 30년 이상 인문학과 신학 도서를 번역해왔다.

역서로는 『프로테스탄트 윤리와 자본주의 정신』(막스 베버), 『자유론』(존 스튜어트 밀), 『실낙원』(존 밀턴) 등이 있고, 라틴어 원전을 번역한 책으로는 『고백록』(아우구스티누스), 『철학의 위안』(보에티우스), 『유토피아』(토머스 모어) 등이 있다. 그리스어 원전에서 옮긴 아우렐리우스의 『명상록』과 『소크라테스의 변명·크리톤·파이돈·향연』, 『아리스토텔레스 수사학』, 『아리스토텔레스 시학』, 『플라톤 국가』, 『이솝우화 전집』 등은 매끄러운 번역으로 독자들의 호평을 받고 있다.

현대지성 클래식 68

인생의 짧음에 대하여

1판 1쇄 발행 2025년 8월 1일
1판 2쇄 발행 2025년 9월 10일

지은이 루키우스 안나이우스 세네카
옮긴이 박문재
발행인 박명곤 **CEO** 박지성 **CFO** 김영은
기획편집1팀 채대광, 백환희, 이상지, 김진호
기획편집2팀 박일귀, 이은빈, 강민형, 박고은
기획편집3팀 이승미, 김윤아, 이지은
디자인팀 구경표, 유채민, 윤신혜, 권지혜
마케팅팀 임우열, 김은지, 전상미, 이호, 최고은

펴낸곳 (주)현대지성
출판등록 제406-2014-000124호
전화 070-7791-2136 **팩스** 0303-3444-2136
주소 서울시 강서구 마곡중앙6로 40, 장흥빌딩 10층
홈페이지 www.hdjisung.com **이메일** support@hdjisung.com
제작처 영신사

ⓒ 현대지성 2025

※ 이 책은 저작권법에 따라 보호받는 저작물이므로 무단 전재와 복제를 금합니다.
※ 잘못 만들어진 책은 구입하신 서점에서 교환해드립니다.

"Curious and Creative people make Inspiring Contents"
현대지성은 여러분의 의견 하나하나를 소중히 받고 있습니다.
원고 투고, 오탈자 제보, 제휴 제안은 support@hdjisung.com으로 보내 주세요.

현대지성 홈페이지

이 책을 만든 사람들
편집 채대광 **디자인** 윤신혜

"인류의 지혜에서 내일의 길을 찾다"
현대지성 클래식

1 그림 형제 동화전집
그림 형제 | 아서 래컴 그림 | 김열규 옮김 | 1,032쪽

2 철학의 위안
보에티우스 | 박문재 옮김 | 280쪽

3 십팔사략
증선지 | 소준섭 편역 | 800쪽

4 명화와 함께 읽는 셰익스피어 20
윌리엄 셰익스피어 | 존 에버렛 밀레이 그림
김기찬 옮김 | 428쪽

5 북유럽 신화
케빈 크로슬리-홀런드 | 서미석 옮김 | 416쪽

6 플루타르코스 영웅전 전집 1
플루타르코스 | 이성규 옮김 | 964쪽

7 플루타르코스 영웅전 전집 2
플루타르코스 | 이성규 옮김 | 960쪽

8 아라비안 나이트(천일야화)
작자 미상 | 르네 불 그림 | 윤후남 옮김 | 336쪽

9 사마천 사기 56
사마천 | 소준섭 편역 | 976쪽

10 벤허
루 월리스 | 서미석 옮김 | 816쪽

11 안데르센 동화전집
한스 크리스티안 안데르센 | 한스 테그너 그림
윤후남 옮김 | 1,280쪽

12 아이반호
월터 스콧 | 서미석 옮김 | 704쪽

13 해밀턴의 그리스 로마 신화
이디스 해밀턴 | 서미석 옮김 | 552쪽

14 메디치 가문 이야기
G. F. 영 | 이길상 옮김 | 768쪽

15 캔터베리 이야기(완역본)
제프리 초서 | 송병선 옮김 | 656쪽

16 있을 수 없는 일이야
싱클레어 루이스 | 서미석 옮김 | 488쪽

17 로빈 후드의 모험
하워드 파일 | 서미석 옮김 | 464쪽

18 명상록
마르쿠스 아우렐리우스 | 박문재 옮김 | 272쪽

19 프로테스탄트 윤리와 자본주의 정신
막스 베버 | 박문재 옮김 | 408쪽

20 자유론
존 스튜어트 밀 | 박문재 옮김 | 256쪽

21 톨스토이 고백록
레프 톨스토이 | 박문재 옮김 | 160쪽

22 황금 당나귀
루키우스 아풀레이우스 | 장 드 보쉐르 그림
송병선 옮김 | 392쪽

23 논어
공자 | 소준섭 옮김 | 416쪽

24 유한계급론
소스타인 베블런 | 이종인 옮김 | 416쪽

25 도덕경
노자 | 소준섭 옮김 | 280쪽

26 진보와 빈곤
헨리 조지 | 이종인 옮김 | 640쪽

27 걸리버 여행기
조너선 스위프트 | 이종인 옮김 | 416쪽

28 소크라테스의 변명·크리톤·파이돈·향연
플라톤 | 박문재 옮김 | 336쪽

29 올리버 트위스트
찰스 디킨스 | 유수아 옮김 | 616쪽

30 아리스토텔레스 수사학
아리스토텔레스 | 박문재 옮김 | 332쪽

31 공리주의
존 스튜어트 밀 | 이종인 옮김 | 216쪽

32 이솝 우화 전집
이솝 | 아서 래컴 그림 | 박문재 옮김 | 440쪽

33 유토피아
토머스 모어 | 박문재 옮김 | 296쪽

34 사람은 무엇으로 사는가
레프 톨스토이 | 홍대화 옮김 | 240쪽

35 아리스토텔레스 시학
아리스토텔레스 | 박문재 옮김 | 136쪽

36 자기 신뢰
랄프 왈도 에머슨 | 이종인 옮김 | 216쪽

37 프랑켄슈타인
메리 셸리 | 오수원 옮김 | 320쪽

38 군주론
마키아벨리 | 김운찬 옮김 | 256쪽

39 군중심리
귀스타브 르 봉 | 강주헌 옮김 | 296쪽

40 길가메시 서사시
앤드류 조지 편역 | 공경희 옮김 | 416쪽

41 월든·시민 불복종
헨리 데이비드 소로 | 허버트 웬델 글리슨 사진
이종인 옮김 | 536쪽

42 니코마코스 윤리학
아리스토텔레스 | 박문재 옮김 | 456쪽

43 벤저민 프랭클린 자서전
벤저민 프랭클린 | 강주헌 옮김 | 312쪽

44 모비 딕
허먼 멜빌 | 레이먼드 비숍 그림 | 이종인 옮김 | 744쪽

45 우신예찬
에라스무스 | 박문재 옮김 | 320쪽

46 사람을 얻는 지혜
발타자르 그라시안 | 김유경 옮김 | 368쪽

47 에피쿠로스 쾌락
에피쿠로스 | 박문재 옮김 | 208쪽

48 이방인
알베르 카뮈 | 윤예지 그림 | 유기환 옮김 | 208쪽

49 이반 일리치의 죽음
레프 톨스토이 | 윤우섭 옮김 | 224쪽

50 플라톤 국가
플라톤 | 박문재 옮김 | 552쪽

51 키루스의 교육
크세노폰 | 박문재 옮김 | 432쪽

52 반항인
알베르 카뮈 | 유기환 옮김 | 472쪽

53 국부론
애덤 스미스 | 이종인 옮김 | 1,120쪽

54 파우스트
요한 볼프강 폰 괴테 | 외젠 들라크루아 외 그림
안인희 옮김 | 704쪽

55 금오신화
김시습 | 한동훈 그림 | 김풍기 옮김 | 232쪽

56 지킬 박사와 하이드 씨
로버트 루이스 스티븐슨 | 에드먼드 조지프 설리번 외 그림 | 서창렬 옮김 | 272쪽

57 직업으로서의 정치·직업으로서의 학문
막스 베버 | 박문재 옮김 | 248쪽

58 아리스토텔레스 정치학
아리스토텔레스 | 박문재 옮김 | 528쪽

59 위대한 개츠비
F. 스콧 피츠제럴드 | 장명진 그림 | 이종인 옮김 | 304쪽

60 국화와 칼
루스 베네딕트 | 왕은철 옮김 | 408쪽

61 키케로 의무론
마르쿠스 툴리우스 키케로 | 박문재 옮김 | 312쪽

62 주홍글씨
너새니얼 호손 | 휴 톰슨 그림 | 이종인 옮김 | 400쪽

64 일리아스
호메로스 | 페테르 파울 루벤스 외 그림
박문재 옮김 | 848쪽

65 오디세이아
호메로스 | 페테르 파울 루벤스 외 그림
박문재 옮김 | 672쪽

66 시지프 신화
알베르 카뮈 | 유기환 옮김 | 240쪽

67 화에 대하여
루키우스 안나이우스 세네카 | 박문재 옮김 | 376쪽

68 인생의 짧음에 대하여
루키우스 안나이우스 세네카 | 박문재 옮김 | 336쪽

현대지성 클래식 살펴보기